KB039631

16.9%의 악마

16.9%의 악마

손 광 호 지음

H·O·W

God grant me
The Serenity
To accept these things
I cannot change
The courage to change
The things I can
And the Wisdom
To know the difference.

H·A·L·T

도서출판 한글

16.9%의 악마

2022년 1월 10일 1판 1쇄 인쇄
2022년 1월 15일 1판 1쇄 발행

저 자 손광호
발행자 심혁창
마케팅 정기영
교 열 현의섭
디자인 박성덕
인 쇄 김영배
제 책 승선철
펴낸곳 도서출판 한글

우편 04116
서울특별시 마포구 신촌로 270(아현동)
수창빌딩 903호

☎ 02-363-0301 / FAX 362-8635
E-mail : simsazang@daum.net
창   업 1980. 2. 20.
이전신고 제2018-000182

* 파본은 교환해 드립니다
* 정가 15,000원
*
ISBN 97889-7073-598-6-03130

‖ 서 평 ‖

그리스도 신앙으로 봉사를 모토로 헌신하는 삶의 기록

고 세 진 교수

(전 이스라엘 Jerusalem University College 총장,
전 아세아연합신학대학교 총장, 전 KBS 교향악단 사장)

사람은 누구든지 한 분야나 한 가지 일을 이루어 내는 과정은 자신과의 투쟁에서 승리하는 여정이라고 할 수 있는데, 손광호 목사의 자서전은 그가 일궈낸 삶의 궤적이 심상치 아니한 과정이며 그의 투쟁이 그를 단련하여 오늘의 인물로 결정체를 이루었음을 알게 한다.

독자들은 지은이가 솔직하게 말하는 페이지마다 그의 벌거벗은 인생이나 그리스도 신앙이나 남을 위한 봉사를 모토로 삼은 헌신이 시골 신작로의 간이역처럼 독자들을 기다리고 있음을 마주하고 이 책을 읽는 동안 독자는 자신을 돌아보는 좋은 경험도 하게 될 것이다.

‖ 머리말 ‖
일출의 여명보다 아름다운 황혼의 낙조를 꿈꾸리라

　살아온 세월 70여 년을 회고하면 유별나게 험악하였으나 은혜 또한 깊었다는 고백이 나온다. 죽음과의 공존인가 하면 진정한 생명의 길이었기에 그렇다. 마땅히 도태되었어야 할 탕자의 질곡에서도 포기를 모르는 가족의 관심은 변질되지 않는 견고한 사랑이었고, 칠흑 같은 어둠의 험로에서도 한 줄기 미세한 구원의 빛은 나를 외면하지 않고 인도하였다.

　오늘이 있기까지 함께 걸어온 길동무들의 온유한 마음 또한 고맙기 그지없다. 사랑하는 가족과 길동무들의 기도가 기적을 이루어낸 원동력임을 알기에 모두에게 고맙다고, 사랑한다고, 진정을 담아 인사 올린다.

　세상을 보는 두 가지 방법이 있다고들 한다. 기적은 없다는 단호한 생각으로 사는 길과 경이롭게도 모든 과정이 기적이라 생각하며 사는 길이다.

　나는 후자를 경험하며 살아왔다. 고난의 질곡에서는 어둠만 보였으나, 그것은 내가 절망으로 눈을 감고 있어서였지 빛이 없어서가 아니었다. 돌이켜 보니 내가 살아온 모든 과정이 기적이었다. 나는 기적과 동행해 왔다. 그 기적의 정점은 구원이며, 이 구원은 단절 없이 지속되는 은혜다. 이는 인간이 추구하는 최상급 미학이다. 그러므로 고통 가운데서도 거룩한 역설을 경험함은 절망할 수 없게 하는 역동적 능력이며 희망이다. 기적은 하나님과 직결되는 은총이다.

이제 남은 시간이 얼마나 남았는지는 모르나 나의 길벗들과 함께 일출의 여명보다 더 아름다운 황혼의 낙조를 꿈꾸리라.

덧붙여 우리 시대의 멘토 민경배 박사님과 소강석 목사님께 감사를 드린다. 그리고 문장을 다듬고 교정을 보아준 안준배 목사님의 수고가 컸다. 배진구 목사님, 고세진 박사님, 내 삶의 고비마다 손을 잡아주신 이승건 형님이 있어서 「16.9%의 악마」가 세상에 드러나게 되었다. 형님께 존경과 감사를 드린다.

끝으로 알코올 중독자와 한 사람의 중독자로 그 가족 구성원 전체가 가족 병에 시달리는 그 아픔을 생각하면, 나와 내 가족이 수십 년간 경험한 통증이었기에 간과할 수가 없었다.

나는 알코올 중독증상이 그야말로 최정상급 수준이었다. 내 알코올 중독자 시절의 소주 알코올 도수는 30%대였으니 현재의 16.9%의 갑절이었다. 그러나 부단한 노력으로 온갖 치료 과정을 경험하였으나 수십 년 세월을 최악의 중독자로 머물러야 했다. 그러나 결과적으로 나는 치유되어 정상인으로 내 사명을 다하고 있다.

지금도 내가 경험한 그 처지에 머물러 있는 그들과 그 가족의 아픔을 생각하면 남의 일이 아니라서 이 책을 쓰기에 이르렀다. 나는 알코올 중독 증상이 최정상급 수준이었다고 앞서 고백하였는데, 그런 내가 완전히 치유되었다는 이 사실은 모든 알코올 중독자의 치유가 가능하다는 희망을 보여주는 것이라고 본다. 100%치유, 이것이 나의 소원이며 아울러 나의 사명으로 생각한다.

「16.9%의 악마」를 이기는 치유의 놀라운 은혜를 함께 공유하는데 기여하는 나의 체험이 되기를 절절한 마음으로 기도한다.

2021년
늦가을에 손광호 목사가

‖ 차 례 ‖

‖ **프롤로그** ‖

탄식의 고백

18세 전에 술 마시는 것을 금하고 40세 전에 취하도록 마시는 것을 금하라고 음주에 대하여 엄격한 기준을 제시한 플라톤 (Platon)은 그러나 40세가 넘으면 취하기를 즐기라고 하였다. 식사와 함께하는 음주는 쾌활하게 하며 노년에게는 청춘을 회복시키는 에너지가 된다.

아울러 마치 쇠가 풀무 불에 물러지듯 심성을 부드럽게 해 주니 착한 주신(酒神) 디오니소스(Dionysos)의 영향을 많이 받으라고 하였다.

18세 이전에 술을 금하라는 것은 정신적 육체적 미성숙으로 탈선의 가능성에 대한 우려일 것이다. 성인이 되어도 사려 깊지 못하고 사회적 경험의 부족 등으로 40세 이전에는 취하도록 마시지 말 것을 권하였을 것이다. 그러나 40이 넘으면 우리의 고사성어에 있듯 불혹(不惑) 즉 미혹되지 않는 철든 나이라서 술을 즐겨도 된다는 뜻이리라.

나는 유감스럽게도 일찍이 플라톤의 이 말을 몰랐다. 18세에 이르기 전에 술을 퍼마시기 시작하였고 일찍이 잔뜩 취해버리고

말았다. 그야말로 철들기 훨씬 전에 이미 알코올 중독자가 되었
으니 탄식할 노릇이다.

굳은 장벽 뒤의 예지를 술이 제압할 수 있는지
  - 호라티우스(Quintus Horatius Flaccus) -

로마 제국의 카이사르 아우구스투스 황제 시대에 활동한 뛰어
난 서정 시인이자 풍자 작가인 호라티우스의 말이다.

소크라테스(Socrates)는 '중풍에 걸려도 짐꾼 따위와는 다름으
로 졸도하지 않는다고 생각하는가?'라고, 자신이 남들보다 우월
하다고 큰소리치는 인간들에게 경고하였다. 소크라테스 이후에도
어떤 사람은 질병에 의해 사신의 이름조차 잊는다. 가벼운 부상
으로 판단력 상실자들이 얼마든지 있으나 이 철인의 귀한 경구를
잊고 산다. 지나친 음주 역시 우리의 몸을 망가트리고 정신을 피
폐케 해 인간의 예지를 꺾어버린다는 경고는 늘 회자되어 왔다.

타격으로 식은땀이 흐르고 창백해지며
온몸이 마비되고, 혀가 굳어지며,
목이 막혀 소리가 사라지며 시야가 흐려지고,
귀는 이명으로 울리고 사지가 쇠약해져 중심을 못 잡고 쓰러진다.
                    - 루크레티우스(Titus Lucretius Carus) -
                기원전 99년~55년의 고대 로마의 시인·철학자
사람은 어느 정도 제어하고 절제할 수 있을 뿐이다. 왜냐하면

천성을 극복할 능력이 심히 부족하기 때문이다. 그러므로 천성의 극복을 요구하는 것은 무모하다.

술도 이에 속한다. 과음으로 육체가 망가지는 것은 영양 보충으로 어느 정도 막을 수 있지만, 정신이 피폐해져 예지를 잃는 것은 물리적인 방법으로는 효과가 미미하다. 그렇게 시간이 흐르면서 육체까지 망가지면 최종적 재앙인 생명의 상실에 도달하게 된다.

하지만 그 천성을 극복하는 방법이 전혀 없지도 않다. 나는 이 책에서 나의 타고난 주벽을 어떻게 극복하고 다시 태어나는지를 밝히려고 한다.

얼마나 많은 길을 걷고 걸어야 우리는 참 사람이 될 수 있을까?
얼마나 오랜 세월을 살아야 다른 이들의 울음소리를 들을 수 있을까.
그 답은 바람 속에 있습니다. 그건 바람만이 대답할 수 있습니다.

How many roads must a man walk down before you call him a man?
How many years must one man have before he can hear people cry.
The answer, my friend, is blowing in the wind.
The answer is blowing in the wind (……)

이 시는 음유시인으로 잘 알려진 밥 딜런(Bob Dylan)이 유행시킨 노래 〈blowin' in the wind〉의 가사 일부다.

'얼마나 오랜 세월을 살아야 다른 이들의 울음소리를 들을 수 있을까?'라고 그는 노래한다. 이 노랫말을 인용한 까닭은 'How many years…, How many roads…'라는 구절 때문이다. 어떻게 살아도 인간의 수명이 길어지거나 짧아지는 것은 아니다. 그 명(many years) 동안 갈 길(many roads), 즉 해야 할 일이 있다. 나는 그 기간 동안 그런 일을 하였는가? 아니, 그리하지 못하였노라고 탄식의 고백을 토할 뿐이다.

야곱이 바로에게 고하되 내 나그네 길의 세월이 일백삼십 년이니이다. 나의 연세가 얼마 못 되니 우리 조상의 나그네 길의 세월에 미치지 못하나 험악한 세월을 보냈나이다. (창세기 47장 9절)

노년에 이른 야곱의 진솔한 고백이다. 야곱의 험난한 세월과 내가 살아온 험한 세월은 그 본질이 다르지만, 교훈을 얻기에는 충분하다고 생각한다. 그래서 이 글을 쓴다.

나는 2008년 가을, '한국 VIP 모임 3주년 기념 대회'에 간증자로 초대되었다. VIP(Very Important Person) 모임에서 간증을 해달라는 요청을 받았을 때 심한 거부감을 느꼈다. 내가 그런 자리에 나서도 되는 사람일까? 내 마음에 의문부호가 떠올랐다. 아무리 생각해도 그럴만한 용기도 자격도 내게는 없다. 세상을 모범적으로 보람 있게 살아온 VIP들 앞에서 내 멋대로 함부로 살아온 내가 무슨 할 말이 있겠는가. 조롱거리와 웃음거리만 될 수 있지 않을까. 솔직히 자존심도 상했다. 그들 앞에서 나의 험하고 너절하기까지 한 이야기를 공개하는 것이 그들에게는 조금쯤 흥미로울 수는 있겠으나 무슨 의미와 가치가 있을까? 내가 그들에게 전할 수 있는 의미 있는 메시지가 없었다. 나에게 주어진 시간이 그들이 경험하지 못한 약간의 흥미로운 이야기로 잠시 회자 될 뿐일 거라고 생각되니 마음이 내키지 않았다.

VIP 모임이 다가오면서 갈등이 일었다. 곰곰이 생각한 끝에 간증하는 것 자체가 모임의 본질도 아니고 내가 누구인지 그들에게 문제될 것도 없다는 생각이 들었다. 어떤 내용이건 내가 경험한 사실을 진솔하게 밝히면 되는 것이다. 나의 경험이 그들에게서 어떻게 반응할지 알 수 없지만 성공한 그들이 나를 불렀을 때는 그들은 내가 살아온 이야기를 듣고 싶은 게 사실일 터이니, 그래, 진솔하게 그들과 다르게 살아온 내 이야기를 들려주자는 결론을 내렸다.

간증이란 기독교인의 신앙고백이다. 나의 인생 행적은 비난받아 마땅하지만 내가 사회적 성공인들 앞에 간증자로 서서 그릇된 행적의 어둠으로부터 탈출하여 광명의 세계에 이르렀음을 고백할 터이니, 웅성거리며 비난하든 혐오하든 그 어떤 반응도 그런 건 별개의 문제라는 생각으로 나는 담대하게 간증자로 섰다.

내가 너를 보배롭고 존귀하게 여기고 너를 사랑하였은즉 내가 사람들을 주어 너를 바꾸며 백성들로 네 생명을 대신하리니

(이사야 43:4)

　문득, 찰나적이지만, 나도 VIP일 수 있다는 생각이 스쳐 갔다. 그들이 세상의 VIP자격으로 초대되었다면 나는 하나님의 VIP 자격으로 그들 앞에 선다는 생각에 이르자 자신감이 드는 것이었다. 내 인생이 개떡 같다고 돌을 던지면 맞으면 그만이다. 지울 수 없는 과거이기 때문이다. 그 숱한 세상의 매가 아직 부족하다면 더 맞는다고 억울해 할 것이 없다. 까짓것 죽기도 하는데 그 정도야 문제 될 것이 무엇인가. 동시에 행복감이 밀려왔다. 간증이라면 하나님과 생활하면서 얻은 경험담인데 이런 기회가 온다는 것이 어디 쉬운 일인가. 매사 생각하기 나름이다. 나에게 이런 기회를 주시기 위해 하나님께서 나를 연단 하셨고 거듭나게 하셨으니 감격스러운 마음이 들기도 하였다.

　나는 이 세상에 존재해서는 안 되는 사람, 가능성이라고는 조금도 없는 인간(Very Impossible Person), 구제받을 수 없는 백해무익한 존재였다. 성경적 표현으로는 탕자였고, 세상의 말로는 부랑아였다. 그러함에도 긍정적인 가능한 인간이(I'm a possible) 되고도 남는다는 것을 하나님께서 말씀을 통해 보여주셨다.

　하나님께서 세상의 미련한 것들을 택하사 지혜 있는 자들을 부끄럽게 하려 하시고, 세상의 약한 것들을 택하사 강한 것들을 부끄럽게 하려 하시며, 하나님께서 세상의 천한 것들과 멸시받는 것들과 없는 것들을 택하사 있는 것들을 폐하려 하시나니 이는 아무 육체라도 하나님 앞에 서 자랑하지 못하게 하려 하심이라.

(고린도 전서 1:27~29)

세상에 하나님 외에 완전무결한 것은 없어서 나로 인하여 누군 가의 지혜가 보잘것없는 것임을 느낄 수 있고, 나로 인하여 누군 가의 강함이 얼마나 부질없는 약함인가를 알게 하며, 하잘 것 없 는 나로 인하여 누군가가 얼마나 귀한 존재인가를 또한 깨달을 수 있음을 이 말씀으로 깨우쳐 주셨다. 그렇다고 독자 여러분을 하찮은 존재라고 말하는 것은 아니다. 마치 음지가 있어서 양지 가 더욱 밝은 것처럼 실패 인생의 표본이었던 내가 기이하게도 한때 하나님의 VIP였던 것은, 모든 사람이 세상의 VIP로 세워 질 수 있음을 일깨우는 가르침일 수도 있다는 것을 확인한다.

망설이기도 했지만 그런 깨달음 끝에 VIP 모임에 간증자로 나 설 수 있는 용기를 얻었다. 그들 앞에 서는 것 자체가 영광일 수 있다고 생각할 수 있다. 그들은 주관적으로나 객관적으로 성공한 사람들이며 귀한 신분이다. 그때 내가 무슨 내용의 간증을 했는 지는 관심 없다. 이 사실을 서두에 두는 까닭은 내가 왜 간증자 로 나서기를 꺼려하였는지, 그러함에도 불구하고 어찌하여 간증 자로 나섰는지를 밝히기 위함이다.

부끄럽기 한량없으나 오히려 지금부터 전개되는 이야기는 그 날 내가 했던 간증에서 못다 밝힌 상상을 초월하는 믿어지지 않

는 수준의 기막힌 이야기를 사실적으로 증언함으로써 하나님의
은혜의 깊이와 크기와 넓이를 독자들이 공감을 넘어 실감할 수
있기를 원하는 마음으로 펜을 들었다. 간증이라는 표현은 내가
기독교인이어서 사용하는 용어일 뿐, 이 이야기는 내 삶의 궤적
이며, 내 못난 시절의 서글프고 수치스러운 고백이다. 감히 자서
전이라고 부르기에는 수치스럽고, 간증이라 하기는 심히 세속적
이어서 송구스럽고 두렵다.

난폭한 가해자로서의 피해자

나의 부모님은 평안북도 출신이다. 할아버지 손응태 씨는 일찍이 일제 강점기 때 장로가 되신 우리 가문의 신앙 원조이시다. 할아버지가 가까운 동네의 귀신들린 처녀 얘기를 듣고 치유 기도를 해주려고 가시다가 고갯길에서 눈길에 미끄러져 굴러 내렸다. 바로 같은 시간에 귀신 들린 처녀가 갑작스레 깔깔대고 웃어대서 주위를 놀라게 하였다. 웃는 까닭을 물은 즉, 손 장로가 우리 집으로 오던 중에 산비탈 길에서 미끄러져 굴렀다고 말하더라는 것이다. 이게 바로 귀신이 곡할 노릇이리라. 이 이야기는 고모가 할아버지가 귀신 쫓는 은사를 받은 분이셨다는 말끝에 나왔다.

할아버지가 이 정도 믿음이었으니 집안 분위기는 당연히 신앙 정서였을 것을 미루어 판단할 만하다. 그 영향으로 나 역시 모태 신앙으로 태어났다.

기독교 가정임에도 나의 가족사는 실로 참담하다. 나의 아버지 손재건은 스스로 목숨을 끊으셨다. 작은아버지는 정신병원에서 인생을 마감하였다. 사촌 형제가 넷인데 그중 하나는 한강에 빠져 죽었고, 다른 하나는 버스에 치여 죽었다. 나머지 두 형제도 비명횡사하였다. 그들의 비극적인 죽음은 모두 술이 화근이었다.

이처럼 술은 나의 가족사에서 비극의 화근이다. 우리 가족은 많은 술을 감당할 수 있는 특별한 체질을 지녔다.

아버지의 고향은 평북 선천이다. 우리나라의 장로교가 태동한 곳이다. 외가가 일제 강점기에 저 유명한 평양 산정현교회를 담임했던 목회자요, 설교자요, 순교자요, 민족 운동가였던 주기철 목사와의 친분이 두터웠다. 나의 어머니 박경희 씨 역시 독실한 기독교 신자셨다. 내가 태어난 곳은 6.25 전쟁 직후 서울이었으나, 평안도 사람의 기질과 할아버지와 어머니로부터 물려받은 믿음은 지니고 있었다.

그런데도 어린 시절의 좋은 기억이 내게는 별로 없다. 아버지는 내가 네 살 되던 해에 돌아가셨다. 그러나 어머니는 아버지가 미국에 가셨다고 하였다. 어린 나는 아버지를 얼마나 기다렸는지 모른다. 성탄절이 오면 미국에서 아버지가 보냈다는 선물꾸러미를 받았어도 아버지를 만나는 것보다 기쁘지는 않았다.

우리 집은 남산이 올려다보이는 남창동이었는데, 서울 도심의 주택으로 당시로써는 드물게 너른 정원과 수영장이 딸린 저택이었다.

아버지와 함께 살았으면 얼마나 좋았을까. 아버지의 모습은 아버지와 내가 큰 여객선에 앉아있는 사진 한 장뿐이다. 나의 기억에는 그 여객선조차 없다. 남창동의 저택으로 이사 오기 전에는 미아리고개 너머 길음동에서 살았던 기억이 희미하다. 당시만 해도 미아리고개만 넘으면 촌락이나 다름없어서 주위에 논밭과 산이 있었던 것만 생각난다. 그리고 정릉천이 집 앞을 지나 중랑천 쪽으로 흐르고 마당에는 수세미, 피마자, 해바라기, 유자, 그리고 이름을 알 수 없는 꽃들이 자라고 있었다. 당시로서는 시내 외곽의 전원주택이었다.

아버지의 죽음을 안 것은 초등학교 3학년 무렵이었다. 워낙 오랫동안 아버지 없이 살아와서인지 그렇게 놀라지는 않았다. 간혹 학교에서 아버지 안 계신 사람 손 들으라고 할 때도 나는 손을 들지 않았다. 그때만 해도 선생님이 아버지 없는 사람 손들어보세요, 또는 어머니 없는 사람 손들어라 하였다. 공개적 가족관계 조사였다. 나는 한 번도 손을 들지 않았다. 남들 앞에서 아버지의 부재를 알리고 싶지 않아서였다. 그 때문에 선생님의 호출을 받고 교무실에 불려 가기도 하였다. 그런 기억이 뚜렷한 것으로 보아 아버지의 부재가 어린 나의 내면에 큰 상처였던 것 같다.

학교 성적은 별로 뒤처지지 않았다고 기억된다. 그러나 내 성격은 바르게 형성되어가지 못했던 게 분명하다. 아마도 아버지의 부재와(실은 내가 네 살 때 자살하셨다) 엄마의 재혼으로 꾸려진 새 가정에의 부적응, 그리고 타고난 나의 인내심 부족으로 직선적이고 불같은 성격 등이 일상적으로 작용하였을 것이다. 가장 큰 원인은 나의 성격 탓이라는 게 나의 판단이다.

한편 길거리에서 어린아이를 보면 저 아이가 곧게 성장했으면

좋겠다고 생각했다. 어린 나무를 상상하며 조금만 삐뚤어지게 자라도 커지면 단단히 굽어서 쓸모없게 된다는 우려가 있어서다. 나의 성장 과정이 주는 마음이리라.

주역(周易)의 동몽(童蒙)이라는 말을 내 나름으로 해석하기를 '어린아이는 햇솜과 같아서 무엇이든 보고 들으면 흡수한다. 아이 앞에서 언행을 조심해야 하는 까닭이다. 대개 잘못된 부모 밑에서 아이가 잘못되게 자라는 것이 얼마나 당연한가. 소년기까지도 그러하다. 그 후 학교에서는 교육을 받게 된다. 학교 교육은 지식 주입이다. 주역에서 최고의 교육이란 동몽(童蒙)이라고 하는데 이는 순수한 도의 경지, 최고의 인격의 경지에 이른 것을 말한다.

교육도 순서가 있고 바탕이 있어야 한다. 어린아이 시절 교육이 잘 된 아이에게는 그다음에 오는 지식교육도 도덕적이고 인격적 인간으로 성장하는데 크게 기여하므로 어린아이의 교육(동몽)

이 가장 중요하다.

내 나름의 의미 부여이지만 틀린 해석이 아니라면 나의 어린 시절 가정형편은 좋은 교육환경이 아니었다. 나의 부모를 탓함이 아니다. 일반적으로 그렇다는 것이다. 이런 성경 구절을 읽었다.

가라사대 진실로 너희에게 이르노니 너희가 돌이켜 어린 아이들과 같이 되지 아니하면 결단코 천국에 들어가지 못하리라. 그러므로 누구든지 이 어린아이와 같이 자기를 낮추는 그이가 천국에서 큰 자니라. 또 누구든지 내 이름으로 이런 어린아이 하나를 영접하면 곧 나를 영접함이니. (마 18:3-5)

어린 시절의 방탕? 어떤 어린이의 경험이 방탕일 수 있을까. 대단히 부적절한 묘사다. 그런데 나에게는 적용되는 것을 어찌하랴. 그랬다. 나는 어린 시절에도 방탕하였다. 주역(周易)에서의 '동몽'은 교육의 최고 경지이며 형태이며, 순수한 도의 경지, 최고의 인격을 의미한다. 동몽의 경지에 이른 사람은 성인으로 추앙받는다. 성경에서 어린아이 하나를 영접하면 그것이 곧 나를 영접함과 같다고 하신 주님의 말씀과 다르지 않다고 나는 생각한다. 어린아이의 그 맑은 순수를 지니지 않고 천국에 간다는 것은 불가능하다는, 주님의 단호한 말씀이다.

봄이 오면 산과 들에 깨끗한 새싹이 돋는다. 그 연한 싹을 손으로 쓸어 보면 여린 촉감이 마치 갓난아이의 살결처럼 느껴진

다. 그 싹이 어떤 종류의 식물인지 구분하기 어렵다. 옛 어른의
말씀 중에 봄에 나는 풀은 독이 없어서 나물로 먹기에 부족함이
없다고 하였다. 새싹에는 독이 없고 어린아이에게는 악이 없다.
어느 정도 자라면서 정체를 드러내기 시작하는데 그때서야 그 싹
이 독초인지 식용으로 유익한지를 분별하게 된다.

사람에 대해서는 태어날 때부터 악하게 태어난다는 성악설(性
惡說)과 선하게 태어난다는 성선설(性善說)이 있다. 어쨌거나 악과
선이 한 몸에 공존하는 건 사실이라고 나는 생각한다. 어렸을 적
에 부모나 학교나 사회가 어린아이를 어떻게 가르치고 어떤 습관
이 들게 하였는지에 따라서 어떤 유형의 인간으로 살아가게 될지
결정된다고 가르치는 그것이 주역의 동몽이요, 위에 인용한 성경
마태복음의 말씀이 그것이다. 그 가르침이 귀한 까닭은 인간 본
성에 자리하고 있는 선과 악, 그중에 선을 택하고 악을 물리칠
수 있는 양심과 도덕심을 굳건하게 해 주기 때문이다.

장황하게 이런 설명을 하는 까닭은 나의 어린 시절부터의 성장
과정을 돌아보면 선명하게 이해될 것이다. 아버지 없이 자라다
보니 어머니의 과보호를 받았다. 아버지 없는 어린 아들이 얼마
나 가여웠을까. 무엇이든 내가 원하는 것은 다 들어주셨는데, 어
머니의 연민과 깊은 배려였다. 아버지께서 남긴 유산이 적지 않
아 경제적 여유가 있어서 가능한 일이기도 하였다.

어머니의 과보호는 이를테면 내가 밖에서 놀다가 큰아이들에

게 매를 맞고 들어오는 것도 아비 없는 자식이라서 업신여김을
받는 것으로 간주하였다. 책가방에 미제 껌 종이 같은 것을 주워
잔뜩 넣고 다니는 것도 호기심에서가 아니라 아버지 없는 부족감
에서 오는 일탈로 보았다. 어머니의 호된 질책을 받은 나는 나를
괴롭힌 아이를 돌로 머리를 때려 상처를 입혔다. 과도한 반응이
었다. 그 뒷감당은 항상 어머니 몫이었다. 돈으로, 모든 뒷수습
은 돈으로 처리하였다. 돈이 문제 해결의 수단이었다. 어머니는
내가 원하는 모든 것을 채워주고, 마음에 안 드는 일에는 과도하
게 꾸중하셨다. 책가방의 껌 종이도 어머니의 호된 질책과 회초

리를 맞게 하였다. 어머
니는 애비 없는 아들에게
과보호와 함께 매우 엄격
한 질책을 주었을 뿐, 모
범을 보인다거나 잘잘못
을 설명하고 이해시키고
설득하는 과정이 없었다.

어머니는 중학생이던
나를 사촌형과 함께 영월
에 있는 보덕사라는 절로
보내 여름방학을 자연 속

양정중학교 럭비부 시절

에서 여유롭고 정서적으로 유익하게 보내도록 배려하셨다. 도시를 떠난 산속 고요한 절은 여유와 자유를 누릴 수 있었으나, 그 여유로운 자유가 나에게 방종과 무질서를 즐기는 시간으로 변형되는 기회를 주었다. 이해할 수 없는 어머니의 처사가 큰 불만이었다. 함께 간 사촌 형은 결핵을 앓고 있었다. 사촌이라지만 모두가 꺼려하는 결핵환자와 같은 방을 쓰게 한 어머니의 처사를 나는 이해할 수 없었다. 나는 그런 불만과 시간적 여유를 나 중심으로 보냈다.

고등학생이 되면서 술과 담배를 가까이하며 방탕한 생활로 들어서게 된 까닭을 나를 연민과 애정으로 과보호하시면서 엄격하셨던 어머니에게 전가한다면, 그야말로 나는 큰 죄를 더하는 것뿐이리라. 그러나 내 탓보다 남의 탓이 위로되는 나는 참으로 나쁘다고 스스로 자책하기도 하였다.

그런 환경에서 어머니의 사랑에 감사하며 올바르게 자란 아들이 있다면 그는 어머니의 조건 없는 사랑과 엄한 교육이 마치 사자가 제 새끼를 강하게 키워 당당하게 살아가게 훈련한 것으로 빗대어 어머니에 대한 존경과 자랑을 마음으로부터 고백할 것이다. 그러나 나는 어려서부터 나 중심의 생각만으로 살아왔던 모양이다. 이해나 감사나 배려보다 불만과 분노만 키운 셈이다. 그래서 불만이 쌓이고 폭력적이고 방탕한 길로 거침없이 달려간 어리석은 인생이었다.

사람마다 생각이 다르고 교육 방법도 다를 수 있고 판단이 다를 수 있다. 그러나 세상의 어느 부모가 사랑하는 자식을 올바르게 키우려고 노력하지 않을까. 제 자식이 허랑방탕하도록 방치하는 부모는 세상에 없다. 내가 방탕한 게 어머니 탓이라 하였으나 내가 자식을 낳아 키워 보고서야 어머니의 생각에 나의 마음이 얼마나 터무니없었는지를 뒤늦게 깨달을 수 있었다. 나는 아버지로서 어머니의 나에 대한 사랑의 십 분 일도 내 자식에게 주지 못하다는 걸 느꼈고, 그걸 인정한다.

그럼에도 나의 어리석은 생각이지만 아버지 부재로 인한 보상적 차원이 아닌 정상적인 인성교육이 이루어졌더라면 빗나간 삶을 살았을까 하는 아쉬움이 남기는 한다. 그러나 지금의 나는 결코 어머니를 원망하지 않는다. 오히려 그 사랑에 감사하고 존경한다. 늦게 철든 탓이다.

나는 고등학생이 되면서부터 어떤 어른보다도 술을 더 많이 마셨다. 술 체질? 과다한 주량? 뭐 그런 게 있는 모양이다. 게다가 체구가 작은 편이라 무시당할 수 있고 싸움에서 이기기 힘든 조건이라 나의 약점을 극복할 방법으로 칼이나 쇠 파이프, 체인, 몽둥이, 도끼 등의 무기를 들었다. 내 부모가 그리하라고 가르친 게 아니다. 내가 왜 남을 이겨야 하는지에 대해서는 생각한 적이 없다. 그러한 나의 미래가 어찌 될지, 그런 건 생각조차 해본 적이 없다.

그렇게 지내다 보니 나는 일찍이 폭력성 알코올 중독자가 되어 있었다.

더욱 가관인 것은 자학 증세가 나타나기 시작하였다. 내 몸을 깨진 유리병이나 면도칼 따위로 자해하면서 나는 강하다는 자부심과 함께 일말의 쾌감을 느끼기도 하였다. 한때는 나와 같은

좌) 손광호 / 우) 안준배

자해행위가 폭력 세계에서 유행처럼 번지기도 하였다. 내 몸에서 피가 흐르도록 내 손으로 상처를 내는 행위는 배짱과 용기로 극찬받았다. 사내다움이었으며, 시각적으로 타인을 제압하는 좋은 수단이었다.

그때의 나는 밀랍 날개를 달고 태양을 향해 날아오르는 '이카로스(Icaros´-그리스 신화에 등장하는 어리석고 무모하기 그지없는 신)와

다를 바 없었다. 그 어리석고 무모한 신은 태양 가까이 다가갔다가 몸이 녹아서 떨어져 죽고 말았다.

나 역시 그런 어리석은 추락을 경험하였다. 어머니는 나의 폭주와 폭력의 행태에서 아버지의 모습을 본다고 말씀하셨다. 어머니는 그런 아들을 지켜보며 암담한 내 운명의 미래를 보았을 것이며, 억장이 무너져 내렸을 것이다. 이게 불효였다.

알코올 중독자 대부분은 본인 스스로가 가해자이면서 피해자이기도 하다. 성장 과정에서 유아기적 상처조차 평생 괴롭히며 따라다닌다. 어머니가 나를 낳았을 때의 나이가 스물셋이었다. 지금 생각하면 애가 애를 낳은 꼴이었다. 어머니 스물일곱에, 아들인 내가 겨우 네 살 때 홀로 되셨으니 생각하면 생각할수록 기가 막힌다.

지금이라면 그 어린 처녀를 혼인시킬 부모가 어디 있을까. 아버지의 예측 불가의 죽음으로 시작된 어머니의 고통과 고뇌에 찬 삶은 사망에 이르기까지 지속되었다. 어머니에게 그런 고통과 고뇌를 가장 많이 안겨준 사람이 다름 아닌 아들, 나였다.

남편 복 없으면 자식 복도 없다고 회자되듯이 남편이나 아들이나 어머니에게는 같았으니 시쳇말로 어머니의 팔자는 기구하기 짝이 없었다. 그런 어머니를 한 번도 이해하려고 하지 않은 나야말로 외롭고 힘겨운 어머니에게 큰 불효를 저지른 죄인이었다.

나 자신을 돌아보아도 내가 자식으로서 어찌 어머니 마음을 그

다지도 아프게 하였던가를 생각하면 사람 노릇 못하였던 나 자신을 사형에 처하고 싶은 지경이다. 나 자신에게는 미칠 지경으로 부끄럽고 어머니께는 유구무언으로 죄송스럽다.

　내가 초등학교 6학년쯤 되었을 때 어머니가 재혼하셨다. 새 가족이 생겼다. 이때부터 이해할 수 없는 일들이 일어나기 시작하였다. 어머니와 새아버지, 가족들 간의 다툼이 쉼 없이 일었다. 그 다툼은 늘 어머니의 패배로 종결된다고 나는 여겨졌다.

　어린 나로서는 그 이유가 무엇인지 알 수 없었지만, 미루어 짐작건대 어머니의 재산이 화근이었다고 생각된다. 그래서 내 마음속에 분노가 끊이지 않고 일었다. 그때마다 당장은 내가 힘이 없어 어머니를 돕지 못하지만 힘센 어른이 되면 반드시 복수하겠다고 다짐하곤 하였다.

　'복수하겠다고 다짐했다'는, 그것은 사실이다. 그 어린 나이에 복수라는 단순한 개념을 품었다는 게 끔찍하지만, 그게 사실이었다. 그만큼 내 가슴에는 분노와 증오가 켜켜이 쌓였다.

　술은 나의 유일한 출구이며 동시에 위로였다. 심약하고 내성적이던 나는 술의 힘을 빌려 폭력적이고 파괴적으로 변해 갔다. 지금도 그 당시에도 나의 음주와 폭력적 행위가 오직 나의 가정

좌로부터 손광호, 최창육, 신학성, 안준배

사가 직접 원인이라고 생각하지 않았다. 내게 다분히 그런 성향 곧 타고난 천성의 영향이 직접적 원인이라고 생각하였다.

내 성격은 직선적이다. 불같이 타오르는 격한 감정을 스스로 통제하지 못하였다. 불의를 보거나 마음에 들지 않으면 참지 못하였다. 이를 입증할 사례 하나를 소개한다.

고등학교 2학년쯤으로 기억된다. 종로 YMCA 뒷골목에서 술을 마시고 있었다. 그때 술집 주인이 누군가에게 '호로새끼'라고 거칠게 욕하는 소리를 들었다. 극히 상스러운 욕이다. 원래는 부모 없이 자라서 제대로 된 가정교육을 받지 못한 자식을 지칭하는 말인데 이를 '호래새끼'라고 변형시키면 저주성 욕설이 된다.

내가 그 욕을 듣는 순간 나에게 한 욕이라 생각되면서 분노가 폭발하여 술병으로 중년의 주인을 때려 상처를 입히고 말았다. 보통 같으면 경위를 따져 물은 다음 사과를 받든 오해를 풀든 하면 되는데 나의 불같은 성격이 일을 저지르고 말았다.

나는 그 길로 가출하였다. 이는 내가 내 성격이 어떤 행동을 불러일으키는지를 경험한 첫 번째 사례였다. 급하게, 불같이, 다음 생각은 하지 않고 일단 저지르는 성격이 나의 장애였다. 불이 잘 붙을 뿐만 아니라 일단 불이 붙었다 하면 생각하는 과정이 증발하여 활활 타오른다.

그 무렵이 폭력적으로 출발한 때였다. 불가피하게 싸울 일이 없어도 폭력행위는 일상화되었다. 싸움의 주도권은 내게 있었다. 불량 학생, 깡패, 그것이 나였다.

좋은 일이 쌓이면 복이 오고 악한 일이 쌓이면 재앙이 오는 것은, 성경에 이름같이 심은 대로 거두는 법칙이 아니던가. 나의 난폭한 폭력행위는 드디어 1969년 5월 5일, '폭력행위 등 처벌에 관한 법률 위반 혐의'로 체포되어 종로경찰서 유치장에서 조사를 받았다. 이어서 검찰청에 송치되어 지금은 없어진 서대문구 현저동 101번지 '서대문 형무소'로 이송되었고, 청소년이라서 다시 불광동 소년원으로 보내졌다. 이로써 폭력전과자로서 파란만장한 험난한 여로로 접어들었다.

나는 어리석게도 용감하였다. 자긍심도 특별하였다. 나는 항상 용기백배의 일선 투사였고, 불의를 무찌르는 정의의 사도였고, 누구에게나 군림하고 싶어 하는 돈키호테 형으로 성장하였다. 풍차를 향해 질주한 돈키호테는 자신을 이기는 것이야말로 인간이 바랄 수 있는 가장 큰 승리라고 하였는데, 나의 인간승리는 누구에게도 지지 않는 그것이었다.

과도한 부조화 인생살이-경천동지할 기적의 사건

과정 사상가로 알려진 수와키(Marjiorie Hewitt Suchocki)는 그의 저서 「The Fall to Violence」에서 오늘을 사는 우리에게 삶의 지혜를 제시한다. 인간은 언제나 과거에의 기억(memory)과 현재와의 공감(empathy)과 미래에의 상상(imagination)이 적절하게 교감해야 한다는 논리를 전개하였다. 균형 잡힌 삶을 살기 위하여. 인간은 태생적으로 순간마다 주어진 세 가지 시간 중 어느 것 하나에 초점을 맞춘다.

하지만 그 시간성이라는 것이 조화를 이루어 완전무결함(Integrity;통전성)을 상실해 버리면 어느 한 가지에 얽매여 그것을 전체로 보는 잘못을 범하게 된다. 마치 편중된 식단으로 인해 영양 부조화가 생긴다. 그 결과 신체 성장에 불균형이 일어나듯 그 편중된 시간성 때문에 그저 편리한 대로, 혹은 자신이 원하는 대로 삶의 한 부분을 즐기는 것으로 만족해 버리고 만다. 이것이 가져오는 부작용은 일그러지고 모가 난 삶으로 나타난다.

우리는 그 어느 것 하나에 만족하는 것이 아니라 전 삶을 통해 균형 있게 살아야만- 그는 이를 어느 한 쪽으로 기운 편향된 삶이 아닌 '통전적인 삶(integrative life)'이라 부른다- 온전한 인간

의 모습을 갖출 수 있다. 인간은 천성적으로 그렇게 태어나고 본
능적으로 그렇게 움직여가기 때문에 그렇게 살지 않기가 쉽지 않
다.

우리에게는 현재 없는 미래가 없고, 과거 없는 현재도 없다.
과거와 현재와 미래가 함께 소통할 수 있는 조화된 사고만이 우
리를 자유롭게 한다. 수리적으로는 과거와 현재 미래를 삼분 일
씩 공유하며 살아야 한다는 논리다. 물론 정량적으로 따질 것이
아니어서 마땅히 정상적 분석으로는 그 절대적 크기가 달라질 것
이다.

보통의 인간이라면 자연스럽게 그런 삶을 살게 되어 있다. 과
거에 역사하셨던 주님의 은혜가 오늘 이 순간에도 역사하시며,
장래에도 역사하시는 것도 믿음 가운데 통전적으로 살아가는 우
리가 주님의 평안 가운데 존재할 수 있는 이유다.

내가 어떻게 이 자리에 있게 되었으며 내가 어떤 은혜를 입었
는가를 기억하고 미래를 상상하는 자세가 인간의 삶을 바로 세워
주기 때문이라고 말하는 것 역시 같은 이치다. 이러한 〈통전적
삶〉은 인간의 의지가 하나님의 뜻과 조화를 이루어 작용할 때 가
장 균형 있게 되며, 행복과 기쁨이 충만할 것이다.

나는 기독교인이니 이리 말하는 것이 편하지만 혹시 종교를 갖
지 않은 분들은 하나님을 막연하게라도 절대적 존재로 해석하면
좋다. 그가 어떤 존재건 우리의 삶을 이끄는 운명의 힘을 거부하

기란 힘들다. 이런 노력은 하나님 혹은 절대자로부터의 은혜 이전에 스스로의 노력이 선행되어야 한다. 왜냐하면 하늘은 스스로 돕는 자를 돕기 때문에 내가 먼저 나서서 행하지 않으면 설사 그분이 하나님이라 해도 나서지 않기 때문이다.

나는 지금 우리의 이야기가 아니라 나의 이야기를 하는 것이다. 나는 통전적인 삶이 아닌, 내 멋대로의 모난 삶을 살아왔다. 나의 인생에 조화란 존재하지 않았다. 아예 과거를 되돌아보거나 미래를 상상하지 않았다.

다른 말로 하면 반성도 후회도 회개도 희망도 없는 삶이었다. 그저 앞에 놓여 있는 현실에 얽매였으며, 그조차도 부정적인 시각으로 보기 일쑤였다. 인내, 이해, 용서가 있는 삶을 살기 위해 꼭 필요한 필수적 개념 하나도 나에게는 존재하지 않았다. 아니 그런 단어들조차 내 삶에서는 사치로 여겨졌고, 거추장스러웠다. 지난 일을 후회하는 어리석음, 오지 않을지도 모르는 미래를 동경하는 어리석음을 나는 비웃었다.

후회가 없으니 반성은 당연히 없었고, 동경하지 않았으니 소망이 있을 까닭이 없었다. 하루하루를 즐기면 그만이었다. 나는 철저하게 술의 노예가 되었고, 술이 내 삶의 전부가 되었다. 하루하루를 즐기는데 술만 있으면 되었다. 술을 능가하는 것은 나에게 없었다. 나는 주정뱅이였고 인간쓰레기였다.

지금부터 내 삶의 궤적을 뒤적여가며 내 인생을 치부조차 만천

하에 토로한다. 치부가 아닌 것이 없었으니 달리 내세울 게 없다. 가급적 상황에 알맞게 내가 경험하거나 저지른 일을 적어 보겠지만, 기억의 편린들을 짜 맞추는 게 완전할 수 없음을 미리 밝혀둔다.

내 인생

한때 미국 최남단의 휴양 도시 마이애미(miami)에서 살았다. 한 달에 두 번씩 정원관리회사에 정원관리를 위탁했었다. 트랙터가 와서 한나절을 말끔하게 정리해 놓고 가도 몇 십 분 후면 꼿꼿하게 일어서는 아무짝에도 쓸모없는 잡초의 끈질긴 생명력을 보았다. 내가 살아온 70여 년의 인생이야말로 그 쓸모없는 잡초 그대로였다. 자그마치 40여 년 동안 쓸모없는 잡초였다. 이토록 한심스러운 사람이 또 있을지 의문이다. 그 후 나머지 30여 년은 덤으로 살아왔음을 고백한다. 아니, 잡초 같은 삶이 아니라

좌 정의황, 우 손광호

잡초 자체였음이 맞는 고백이다.

에머슨(Ralph Waldo Emerson)은 이 지구상에 있는 35만여 종의 식물 중에서 인간이 알고 있는 것은 3천 종 정도라고 했다. 그중에서 이름 없는 풀들을 잡초라 부르고, 그 외는 이름 있는 야생초와 사람들이 아끼는 화초로 분류한다. 흔히 이 세상에는 꼭 있어야 할 사람과 있으나 마나 한 사람과 아예 존재가치가 없는 사람이 있다고 한다. 나는 명백하게 잡초에 속하였고, 사람으로는 존재가치와 의미가 없었다. 잡초, 그것이 필요할 때가 또는 필요한 곳이 과연 있을까.

1980년 어느 날 친구 성률이가 사는 개봉동 집을 방문하였다. 그 친구의 어머니는 나를 향해 다시는 우리 집에 오지 말았으면 좋겠다고 하셨다. 오죽하면 그랬을까를 생각하면 민망해서라도 입을 다물었을 것이다. 그런데도 나는 극도로 자존심이 상해 이유가 뭐냐고 따져 물었다. 친구의 어머니는 외면한 채 너를 보면 우리 덕율이 생각이 나서 괴로우니 제발 오지 말았으면 좋겠다고 하셨다. 나는 어머니가 덕율이에게 좀 더 잘해주셨으면 죽지 않았을 거라고… 볼멘소리의 말끝을 흐렸다. 덕율이는 친구 성률이의 동생이다.

아들을 잘못 키운 어머니라는 비난이 아니라 실은 덕율이의 뜻을 받아주지 않은 어머니를 원망한 것이다. 그러나 어느 부모가 그른 길로 가는 자식을 방치하겠는가. 어머니는 그 애가 살아 있었으면 우리가 어떻게 지금처럼 마음 편히 살 수 있겠느냐고 하셨다. 친구의 동생이 얼마나 말썽을 부리고 속을 썩였는지 미루어 짐작할 수 있는 말이다.

세상을 떠난 친구 동생의 이 기막힌 이야기가 나를 슬프게 하지만 제 속으로 나은 자식의 죽음을 차라리 잘된 일이라고 말하는 그 어머니의 속마음이 어떠한지를 내가 어찌 헤아릴 수 있으랴. 그 어머니의 마음속에는 자식에 대한 못다 한 사랑과 그 사랑을 막고 나섰던 나에 대한 원망이 녹아 있었다. 우리는 둘 다 잡초였다.

그 어머니의 아픈 마음과 안타까운 사랑을 생각하면 그 눈물을 닦아주지 못한 안타까움조차 없었던 나는 인간도 아니라는 생각이 든다. 그의 가족을 위해(?) 일찍 떠나버린 친구 동생 덕율이의 모습이 내 모습과 겹쳐지는 것은 지극히 당연하다. 당시에는 그 어머니의 말씀을 감정을 앞세워 들었지만 내 어머니에게도 나는 그와 조금도 다르지 않은 자식이 아니던가.

내 주제를 모르고 덕율이 어머니께 따지고 들었으니 저것도 인간인가 하셨을 터이다. 언제나 주위에서 들을 수 있는 말 중 너도 자식 낳고 살아보라는 그 평범한 말이 실은 황금률이었다. 내가 그렇게 살았으니 그렇게 말하는 어른들의 마음에 공감한다.

덕율이는 난폭하였다. 상상을 초월하는 폭력성이었다. 그를 체포하려면 경찰 수십 명이 떼를 지어 포위해야만 되었다. 나는 그에 비하면 새발의 피였다. 그는 겨우 스무 살을 갓 넘은 나이에 자살로써 생을 마감하였다. 나에게도 큰 충격이었다. 내 인생도 그렇게 되리라 예감되어 슬프고 안타까웠다. 그의 모습이 내 모습이었기 때문이다. 덕율이처럼 나 역시 그 무렵에, 수십 년 전 그즈음에 사라졌어야 할 인간이었다.

그런 내가 2003년 11월 9일, 밴쿠버 두레교회에서 대한예수교장로회총회(총회장 박요한 목사) 주관으로 목사 안수를 받았다. 코페르니쿠스의 방정식으로도 풀 수 없는 문제라 할 수 있다. 내가 나를 향하여 지속적으로 의문부호를 떠오르게 하는 단초였다. 경천동지할 사건이며 실로 기적이 아닐 수 없다.

좌 박요한 목사 / 우 손광호 목사

하나님이 모든 것을 지으시되 때를 따라 아름답게 하셨고, 또 사람에게 영원을 사모하는 마음을 주셨느니라. 그러나 하나님의 하시는 일의 시종을 사람으로 측량할 수 없게 하셨도다.

(전도서 3:11)

누가 사람의 미래를 알까. 심지어 자기 자신에 대해서조차 누가 그 미래를 아는가. 사람마다 나름의 희망이 있고 목표가 있고 계획이 있을지라도 꼭 그리된다는 보장이 없는 게 인생이다. 한 치 앞도 모르는 채 우리는 살아간다. 이런 모험이 어디 있을까. '학교에 다녀오겠습니다.' 인사하고 대문 밖으로 나간 사랑하는 가족이 차에 치어 사망하는 것은 예측불가다.

맨발의 세계적인 무용가 이사도라 던컨이 긴 스카프를 목에 두르고 오픈카에서 멋지게 기분 내며 달리다가 자기 스카프에 목이 졸려 죽을 것을 누가 알았으랴. 일찍이 술에 찌들고 폭력을 휘두르며 살아온 내가 목사 안수를 받기 위해 무릎을 꿇은 그 순간, 내 각막에 그동안 악하게 살아온 주인공인 내 모습이 리얼하게 전개되어 그 실상이 보이는 것이었다.

문득 내 인생의 한 장면이 인서트(insert) 되면서 생생하게 클로즈업되는가 하면, 이내 페이드아웃(fadeout)되는 것이었다. 영상으로 등장한 내가 나를 어디론가 데려가고 있는 것 같았다. 수치스럽다. 천박하다. 추악한 내 삶의 모습이 한 장면 한 장면 전환되면서 실감 나게 시야에 줌인 (Zoom In)되었다. 그러한 나를 하나님이 아니면 누가 거두어줄 수 있을까. 누구도 거들떠보지 않을, 아니 침을 뱉으며 배척할 내가 아닌가. 최악의 밑바닥 삶이었다. 높이 날아서 아무도 나를 잡을 수 없다고 교만 떨며 오만하게 휘젓고 나댔으나 나의 실존은 가느다란 실에 매달려 하늘을 나는 바람 속의 연과 무엇이 달랐던가.

어느 순간 그 줄이 끊어지면 나는 어딘지도 모를 곳으로 사라져 추락할 것이었다. 그 엄연한 사실을 알지 못하고 기고만장하였던 나를 발견하는 은혜의 자리가 너무나 벅차 눈물이 흘렀다. 한없이 부끄럽게만 살아온 슬픈 인생, 실패의 인생, 그러함에도 하나님의 한량없으신 은혜로 목사 안수를 받고 있으니, 그 마음을, 그 생각이나 그 느낌을, 격동하는 그 가슴을 나는 필설로 형언치 못한다.

이제부터 나는 예전의 내가 아니다. 나는 제거되었다. 나의 지난날은 삭제되었다. 회한의 눈물이 하염없이 흘러내렸다. 어떤 말로도 표현할 수 없는 이 상황은 거듭남의 감격이다. 나이 오십에 수많은 사람들 앞에서 눈물을 쏟았다. 부끄럽고 후회스럽고 감사가 복합적으로 격동하는 그 시간이 내 인생의 완전한 방향 전환의 현장이었다.

내가 눈물을 줄줄 흘리며 울자 참석자들의 마음도 슬퍼졌는지 함께 눈물을 흘렸다. 폭력적 담대함으로 어깨에 잔뜩 힘주며 만용을 부리던 나는 그때 죽었다. 그리고 나약해질 대로 나약하고 초라해진 오십 중년의 새 생명으로, 거룩한 사명자로 거듭 태어나 무릎을 꿇고 울고 또 울었다.

　주여!

　나는 비로소 하나님이 주신 은혜의 옷으로 갈아입었다. 이 한가지 선물을 기다리며 지금까지 견뎌왔다는 사실에 감사했다. 스스로도 놀라웠다. 오래오래 역경의 길을 걸어왔다. 아니, 머나먼 그 험한 길을 내 눈에는 보이지 않았으나 하나님은 은혜의 손으로 나를 잡고 인도해 오셨다. 그래, 은혜라는 말이 아니고는 이해할 수도 없으려니와 전혀 가능하지 않다.

　오직 하나님의 무한한 은혜다. 하나님의 은혜를 이토록 절절하게 경험하고 고백한 것이 나의 선택이거나 나의 지혜거나 나의 결단이 아니다. 그러므로 오직 하나님의 은혜이며 감동이다.

　오직 은혜, 그렇다. 오직 은혜다. 세상에 태어나서 반세기 만에 이 어리석은 죄인은 비로소 하나님의 특별하신 큰 은혜를 경험하였다. 하나님이 이 죄인에게 긍휼을 베푸셨다.

　나는 무려 38회에 걸쳐 요양원과 수용소와 교도소를 드나들었다. 결코 사람 사는 길이 아니었다. 그때그때 마다 숨이 턱턱 막혔다. 쓸데없는 잡초에 불과한 나는 마이애미의 내 집에 무작정 거칠게 솟아오르는 잡초에 불과하였으니 무자비하게 트랙터에 깔려 죽어 마땅한 존재였다. 죽기로 작심하여도 죽지 않고 여기까지 이끌려온 것은 내 죄를 사하시려 십자가에서 피 흘려 죽으신 주님의 보이지 않는 손길이 있었기 때문임을 나는 실감하였다.

　나는 솔직한 고백으로 내가 왜, 내가 어떻게, 목사가 되었는지 정말 모른다. 내가 아는 것은 어찌 되었건 목사가 되었다는 사실 뿐이다. 나는 부끄럽지만, 아무튼 목사이다.

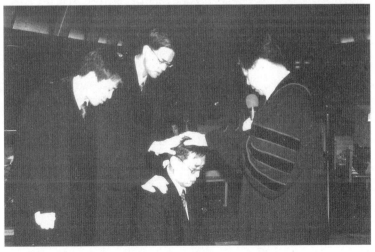

만취와 폭력의 일상- 나는 신학생이었다

소년 시절, 고모로부터 중학교 입학 선물을 받았다. 작은 월간 잡지 「샘터」다. 그 책 첫머리에 술에 대한 글이 실려 있었다.

'이 세상에서 지옥을 보려거든 술주정뱅이의 집에 가 보아라. 그곳이 바로 지옥이다.'

'6,300km의 양자강에 빠져 죽은 사람보다 작은 술잔에 빠져 죽은 사람의 수가 더 많다'

술과 아무 관계도 없던 중학교 1학년 때 읽은 내용이 어째서 머릿속에 박혀버렸는지 나도 모른다. 그러함에도 내 인생은 술로 시작하여 술로 끝나는 삶이었다. 더구나 청소년 시절부터 어이없 게도 술에 중독되다시피 망가진 인생이니 한심스럽기가 생지옥 이다. 술을 먹게 된 연유도 모르겠다. 아마도 천성적으로 술을 잘 마실 수 있는 체질로 태어났고, 술이 주는 마력에 이끌렸기 때문일까 한다. 술을 한 모금도 마시지 못하는 나의 친구도 있기 는 하다. 간에서 분비되는 알코올 분해효소가 없기 때문이다. 내 아버지의 두 형제가 술 때문에 목숨을 잃은 집안의 내력을 우려 한 고모의 염려와 배려의 「샘터」 선물이었을 것이다.

「주역(周易)」의 마지막 64번째 괘인 '화수미제(火水未濟)'서 술에 관한 이야기를 한다. 여우가 물을 건넌 후 마지막에 꼬리를 적시는 괘다. 쉽게 말하면 다 된 밥에 코를 빠뜨리는 우를 염려한다. 이 화수미제 괘의 마지막 효(爻)는 '有孚于飮酒(유부우음주)면 无咎(무구)'다 라고 되어 있다. 술을 마시되 적당히 마시면 허물이 없다는 뜻이다. 이어서 '濡其首有孚失是(유기수유부실시)'라 하였는데, 술을 마심에(于飮酒) 믿음이 있으면(有孚) 허물이 없으나(无咎), 그 머리를 적시면(濡其首) 믿음(有孚)이 이(是)에 잃어진다(失)는 것이다. 즉 서로 믿음을 갖고 술을 마시며 토론하고 우정을 다지는 일은 허물이 없어 좋다.

그러나 술을 마시고 주사(酒邪)를 부리며 믿음을 깨뜨리는 행위를 하면 우정이 사라지고 만다. 여기서 머리를 적신다는 말은 정신이 제 기능을 잃고 오락가락한다는 말이니 술에 취해서 정신없는 소리를 늘어놓고 함부로 행동하는 오만방자한 상태, 즉 술주정을 의미한다. 주역에서도 술이 나쁘다고는 하지 않는다. 다만 음주가 지나쳐 사람이 사람으로서의 행동을 할 수 없게 되는 상태를 염려한다. 「주역」은 이처럼 술을 조심하라는 말로 대단원의 끝을 맺는다.

성경에도 술에 대한 경고성 내용들이 있다. 소돔성의 멸망을 피해 두 딸과 함께 동굴에서 지내던 롯은 술에 취해 두 딸과 동침하여 자식을 낳았고(창19장), 왕자 암논은 술에 취해 있을 때 동생에게 살해되고(삼하13:28-29), 바벨론 왕 벨사살은 귀인들을 초청하여 밤새워 파티하며 취하여 있을 때 페르시아의 공격을 받아 살해되고 나라는 망하였다(단5장). 사도 바울은 술 취하지 말라고 경고하였다(엡5:18).

나는 일찍이 술에 빠져들었고, 아주 심한 중독자가 되었다. 마시기 시작하면 아예 술에 몸 전체를 빠뜨려 흠뻑 젖도록 마셔댔다. 주정을 부려댔다. 폭력으로 이어졌다. 아예 사회문제를 일으키는 지경에 이르렀다. 소극적이고 내성적이던 성격이 술에 취하기만 하면 폭력적으로 변하여 파괴에 이르렀다. 나는 오직 술의 힘으로 무모한 만용이 솟구쳤다.

나의 행태는 아무도 막을 수 없었다. 그야말로 통제 불능의 난폭, 그것이었다.

다음 이야기는 공개하고 싶지 않은 어린 시절이 소재인데, 하나님을 떠나 탕자의 길을 가게 된 동기여서 부득불 밝힌다.

1972년 봄이었다. 가정부가 가져다준 물을 마신 나는 정신을 잃고 쓰러졌다. 내가 깨어난 것은 병원이었다. 간호사는 내 몸이 약해져 링거 주사를 맞아야 한다면서 병실로 데려갔다. 뒤에 있던 남자 직원이 내게 우주복이라고 불리는 처치 복을 입히고 손을 양쪽 침대에 묶더니 두 발마저 마치 유도복의 허리띠처럼 생긴 끈으로 단단히 묶어버렸다. 뭐가 뭔지 도무지 이해할 수 없는 상황이 전개되었으나 그런 모든 행위가 순식간에 능숙하게 이루어져 나는 어떤 저항도 할 수 없이 완전히 제압당한 것이었다. 간호사는 아무렇지도 않다는 듯 나가 버렸다. 병원이니까, 나는 구급차로 실려 온 응급환자니까, 그들의 익숙한 조치에 저항하지 않았으므로 신체의 완전한 속박이 쉽게 이루어졌다.

얼마 후 간호사가 식판을 들고 나타났다. 나는 여기가 어디냐고 소리쳤다. 간호사는 침착하게 또렷한 목소리로 '청량리 뇌신경과 병원입니다'라고 알려주었다. 뇌신경과라면? 청량리 뇌신경 병원? 문득 언제 어디서 어떤 경로로 내게 입력된 정보인지 불분명하지만 청량리 정신병원이라는 이름이 떠올랐다. 내가 정신병원 침상에 묶여 있는 정신병자 신세가 되었다.

그것이었다. 나는 자신의 의사와 무관하게 정신병원에 강제 입원된 것이었다. 너무도 기막히고 어이없어 유구무언이 되었다.

그 당시의 나는 순복음신학교에 입학한 지 수개월이 지난 후였다. 한 동안 입원 치료를 받은 나는 다시는 술을 먹지 않겠다고 굳게 약속하고 퇴원하였다. 의사와의 약속이기 전에 나 자신과의 약속이었다. 그래야만 된다는 것을, 그리하지 않으면 내 삶은 끝없는 나락으로 추락하고 말 것임을 스스로 심각하게 느꼈기 때문이다.

목사가 되려는 신학교 학생이면서, 고등학교를 졸업한 지 두

해째 되는 무렵이었다. 나는 참으로 불량하기 그지없었다. 내 양손에는 하얀 붕대가 풀려 있을 날이 거의 없었다. 밥은 두 끼로 족해도 싸움은 세 번씩 하고 다닐 때였으니 내 주먹은 상처가 아물 날 없이 피가 흘렀다.

허튼소리가 아니라 나는 하루 세 번의 싸움으로 부족하여 네 번도 다섯 번도 싸우며 살았다. 일상이 폭력이었다. 명동의 상가 유리창을 주먹으로 쳐서 박살 낸 경우가 부지기수였다. 명동에서 제일 크다는 금강 양화점과 에스콰이어 제화점의 거대한 전면 유리도 깨부숴버렸다. 그 유리 값은 다 지불하였지만 지금도 그 주변을 지날 때면 나의 폭력적인 몹쓸 행실에 대한 수치심이 느껴져 그곳을 외면한다. 그 당시 그런 규격의 대형 유리는 국내 생산이 안 되어 독일에서 수입해온 것이라서 외곽의 작은 집 한 채 값이라고 하였다. 그러니 내 어머니는 얼마나 기가 차셨을까.

크고 작은 사고가 끊임없이 이어지는 일상이었다. 그러함에도 나는 마치 당연하다는 듯 죄책감을 느끼지 못하였다. 내가 나쁜

게 아니라 외부에 원인이 있다는 식의 행위의 당위성을 의식하기 때문이었다. 이를테면 그 무렵 유행한 미국 민요 '홍하의 골짜기(Red river valley)'가 그런 노래였다.

　우리도 한 때는 마음잡고
　새사람 되려고 했지만
　사회는 우리를 받지 않아
　그래서 우리는 건달들

내게 적용되도록 적절히 바꾸어 부르며 건들거렸다. 나의 일탈이 내가 나빠서가 아니라 환경 탓, 부모 탓, 내가 사는 세상 탓이라는 인식이 내 의식으로 자리 잡고 있었던 것이리라.

그 노래는 내가 그렇게 행동해도 되는 까닭을 설명하고도 남았다. 친구를 만나 아무데서나 특별한 이유도 없이 낄낄거리고, 술을 퍼마시고, 폭력의 파괴를 일삼는 게 내가 나빠서가 아니라 이 나라 이 사회의 엄청난 모순 때문이라고, 말도 안 되는, 그러나 그 시절 사춘기의 이유 없는 반항심이 남달리 강하게 작동하여 부당한 나의 행위를 스스로 변호하였기 때문이었으리라.

아마도 나는 청소년기의 일탈이 청년기를 지나고 성인에 이르도록 퇴폐적인 고약한 습관으로 굳어지지 않았나 생각된다. 거기에 더하여 내 육체가 거의 무제한적으로 흡수해 대는 독한 알코올의 영향 또한 컸을 것으로 생각된다. 술이란 분별력을 마비시키는데 머물지 않고 무모한 만용으로 동물적 본능만을 지극하여 파괴적 행위를 저지르게 하는 능력이 아닌가.

목사 감당 못합니다, 반납하겠습니다

나 자신도 나의 행위에 대한 이해가 안 되는데 그 누가 나를 이해할 수 있을까. 그러나 이해해주고 관대해주기를 바라는 마음은 있었다. 그게 채워지지 않으니 불만이 증폭되고 속상했다. 내 행위는 더욱 거칠어져 갔다. 어른이 되고 나서 청소년들의 일탈 행위를 보며 전혀 이해하지 못하는 것은 아니지만 내 경우는 그 기간이 너무 길었고 무자비하기까지 해서 나로서도 나 자신을 불가사의하게 느껴졌다.

당시 유행했던 노래 '그건 너, 바로 너, 너 때문이야'식 사고로 무장했던 나는 가히 거리의 무법자요, 그야말로 구제불능의 망나니에 다름 아니었다.

그 당시 병원에서 성격장애 및 행동장애 판정을 받은 것은 조금도 이상한 일이 아니다. 돌아보면 그 딱한 사람이 바로 나였다는 사실이 지금도 나를 괴롭히고는 한다. 현재, 즉 이 글을 쓰고 있는 지금도 나는 성격장애 및 행동장애로부터 완전히 자유로워지지 않았다는 걸 고백한다.

술을 먹지 않아 도발적이고 우발적으로 일어나는 행동이 현저

히 감소되지만, 의식적으로 자제하는 노력을 끊임없이 하고 있
다. 나도 내 자신이 두려울 때가 있다.

일화 하나를 소개한다.

2012년의 경험이다. 그때는 음주와 단절한 지 20년이 넘어 정
상인의 생활을 할 때였다. 나는 어머니로부터 경제적 도움을 받
다가 자립하기로 결단하고 스스로 돈을 벌어가며 가정을 꾸려가
게 되었다.

성인으로서 철이 든 셈이지만 금전문제가 있었다. 이천오백 여
만 원을 해결해야 할 형편이었다. 그 당시의 나로서는 해결하기
어려운 큰돈이었다. 그런 상황인데 친구가 거리로 나앉게 되었다
며 급히 돈을 빌려달라고 사정을 해서 내 코가 석자지만 그 친구
의 절박한 처지를 외면할 수 없어 그야말로 무리하게 카드로 단
기 대출(현금서비스)을 받아 오백만 원을 빌려주었다.

그러나 기일이 되면 갚겠다던 친구는 약속을 지키지 못하여서
카드빚을 변제하지 못한 나는 신용불량자가 되었다. 형편이 심각
하게 악화되기 시작하였다. 금융거래가 중지되었으므로 이미 대
출받은 캐피털 회사의 직원이 밤늦게 집으로 찾아왔다. 그는 아
파트 문 앞에서 의기양양하게 내 이름을 확인하고는 채무확인 차
왔다고 하였는데 그 표정과 말투 등 반응이 거칠었다.

"당신이 채무를 다 상환할 때까지 앞으로 계속 시도 때도 없
이 당신을 괴롭게 할 것이니 알아서 하시오. 다 갚을 때까지 지

속적으로 괴롭힐 것이오. 달리 방법이 없소. 속히 갚는 게 신상
에 좋을 거요."

불쾌한 협박이었다. 밤늦은 시간에 느닷없이 집에까지 찾아와
서 협박을 하다니, 나는 화가 불끈 치솟아 올랐다. 분노한 나는
잡아먹을 듯 그를 노려보았다. 내 표정은 일그러졌다. 성격장애
로 진단 받은 그 몹쓸 증상이 표출되고 있었다. 캐피털 수금사원
도 한가락 하는 만만치 않은 사람으로 보였다. 그런데도 당장 주
먹을 휘두를 것 같은 내 분노한 표정을 바라보더니 슬그머니 한
발 뒤로 물러섰다. 겁먹은 표정이었다.

"죄송합니다. 밤늦게 실례했습⋯⋯."

그는 태블릿 PC를 닫고는 급히 엘리베이터 버튼을 눌렀다.

나는 그의 말이 채 끝나기도 전에 협박하는 그의 어깨를 움켜
잡았다.

"당신 말이야, 내가 억지로 참는다. 당신 여기서 살아 돌아가
는 것을 하나님께 감사해야 돼. 알겠어?"

더 진전되지 않도록 억제하고 그를 돌려보냈다. 잘 참았다고
나를 다독였다. 다음 순간 목사라는 신분의 내가 이런 식으로 사
람을 대하면 안 된다는 자책감이 들었다. 나는 거룩한 인간으로
변하지 못하는가. 나는 신사적이고 인격적으로 사람을 대할 수
없는가. 내가 이런 저질스런 인간이라는 게 슬펐다. 도대체 언제
까지 불량하고 폭력적인 방법으로 살아갈 것인가. 나는 구제 불

능의 타락한 상태에서 벗어나지 못한단 말인가. 내가 인간인가. 나이 값도 못하는 불량한, 타락한, 저주받을 성품의 못되고 추악한 죄인의 옷을 벗고 하나님이 기뻐하시는 종으로 거듭날 수 있을까. 내면의 저 깊은 곳으로부터 회의가 일었다.

　그날 밤 나는 내 방에 들어서자 무릎을 꿇었다. 나의 난폭한 행위가 죄책감으로 밀려왔다. 거룩하신 하나님, 나의 그 많고 많은 죄를 사하여주신 십자가 대속의 은혜로 거듭나게 하신 하나님, 끊임없이 한량없는 사랑으로 함께하시는 그 거룩하신 하나님의 부름을 받고 기름 부음 받은 종이 된 나를 의식하면서 내 죄를 고백하고 용서를 빌다가 불쑥 '하나님 저 목사 못하겠습니다. 목사라는 자가 정당하게 자기 업무를 수행하느라 밤늦게 찾아온 사람에게 눈을 부라리고 잡아먹을 듯 맹수의 표정으로 협박해서 돌려보냈으니, 이런 제가 어찌 감히 거룩하신 하나님의 종으로 하나님의 일을 할 수 있겠습니까. 저 손광호, 목사직 감당 못합니다. 반납 하겠습니다.'라고 호소하였다. 그렇게 기도하다가 잠이 들었다. 막상 목사직을 반납하겠노라고 하나님께 호소하였으나 아침이 되자 목사직 반납의 절차와 방법은 물론 누구에게 반납해야 되는지 막막하였다. 나의 성급함, 사람에게나 하나님께도 버르장머리 없이 저돌적으로 목사 못하겠다느니 목사 반납하겠다느니, 내 성질대로 참을성 없이 나댄 게 민망하였다. 내가 사람이 되기는 되어야 한다는 심각한 자각이었다.

아침을 먹고 집을 나섰다. 어디론가 가고 있었지만 채무자요 신용불량자의 아침은 느낌이 달랐다. 더구나 덜 되어 먹은 목사라니!

종로 복떡방에서 알게 되어 형처럼 친밀하게 지내던 이승건 선배에게 전화를 했다. 실로 오랜 만이었다. 선배는 별일 없으면 자신의 사무실로 오라고 했고, 딱히 갈 곳도 마땅치 않았던 나는 시흥에 있는 그의 사무실로 갔다. 어제 있었던 내 이야기를 듣던 선배는 거래은행에 전화를 한 후 몇 가지 서류를 준비해 내일 은행에서 보자고 했다. 다음날 은행에서 만난 선배는 이율 8%짜리 제2금융권 대출을 3%짜리 은행대출로 바꿔주었고, 이억 사천만 원의 대출금 중 일억을 갚아주었다. 그리고 남자가 돈이 없으면 아내 앞에서 어깨가 처진다며 천만 원을 쥐어주는 것이었다. 경이로운 일이다.

이승건 선배는 내게 아무 빚진 게 없는데 이렇게 과분한 호의를 베푸는 것인가. 어제 저녁만 해도 목사 자격도 없다고 자포자기했던 나는 또 다시 깨닫는 바가 있었다. 술을 끊었다고는 하지만 술을 마시지 않았을 뿐 아직도 시도 때도 없이 나타나는 행동장애를 나는 이겨내지 못하고 있으니 내가 무엇이 달라졌단 말인가. 온전히 나에게 그 원인이 있는데도 타인이 나를 자극해서 일어난 행위로 핑계하고 있으니 본말이 전도되어 내 잘못은 비겁하게 내면에 은폐되고 잘못을 저지르게 자극한 타인에게 잘못을 전가하는 형태니 나는 변화 없는 옛 사람 그대로가 아닌가.

아담이 가로되 하나님이 주셔서 나와 함께하게 하신 여자 그가 그 나무 실과를 내게 줌으로 내가 먹었나이다. 여호와 하나님이 여자에게 이르시되 네가 어찌하여 이렇게 하였느냐 여자가 가로되 뱀이 나를 꾀므로 내가 먹었나이다. (창3:12-13)

인류의 조상 아담과 하와로부터 시작된 '내 탓'은 은폐하고 남을 탓하는 비겁한 책임전가는 그 후손들인 우리에게도 DNA로 세포 구석구석에 전이되어 우리 역시 '당신 때문에, 그 사람 때문에' 핑계하며 뻔뻔스러운 안면피부로 잘난 체 선한 체 옳은 체하는 것이라면, 이제는 내가 그리 해서는 안 된다. 나는 그리스도 안에서 변해야 된다. 진정성 있게 '내 탓이요, 내 탓이로다'고백해야 된다. 지금까지의 모든 그릇된 사고방식과 마음 바탕을 그리스도의 피로 씻고 성령으로 거듭난 참 그리스도인, 하나님의 종으로 아름답게 살아야만 한다. 나는 항상 모든 문제의 시작과 끝을 내 탓하지 않고 남에게 전가시키며 살아왔다. 그래야 마음이 편하였으니까.

술
- 나에게 가장 긴요한 목록 1 순위

　돌이켜 보면 나는 청년 시절에도 바르게 살아보려는 의지가 있었고 시도해 보기도 하였다. 어둠의 자식인 내가 군대에 입대한 것도 그 의지의 행동이었다. 군대에 가서 사람 한 번 되어보자는 결심으로 입대를 결심하였다. 스스로 나의 뒤틀린 삶을 이런저런 핑계로 합리화시키고 정당화하였지만 마음 한 구석에는 결코 이렇게 살아서는 안 된다는 일말의 죄책감이 전혀 없지는 않았다.

　그러나 군복이 나를 변화시킬 수는 없지 않은가. 군대를 도피처로 삼은 것은 바른 선택은 아니었다. 간혹 유명 연예인들이 정신과 치료 등 이런저런 이유로 군 면제 판정을 받아 떠들썩한 경우가 있는데, 나는 제발 오지 말라는 군대를 내 의지로 사정사정해서 입대한 것이었다. 그렇다면 나의 내면에 내 인생을 바로 세워야 한다는 심각한 자각이 있었던 게 된다.

　군 입대 대상에서 객관적으로 면제될 수 있는 나였다. 그러함에도 적극적으로 군에 입대하였으니 나의 변화의지가 강했던 것은 사실이다.

군대에 갔을 때 군의관이 내 기록 카드에 적힌 '성격장애 및 행동장애'가 있다고 기록하더니 도장을 꾹 눌렀다. 군대생활 적응에 부정적이라는 판단이었다. 그러자 나는 군대생활을 잘 하겠다고, 잘할 수 있습니다 라고 확신에 찬 반응을 보이고 군대생활을 시작하게 된 것이다.

그러나 내 의지와는 무관하게 오랜 동안 내 의식을 지배한 무법적이고 폭력적인 행위는 쉽게 고쳐지지 않았다. 때를 가리지 않았고 나 자신도 예측할 수 없게 거의 발작적으로 몹쓸 거친 행위가 노출되었다. 스스로 제어할 수 없었다. 속이 상하고 괴로웠다. 나는 너무 괴로워서 나 자신에 대한 불만이 커서 죽음을 생각한 적도 있었다. 어떤 노력과 방법으로도 나는 개조되지 않을 터이니 차라리 존재 자체가 제거되어야 하지 않을까 하는 생각이 스멀스멀 밀려들어왔다.

논산훈련소의 훈련과정을 마치고 경남 울진에 있는 부대로 배치되었다. 군용 열차로 논산을 떠나 대구에서 안동으로 이동하는 중이었다. 기차 안에서 입대 신고식과도 같은 과정을 치르게 되었다. 훈련을 마친 햇병아리 이등병이라는 동등한 신병인 우리끼리 묘한 감정싸움이 촉발되었다. 이건 아니다 라는 생각이 나의 감정을 자극하였다.

나는 내 몸에 익숙한 폭력을 휘둘렀다. 기차 안 이등병들의 난동사건이다. 결과는 끔찍하였다. 기차 유리창 2장이 파손되었다.

나의 이등병 인사기록카드에 '음주난동과 폭행' 사건이 기록되었다. 난폭한 요주의 신병이라는 증거다. 군대생활이 그렇게 시작되었다.

이 사건은 심리적이거나 병리학적으로 이러니 저러니 분석할 이유가 없다. 이등병이 부대배치를 받아 이동하는 군용 열차에서 난폭하게 폭력을 휘둘렀으니 나 자신도 나를 이해할 수 없었다. 조금만 참았으면 되었는데. 사람 되려는 개과천선 의지로 군대에 입대하였는데 시작부터 인사기록부에 '요주의 인물'이라 적혔으니 나는 도무지 구제불능인가. 나 자신에 대한 깊은 회의가 일었다. 내가 내 행위를 납득할 수 없으니 기막힌 일이다. 누구나 그렇듯이 이등병의 첫 근무부대로 가는 과정은 미지의 공포의 세계를 의식하는 두려움과 긴장감이 잔뜩 들어 있는 상태다. 그런데 군용 열차 안에서 난동을 부렸으니 설명이 안 된다.

시작부터 이 지경이니 나의 군 복무가 어찌 될지 나로서도 예측 불가였다. 울진 평해에 있는 부대에 도착하였다. 나의 주특기는 운전병이었으므로 당연히 수송부에 배치되는 게 맞다. 그런데 뜻밖에도 인사과로 배치되었다. 누가 보아도 의외다. 나야 어느 부서로 가든 문제를 일으키는 데는 아무런 문제가 없었다. 내 몸이 문제 그 자체였으니까.

내게 주어진 업무는 평해 우체국에 가서 우편물을 수령해 각 분초에 나눠주는 일이었다. 분초를 방문하다 보니 술을 얻어먹는 일이 다반사였다. 저녁에 귀대할 때는 만취상태일 때가 적지 않았다. 그때마다 이를 못마땅하게 여긴 군수과 상병 하나가 나에게 욕설을 퍼부었다. 나는 욕설이라고 말하지만, 그런 경우야 군대에서는 비일비재한 일이다. 더구나 그가 본 나는 근무태만에 근무시간 음주여서 정당한 질책이다. 그날도 분초를 돌며 우편물을 배달하고 술이 취해 부대로 돌아왔다.

"이 졸병 놈, 이거 간땡이가 부었네. 매일 술이 떡이 돼 들어오지를 않나… 뭐 오늘은 이빨이 아프다고? 이 새끼, 이거 겁 대가리 없이 휴가 가려고 쇼하는 거 아냐?"

그의 욕설과 터무니없는 추측에 치솟는 분노를 억제하며 '정말 이가 아픕니다.'라고 큰소리로 대꾸한 순간 상병의 손바닥이 내 뺨을 후려쳤다. 나의 즉각적인 반응은 큰소리의 웃음이었다. 이 새끼가 미쳤냐고 소리친 상병을 무시하고 부대 밖으로 뛰쳐나간 나는 막소주 두 병을 단숨에 마시고 위병근무 중인 인사과 최 일병 곁으로 다가갔다.

급기야 사단이 나고 말았다. 최 일병에게 보초 교대를 한다고 거짓말을 하고 캘빈 총과 실탄 90발, 조명탄 1발, 수류탄 2발을 인수받았다.

최 일병이 근무교대 시간과 다음 근무자를 모를 리 없는데도 자신이 가지고 있던 무기를 내준 것은 술 냄새를 풍기며 다가온 내 눈에서 살기를 느껴 두려움에서 거절을 못한 것이었다. 그는 태연한 척하였지만 내 말을 듣지 않으면 내가 폭발할 낌새를 챈 것이 분명하였다. 내무반으로 돌아간 그는 즉시 이 사실을 보고했다. 나는 곧바로 실탄 주머니를 목에 걸고 소나무 숲 속으로 숨어들었다. 그 상병이 있는 1.4과 사무실 앞에 총을 겨누고 그가 나타나면 사정없이 쏴버릴 작정이었다.

고요 속에서 얼마나 지났을까? 차가 달려와 급정거하는 소리가 나더니 부대원들이 모여드는 소리가 들렸다. 이어서 스피커에서 방송이 울려 나왔다.

"손광호! 모든 것을 용서해 줄 테니 무기 버리고 즉시 나와라. 없던 일로 해주겠다. 경고한다. 빨리 총 내려놓고 자수하라."

가게에서 가져온 소주 한 병을 달빛 아래 소나무 숲 속에서 마저 마시고 총을 내려놓고 나갔다. 무장한 다수의 병력과 싸움을 벌인다는 것은 술에 취했어도 무모하다는 생각이었다.

약속대로 나에 대한 처벌은 없었다. 그러나 그 날 이후 나에게는 총기 지급이 금지되었다. 매우 위험한 병사로 낙인이 찍힌 것이다. 방아쇠 뭉치만 관물 대에 걸어두었을 뿐이다. 참으로 처량한 신세로 전락하였다. 아마 대한민국 군대 역사에 다시없을 진풍경일 것이다.

위험했던 그 사건을 계기로 정상적인 나의 병영생활은 힘들어졌다. 인사과에서 퇴출되어 사진 촬영병으로 보직이 바뀌었다. 나의 임무는 아침이면 카메라를 들고 이 분초 저 분초를 돌아다니며 사진을 찍는 것이었다. 촬영한답시고 부대 밖으로 나가는 호사도 누렸다. 주로 가는 곳은 울진 '성류굴'이었다. 관광객을 실은 차량이 도착하면 관광객들이 내리고, 그들은 군복을 입은 나에게 부모 곁을 떠나 고생한다며 술과 안주를 얼마든지 주었다. 부대로서는 또 다른 걱정거리가 되었고, 항상 시한폭탄처럼 언제 터질지 모르는 불안감 때문에 부대의 장교와 하사관들은 긴장되어 좌불안석이었다. 결국에는 '해안근무 비적격자' 명단에 올려 내륙 부대인 안동에 있는 사단으로 전출되었다.

사단에서는 지인의 도움으로 군종 참모부에 근무하였다. 부대 내 기독교 신앙의 본부여서 부대 내 교회라고 보면 된다. 하루는 군종 참모가 사단 영창에 가서 수감병들을 전도하라는 지시를 내렸다. 선임인 병장과 함께 기드온 성경 몇 권을 나눠주고 내 식대로 전도를 하고 돌아왔다. 그랬는데, 그 다음날 저녁에 나는 그 유치장에 수감되는 신세가 되었다.

얼마나 우스꽝스러운 아이러니인가. 부대 앞 술집에서 민간인과 싸우는 사고를 쳤기 때문이다. 훗날 들은 이야기지만 군종 참모인 목사님은 딸만 둘 뿐인 게 감사하다고 기도하였다고 한다. 나 같은 아들이 없음을 감사한 것이다.

그러니 나는 못된 아들의 본보기인 셈이다. 하기는 내 부모도 이 아들 때문에 얼마나 긴장하고 근심걱정과 불안감으로 사셨는가. 나 같은 아들은 차라리 태어나지 말았어야 한다는 게 당사자인 나 자신의 생각이기도 하였으니.

　총알택시 기사가 하늘나라에 가니까 하나님께서 상을 주셨다고 한다. 이유는 그 택시에 탄 모든 손님들로 하여금 열심히 기도하도록 만들었기 때문이란다. 그 정도라면 나도 상받을 자격은 충분해서 내게 주실 상도 준비되어 있을지 모른다며 실소하였다. 내가 난동을 부려가며 불안하게 하면 그 위험으로부터 안전하도록 혹은 저 불쌍한 인간을 구원해 주십사 하는 기도를 한 사람이 분명히 있을 것이다.

　나는 허구한 날 술에 취해 살았고, 시간과 공간을 가리지 않고 끊임없이 대소형 사고를 쳤다. 술이 문제인 것 같으나 실은 더 근본적으로 내 마음속 깊숙한 곳에 잠재된 정체불명의 그 무엇의 작용, 아니 발작이다. 술은 단순히 기폭제일 뿐이었다. 변명하자면 이렇다. 유아기를 거쳐 성년이 되기까지 지나온 세월 속에서 알게 모르게 마음속 깊이 자리 잡은 여러 모양의 상처와 분노, 한, 갈등, 모멸감, 수치심, 상한 자존심과 콤플렉스 등 이루 말할 수 없는 성분들이 뒤섞여 잠재된 그 속에서 헤어나지 못한 채 그것의 노예가 되었기 때문일 것이다. 술은 현실 도피 수단인 셈이다. 나에게는 세상의 어떤 것도 술만큼 긴요하게 쓰일 수 없다. 악순환은 반복되어 이제는 술이 술을 부르고 사고가 사고의 전주곡이 되었다. 그런 다음은 여지없이 또 다른 분노나 갈등이 쌓이고 다져져 그 자리가 단단해져 갔다.

사실 술 자체가 문제가 되는 음료는 아니다. 스위스 신석기시대의 호상주거(湖上住居) 유적에서 과일의 씨앗이 발견되어 그 시대에 이미 과실주가 존재했었다고 추정한다. 포도는 카프카스 지방과 온대 서아시아 지방이 원산지이며, 이들 지방으로부터 메소포타미아의 주변 지역 및 이집트로 옮겨지고 후에 그리스를 거쳐 로마로 전파되고, 로마인들에 의해 유럽의 중부와 남부 및 잉글랜드로 전파되기에 이르렀다.

포도는 B.C. 100년경 한(漢) 무제(武帝) 때에 장건(張騫)에 의해 서역(西域)으로부터 도입되었다고 한다. 그 밖에도 술은 이미 그 훨씬 전부터 존재했던 것으로 알려져 있다. 그밖에 야생의 포도(머루를 포함)는 거의 전 세계에 잘 알려져 있다.

이집트에서는 제1왕조시대(B.C.3000년경)의 상형문자(象形文字)에 포도주 제조용 압착기나 항아리 등의 그림이 확인되고 있으며, 제5~18 왕조 사이의 많은 무덤들의 벽화에도 당시의 포도주 양조의 완전한 절차가 리얼하게 묘사되어 있다.

동서양을 막론하고 이렇게 역사가 오랜 술은 인류가 술 때문에 별다른 피해를 입지 않고 존재해 왔음을 증명하니 술이 인간을 못 쓰게 망가뜨릴 만큼 나쁜 음식이 아니라는 증명이 되는 것은 아닐까. 게다가 동서의 지식인과 지성들이 술을 찬양하고 즐긴 것을 보면 그 이로움도 적다하지 않을 수 없지 않을까 한다.

술은 기호식품이다. 적당하게 마시고 즐기면 이보다 좋은 음료도 없다. 단지 지나치면 발생하는 문제 때문에 과하게 마시지 말라고 경고한다. 다시 말해 술 자체가 근본적으로 문제가 되는 게 아니라 그것을 마시는 인간에게 문제가 있다. 오히려 술은 다분히 인간에게 즐거움과 건강에도 도움이 된다는 사실은 널리 알려져 있다. 이런 점에서 술과 관련된 모든 이유는 단지 핑계에 불과하다. 술이 인간을 선택하지 않는다. 인간이 술을 택할 뿐이다. 술이 말할 수 있다면 술 때문이라는 나를 향해 터무니없이 핑계하는 비겁한 인간이라고 비웃을 것이다.

마음을 짓누르는 콤플렉스를 방치한 채 가정생활이나 사회생활에서 발생하는 외적 장애만을 고치려고 애쓰는 것은 마치 바퀴를 빼놓고 마차를 끌려는 것과 다르지 않을 것이다.

몸이 병들고 심리적으로 콤플렉스를 지니고 있는 부정적이고 파괴적인 자아를 방치한 채 내적치유도 환경의 개선도 가능하지 않다. 정신분석학의 시조인 프로이드(Sigmund Freud)에 의하면 '불구가 된 인격을 고치기 위해서는 잠재의식 속에 감추어진 콤플렉스를 모두 드러내 해결하고 치료해주어야 한다'고 주장하였다.

일반적이고 학술적으로 들리지만 나에게 꼭 들어맞는 내용이다. 한쪽 바퀴가 고장 난 수레는 아무리 훌륭한 말이 끈다 해도 제 자리만 맴돌 뿐 앞으로 전진하지 못한다. 내 모습이 그랬다. 성격장애라는 병, 알코올 중독이라는 병이 한쪽 바퀴를 못 쓰게 만들어 나를 망가뜨렸다.

계속되는 사고로 나는 더 이상 군종부에 있을 수 없어 사단 보충 중대로 전출되었다. 그곳에 가서도 졸병인 내가 상관을 폭행하는 사고를 쳤다. 짐작하겠지만 상관에겐 어떤 잘못도 없었다. 술 취한 내 시야에 있는 모든 것이 내겐 불만이었고 나쁜 자극이었다.

폭행은 내 감정을 해소하려는 발작이다. 상관폭행, 무단이탈, 음주난동, 항명죄 등 죄목과 그 파장의 크기로는 나야 당연히 육군형무소에 수감되어 죄 값을 치러야 했다. 그러나 사단장님의 결정으로 용서를 받았다. 사단장님은 젊은 나를 벌로 다스려서는 안 된다고 생각한 것이리라. 자칫 자식 같은 병사의 앞날이 막힐까 연민어린 조치를 취해준 것이었다.

사단장의 연민의 결정이 내려진 날 중대장은 나를 텅 빈 식당으로 불렀다. 그는 산에 가 회초리가 될 만한 나무를 해오라고 명령하였다. 나는 굵은 것, 가는 것, 중간 것 등 종류대로 가져다 중대장 앞에 놓았다. 종류별로 회초리를 준비한 것도 일종의 반항이며 비웃음이었다. 나는 얼마든지 견딜 수 있으니 마음 내키는 대로 때려 보라는 나만의 독한 오기도 작동하였다.

중대장은 벽을 향하여 손을 짚고 엎드리게 한 후 상의를 벗고 매를 세라고 하였다. 그런 체벌은 전통적인 것으로 대체적으로 그렇게 모질게 벌을 가하면 깨닫는 바가 있어서 잘못을 뉘우치고 다시는 그런 잘못을 저지르지 않게 마련이다. 우리 모두 그렇게 자랐고 그 결과 제 앞가림을 할 수 있는 성인이 되었다.

그러나 중대장의 이런 생각은 나에게는 통하지 않았다. 하나, 둘, 셋, 넷……. 큰 소리로 맞을 때마다 소리쳤다. 아프기는 하지만 이 정도의 매는 충분히 참아낼 수 있는 나였다. 횟수가 더해갈수록 나는 더 큰 소리로 열하나, 열둘……을 소리쳤다. 기막히게도 약간의 희열을 느꼈다.

사단 보충대 중대장이었던 그는 헌병대 중사로 근무하다가 간부 후보로 장교가 된 사람이었다. 매가 가해질 때마다 일본군 헌병이 나를 때리는 것 같은 착각에 빠져들었다. 나는 독립군이다. 네가 나를 아무리 고문해도 소용없다고, 나는 결코 매국노가 되지 않는다고, 정신병자처럼 엉뚱한 생각을 하고 있어서 사실 고통을 그렇게 느끼지 못하였다.

젊음의 객기인가 하면 나만의 오기였다. 의학적 소견으로 하면 정신과 치료가 필요한 놈일 것이다. 지금 생각하면 정도가 지나친 오기로 볼 수만도 없는, 한 마디로 '미친놈'이 아닐 수 없었다.

나는 내가 사고를 저지를 때마다 나의 행동을 목숨 걸고 독립운동하던 독립군을 연상한 적이 많다. 왜 그런 생각을 하였는지 나도 모른다. 아무리 생각해 보아도 어째서 내가 독립운동에 해당하는 일을 하고 있다고 생각하게 되었는지도 정말 알 수 없었다. 독립군이 했다던 독립운동이 내 행동의 어떤 점과 같은지도 생각해 본 적이 없다.

일본 경찰의 악랄한 고문에도 견뎌내는 불굴의 정신이 그들에게 있었던 것처럼 나에게도 매질이나 체벌을 견디는 힘이 남달랐다. 아마 그래서 독립군의 고난을 상상했던 게 아닌가 생각해 본 적도 있다. 어처구니없고 유치한 발상이었지만 어쨌건 매를 이겨내는 데는 효과적이었다.

한동안 강하게 매질을 하던 중대장이 무슨 생각인지 갑자기 몽둥이를 내던지더니 엉엉 울면서 자신이 잘못해서 일어난 일이라며 자리를 떴다. 그는 독실한 기독교인이었는데 나를 다스리기에 한계를 느꼈던 것 같기도 하고, 태연하게 매를 받아들이는 모습에 두려움을 느꼈는지도 모른다.

명령불복종이 군대에서는 큰 죄가 되는데 상관을 폭행한 죄는 그냥 넘어갈 수 없는 대죄였다. 중대장이 겁을 먹을 만도 하다고 나는 생각하였다.

그 일이 있은 지 얼마 후, 사단에서 '현역 복무 비적격자 차출'이 진행되었다. 말 그대로 군복무에 부적절한 사람을 골라서 조기 전역시키는 제도였다. 그 명단에 오르면 2군 사령부로 가서 면접을 거친 후 곧바로 제대시켰다. 나를 포함해 3명 정도가 명단에 올라갔다는 소식이 들렸다. 이를테면 불명예제대인 셈이다. 수치스러운 일이다. 물론 나도 그런 수치스러운 처분은 싫다.

누군가가 나의 속도 모르고 면접관 앞에서 다리를 떨면서 면접을 하면 제대명령을 받아내는데 효과적이라고 귀띔했다. 그런 행위는 알코올 중독자거나, 대단히 불량스러운 태도여서 나쁘게 판단하는 데 도움이 된다는 것이다. 순간적으로 이참에 일찌감치 제대하는 것도 좋겠다는 생각이 들었지만 군생활이 반환점을 돈 시점에서 불명예제대를 하는 것이 과연 옳은가 라는 생각으로 약간의 갈등이 생겼다. 다음 순간 불명예스럽게만 살아오다가 사람되어 보겠다고 입대한 군대에서 불명예제대하는 게 과연 옳은가 생각하지 않을 수 없었다.

불명예라는 단어 자체가 싫지만 내 딴엔 독립군 정신으로 무장되었다는 생각을 지니고 있던 터여서 신성한 국방의 의무를 다해야 된다는 그야말로 건전한 결단을 내렸다. 결국 중대장을 찾아가 다시는 술을 먹지 않을 것이며, 어떤 문제도 일으키지 않겠다고 약속하고 비적격자 명단에서 빠져나왔다.

중대장이 한 가지 조건을 내걸었는데 매일 아침 출근 때마다 물 한 컵을 들고 중대장실로 오라는 것이었다. 조건이라기에는 이상하지만 나는 아침마다 물 한 잔을 들고 중대장실로 출근해 '알코올 빙'이라는 금주 약을 먹었다.

그러나 그 약속이 오래지 않아 깨어지고 말았다. 그렇게 쉽게 결단하고, 약속하며, 그 약속을 이행할 수 있다면 나는 결코 알코올 중독자가 되지 않았을 것이다. 의지와 관계없이 자신을 통제하지 못하고 사고를 저지른다는 건 내가 생각해도 심각하다.

　그래서는 안 된다고 수없이 결심하고 다짐해도 소용없었다. 어렵게 산에 올랐으나 제 다리로 하산할 힘이 없어 절절매다가 대책 없이 몸통으로 굴러 내리도록 포기하고 방치하는 모양새에 다름 아니다. 결심도 의지도 무너져 내려서 모든 것을 포기하고 몸이 굴러가는 대로 방치하는 그런 지경인 셈이다. 그럴 때는 오히려 어떤 걸림돌도 내 앞에 존재하지 않았고, 몸과 마음이 편해졌다. 끝없는 추락에 대책 없이 몸을 맡겼고 만사를 포기함으로써 존재의미조차 사라지는 그 편안함을 기대하였던가.

　그것은 누구에게도 간섭받지 않는 일이었고, 내 마음대로 술을 마셔도 되는 것이었다. 우습게도 그것을 승리로 아는 시간이 점점 더 길어지다가 승리인지 패배인지도 모를 무분별한 존재가 되었다. 술은 그야말로 내 마음과 정신과 생각을 뒤죽박죽으로 만들어 나의 존재를 혼돈 속으로 몰아넣었다.

　세상에서 말하는 악마가 존재한다면 틀림없이 그 악마는 내 속에 들어와 좌정하고 있을 터이다. 악마와의 전투에서 백전백패하면서도 나는 그 사실을 알지 못하였다. 악마는 네가 승리했다고 부추겼고, 그때마다 승리를 축하하며 술을 권하였고, 나는 이리저리 취하여 흔들거렸다. 악마와의 싸움은 나의 패배로 이어지곤 하였으나 주님은 나를 보호하셨다.

　헌병대에서 나를 잡아가면 하나님은 보안대의 사람을 보내어 그곳에서 나를 구해주시고, 보안대에서 외면하면 헌병대에서 사람이 와서 나를 감싸주는 기이한 일들이 일어났다. 달리 설명할 길이 없는 이런 현상은 오직 하나님의 은혜라는 해석만이 가능하였다. 악마에게 카운터펀치를 맞아 비틀거릴 때면 하나님은 어김없이 구조의 손길을 보내 주셨다.

나의 군 병역기록표에는 추가 서류가 두 장 더 붙어 있다. '전출입 기록카드 기재사항'과 '상벌 기재사항'이다. 그 난이 본래의 지면으로 부족하여 별지를 붙여야 했다. 상벌 난에는 전부 빨간 글씨였고, 상 받은 기록 난은 백지상태다. 그러하였음에도 내가 죽지 않고 쓰러지지도 않고 건재한 게 기적 아닌가.

진실로 몹쓸 나를 하나님이 버리시거나 미워하시지 않고 지켜주셔서 참으로 아슬아슬하게 군 생활을 마치고 사회로 돌아왔다. 이는 명백한 기적이다. 무사히 군복을 벗은 것은 1975년 9월이다.

볼리비아에서 재현된 서부활극
- 총 48발을 쐈다 -

그 무렵 집에서는 남미의 아르헨티나로 이민 수속을 진행하고 있었다. 출국 예정일은 1975년 12월 말쯤이었다. 그런데 나는 이민자 명단에 없었다. 이유는 그곳에서 기반을 잡고 정착하는 대로 초청장을 보내준다는 것이다. 시간이 얼마나 걸릴지 모르므로 그동안 가게를 운영하면서 살고 있으라는 것이었다.

실상은 정신 차려서 사고 치지 말라고 충실하게 살아보라는 경

고였다. 사람 노릇 하는 걸 보고 초청하겠다는 것이다. 오죽하면 그리하였을까. 이민 가서 사고나 치면 정착이 어려워져 이러지도 저러지도 못하는 난감한 형편이 될 것을 계산에 둔 조치였다.

정신 차려서 가게 운영 잘 하고 지내면 인정하려는 의도였다. 충분히 이해되는 경우여서 그래, 한번 제대로 가게 운영하며 적응해서 살아보자고 마음먹었다. 그러나 나도 나를 신뢰할 수 없으니 잘살아 보겠다는 마음과는 달리 얼마 안 가서 술에 취해 살았다. 가게가 제대로 운영될 리 없다. 결국 3년 만에 가게를 접고 1979년 칠레로 갔다.

남미의 최남단에 태평양을 끼고 있는 좁고 기다란 칠레는 그 서쪽으로 아르헨티나와 긴 국경을 맞대고 있다.

나는 낯선 칠레에서 부지런히 움직였다. 역마살이 끼어서인지, 자기 자신으로부터의 탈출을 시도하는 몸부림인지 그건 나도 모른다. 그러면서도 아주 싹수가 없지는 않아서 어떻게든지 정상적인 생활을 해보려는 몸부림도 있었다.

아무튼 지극히 능동적이며 열정적인 나는 한 순간도 무기력하게 자신을 내버려두지 않았다. 그곳에 정착해 있던 동생네 집에 얹혀살게 되었는데, 나는 정신적으로나 육체적으로 매우 악화일로의 상태였다.

어느 날 한인 칠레연합교회에서 설교를 담당하던 유 모 장로의 부인이 우리 집에 오셔서 자기의 사촌 이야기를 하였다. 그분의 사촌은 하는 일마다 예외 없이 실패만 거듭하였다. 실패의 원인이 무엇일까 깊이 생각해 보니 그 사촌의 어머니가 그를 낳고 목사가 되게 하겠다며 서원기도(誓願祈禱)한 일이 마음에 걸리더라는 것이다. 아마도 하나님과의 약속을 지키지 않은 게 이유라는 확신이 든다고 덧붙여 말하였다.

나야말로 그와 비슷한 경우가 있었기에 그 말이 내 마음에 들어왔다. 어머니로부터 서원기도를 통해 나를 낳았다는 이야기를 들은 기억이 있다. 그러자 내 의사와 무관하게 어머니의 그 서원기도 때문에 나 역시 어처구니없게도 매사에 되는 일이 없을 뿐만 아니라 정말 쓸모없는, 술과 폭력으로 남을 괴롭히면서 다 망가진 인생으로 여기까지 왔다는 생각이 들었다. 내 탓이 아니라 어머니 탓으로 그르쳐진 내 인생의 핑계로 삼아 면죄부를 챙기려는 얄팍한 생각을 하였다.

내 잘못의 모든 원인이 내게 있지 않다는 그릇된 사고를 나의 의식세계에서 벗어던지지 못했다. 하와를 핑계한 아담처럼, 뱀을 탓한 하와처럼, 나 또한 인류의 조상으로부터 전이된 타인에게나 무엇에게나 책임을 전가하는 참으로 진실하지 못한 짓을 서슴없이 저지르며 살아왔던 것이다. 결국은 내 의사와 무관하게 어머니가 일방적으로 내 인생을 결정해버린 그게 문제라고, 그게 나쁘다고, 그래서 내 인생은 꼬일 대로 꼬이고 되는 일이 없다고 어머니에게 내 죄를 전가하는 비겁하기 짝이 없는 생각을 한 나였다.

오랜 세월이 흐른 후에야 어머니의 그 믿음과 간절한 소망의 기도가 있었기에 하나님이 내 곁에서 나를 지켜보시며 인도하셨음을 깨닫고 감사하게 되었다. 하나님, 그리고 나의 어머니, 감사합니다.

서울을 떠나기 전 친구와 서울 중앙극장에서 허리우드 영화 '뻐꾸기 둥지 위로 날아간 새'를 보았다. 친구는 내가 그 영화의 주인공과 똑같은 놈이라고 하였다. 영화의 주인공 맥 머피는 미성년자 성폭행 범으로 교도소에 갔으나 조금이라도 편하기 위해 정신병자로 위장해 이송된다.

그러나 죄수들의 인권이 간호사 등 직원들에 의해 불법적으로 유린되는 상황을 알게 되자 의분으로 위법적 운영과 수용자들의 권익을 위하여 싸우게 된다.

"너는 맥 머피 같은 놈이야."

친구의 그 말에 나는 기질적으로는 동의하였으나 맥 머피처럼 정의감이 불타올라서 선봉으로 나서 폭력을 쓰거나 투쟁한 적은 없는 것 같다. 의를 위하여가 아니라 불의한 나를 위하여 맥 머피처럼 나대었을 뿐이니, 난 참으로 못나고 못된 놈이라는 자괴감을 느꼈다.

나는 그처럼 정의로울 수 없다니. 젊음과 누구에게도 굽히지 않는 강한 의지와 힘을 이유 없는 반항아처럼 거칠게 사용해왔을 뿐이니 절망감이 들었다. 나는 아무것도 할 수 없는 그냥 뻐꾸기 둥지 위로 날아간 새일 뿐이다. 그러함에도 나의 행태는 머피와 매우 유사한 게 사실이다. 눈앞에 보이는 것들로 빠르게 분노하는 나는 물 불 안 가리고 주먹을 휘둘러 시설을 파괴하였다.

아이러니하게도 그런 시설에 수용되는 순간 내가 왜 이곳에 왔는지를 까맣게 잊고 시설 안에서 일어나는 불법과 탈법 그리고 불의가 보이면 영락없이 반발해 그들과 싸웠다.

감정이 앞서는 나의 저항은 그러나 실은 정의롭지 않았다. 인정을 받는다든가 공감을 얻지 못하는 나만의 정의였다. 그래서 마음이 평온해지고 냉정을 되찾으면 자책하며 괴로워하였다. 한순간에 감정 조절이 안 되어 일어나는 그야말로 감정적 난폭행위에 불과한 것이다.

나는 바뀌지 않았다. 그렇게 난폭하게 살고 수용시설에 수용되어도 자유인이 되는 순간 여전히 내 모습 그대로였다. 술을 마셔대니까 더욱 난폭해지는 말썽꾸러기였다. 나에게 술은 기호식품이 아니다. 플라톤의 말대로 '심령의 정열을 누르고 부드럽게' 해주는 게 아니라 난폭성을 드러내게 하는 악마의 음료였다.

사회는 그러한 나를 범죄자거나 환자로 취급한다. 나는 내가 늘 정상적으로 보이는데 세상은 그 반대로 나를 보았다. 그런 세상이 내게는 당연히 비정상으로 보였고, 사소한 일에 분노하고, 술 취하면 난폭해지고, 말썽꾸러기이며 범죄자였다. 때로 나도 정상적인 사람이 되어야겠다고 다짐해 보지만 술만 들어가면 그 마음은 증발하고 내 안의 술 귀신이 나를 지배하였다. 그야말로 나의 삶은 탕자 그대로였다.

1년의 칠레 생활을 마감하고 북쪽 브라질 옆 볼리비아의 라파스로 날아갔다. 어디로 가도 나를 반겨주는 사람은 없지만 그곳에 살고 계신 나의 부모님은 자식인 나를 내칠 수는 없었다. 어머니와 재혼한 새아버지는 라파스에서 섬유공장과 알루미늄 완제품공장을 운영하고 계셨다. 새롭게 시작한 알루미늄 공장에는 끊임없이 크고 작은 문제가 발생하였다.

그러던 중 아버지가 두 달간 한국으로 출장 가면서 회사 운영을 너한테 맡기고 가니 잘 해야 된다고 당부하셨다. 네가 잘못하면 우리 집은 한 순간에 망하는 것이라는 경고이기도 하였다. 당신의 부재중 내가 벌일지도 모르는 우발적 사고를 의식하는 심각한 주의이기도 하였다.

나에게는 기회일 수도 있다. 아버지 말씀이 뜻하는 바를 알고 있으므로 절대 그런 일은 없을 것이라 맹세하고 다짐하였다. 나도 많이 달라졌으니 염려 접으시고 잘 다녀오시라 인사하였다.

사업이 점진적으로 망하는 경우도 있지만 아버지 말씀대로 하루아침에 망하는 경우도 있다. 그런 일이 사망의 음침한 골짜기로 추락하는 것과 별반 다르지 않음을 우리 집은 이미 경험한 바가 있다.

1960년대는 우리나라가 극빈국가였다. 집안에 수영장이 있는 저택이 몇 채나 되었을까. 세계 10위권의 부자 나라가 된 지금도 그런 저택은 흔치 않다. 그런데 우리 집은 과연 부자였다.

1971년, 내가 고등학교를 졸업하던 해에 나는 꿈같은 야심찬 계획을 품어 보았다. 가능한 꿈이었다. 생일 날 '명동 할매집'에서 사온 동동주를 수영장에 가득 부어놓고 긴 대나무로 빨아먹겠다는 계획이었다. 그랬는데, 그게 가능하였는데 단번에, 아니 졸지에, 사업이 부도나서 90도 각도의 수직으로 추락하고 말았다.

우리 집은 그 넓은 저택을 떠나 서대문구 저 변두리인 문화촌으로, 그것도 단칸방으로 이사를 가는 형편으로 몰락하였다. 아버지는 다시 재기를 시도하셨고, 그 과정에서 멀리 남미의 볼리비아까지 이민 오게 된 뼈아픈 경험을 하였던 것이다.

나는 다짐하였다. 그래, 두 번 다시 추락할 수 없어. 실수로라도 그런 일이 재발되어서는 안 돼. 아버지가 자리를 비운 동안 아버지 회사를 견고하게 지켜내자고 다짐하였다. 그러기 위해서는 아버지 오실 때까지 만이라도 절대 금주하며 사업에 매진하자. 내가 사업을 더 키우지는 못할망정 이 상태를 견고하게 유지해야 된다.

정신 차리자. 정말 똑바로 정신 차리자. 손광호 너, 실수하지 마라. 술 먹지 마라. 나태하지 마라. 한 순간도 정신 줄 놓지 마라. 나는 나 자신과 결의하고 맹세하며 다짐하였다. 나이 값도

해야 할 나이다 광호야!

 공장은 순조롭게 돌아가고 있었다. 그러던 어느 날이었다. 점심을 먹고 돌아왔을 때 공장의 기계들이 멈추어져 있었다. 직원들은 마치 남의 일처럼 일손을 놓고 태연하게 쉬고 있었다. 무슨 일인가 했더니 한국인 공장장이 다음 단계의 공정으로 진행되도록 할 일을 준비해 놓지 않은 채 외출에서 돌아오지 않았기 때문이었다.

 알루미늄 완제품 생산 공정은 앞 공정이 멈춰 서게 되면 다음 공정이 진행될 수 없다. 공장장 한 사람의 불성실과 무책임이 초래한 모든 생산라인의 정지는 도저히 이해할 수도 없고 이해해도 안 되는 중대한 과오였다. 프레스를 맡고 있던 공장장이 돌아와야만 기계가 가동될 수 있다.

 나는 당연히 화가 치밀어 올라왔다. 모든 공정을 손바닥처럼 알고 멈춤 없이 기계가 돌아가도록 전반적인 책임을 맡고 있는 공장장의 그런 행태가 나로서는 묵과할 수 없었다. 이건 실수라 할 수 없다. 무책임도 아니다. 이건 명백하게 고의적이다 라고 나는 판단되었다.

 그러자 내면의 저 밑바닥으로부터 불덩어리 같은 감정이 스멀스멀 북받쳐 올라오는 것이었다. 주먹을 불끈 쥐고 부르르 떨었다. 나는 감정이 뜨거워지면 참을성이 없다. 거기에다 술까지 마시면 다이너마이트 심지에 불을 붙이는 게 된다. 폭발은 필연이

다. 그건 참을성 부족이나 급한 성격에서 오는 게 아니라 병이
다.

병. 그러니 나도 나를 통제하지 못한다. 지금까지 그렇게 살아
왔다. 치료되지 않았다. 이성적으로 이해하고 인내하려는 노력을
기울여 보았으나 치료되지 않은 나의 병이 나로 하여금 참아내지
못하게 한다.

"공장장 들어오면 식당으로 내려오라고 해!"

여직원에게 지시해 놓고 식당으로 내려간 나는 양주 한 병을
벌컥벌컥 병나발을 불었다. 이제 이성이니 이해니 참을성이니 하
는 것은 내게서 증발하였다.

나는 마치 허리우드 영화 '헐크'의 주인공이 감마 방사선이 치
사량으로 노출되어 통제 불능의 강력하고 난폭해진 것처럼 나도
술에 의해 내면으로부터 악마가 준동하듯 다른 나로 변해 난폭하

게 되는 걸 스
스로   제어할
수 없었다.

독한   양주
한 병을 단숨
에 들이켠 나
는 안으로 들
어가   서랍에

있는 권총 2자루를 꺼냈다. 그 한 자루에는 실탄 두 발을 장전하고, 이태리제 권총에는 여덟 발의 실탄을 장전하였다. 양손에 열 발의 실탄이 장전된 권총을 든 술 취한 남자, 상상만으로도 서부 활극의 무법자가 연상될 것이다.

공장장은 이미 죽은 목숨이다. 내 손으로 그렇게 될 운명이다. 죽여 버릴 만큼 화가 났다. 매사를 이렇게 감정적으로 처리해 온 나는 달리 방법을 찾으려 노력한 적이 없다. 그러니 평생을 구제 불능의 말썽꾸러기일 수밖에 없는 존재였다.

공장장이 내 앞에 모습을 드러냈다. 그가 말한 외출 이유는 황당하였다. 월급이 적어서 다른 일을 알아보려고 나갔었다는 것이다. 이런 몰상식, 이런 뻔뻔함, 이런 무책임에 화가 치밀어 올랐다.

고용 계약을 맺고, 그것도 생산을 책임지는 공장장이라는 중책을 맡은 자가 성실하게 책임을 다하는 것이 마땅한데 이렇게 몰상식의 극치를 보이는 뻔뻔함을 누군들 이해하거나 용서할 수 있을까.

그래도 물론 순리적으로 해결하는 것이 옳기는 하지만 독주까지 벌컥벌컥 마셔버린 나는 이런 무례하고 부당한 공장장과 인간 대 인간으로서의 관계가 증발하였으니 사건이 벌어질 건 당연하다. 이 일을 합리적으로 처리하려면 그에게 책임을 물어 사직하게 하든가, 감봉처분 조치를 취해야 한다. 물론 경위서를 쓰게 한 후 매듭지어야 한다.

나는 감정에 충실한 단순한 동물이었다. 동물이 그러하듯 나는 내 행동으로 빚어진 결과에 대하여 뉘우침도 없고 후회도 없었다. 그리고 위험을 느끼면 들짐승처럼 산속으로 내뛰면 그만이다. 저능한 동물의 수준이다.

아리스토텔레스는 동물에게는 인간이 가지고 있는 지혼(知魂)이 없고 각혼(覺魂)만 있어서 깨닫는 순간 본능적으로 목숨을 부지하기 위해 본능이 시키는 대로 행동한다고 하였다.

인간이 동물과 다른 점은 깨닫는 순간 자신이 할 일을 이성적이고 분별력 있게 결정하여 상호간에 이롭도록 하는데 나에게는 그런 사고체계가 결여되어 있었다. 차라리 생혼(生魂)만 지니고 있어서 옴짝달싹 못하고 한 자리에 머물러 있어야만 하는 식물만도 못하였다.

사태의 심각성을 눈치 챈 공장장이 황급히 변명을 늘어놓았다. 그러나 나의 귀와 마음은 굳게 잠겨 있는 상태였다. 정죄(定罪)의 의지만 충만한 채 감정을 주체하지 못하고 있었다. 나의 정의로, 나만의 방법으로 처리할 사안이었다. 죽을죄를 지은 듯 사정하는 그를 무시한 채 권총 한 자루를 공장장에게 강제로 쥐어주고 나도 권총을 들었다.

그리고는 하나, 둘, 셋에 쏜다고 하였다. 0,0001초라도 늦게 방아쇠를 당긴 자가 죽는다. 서부 영화에서의 대결구도다.

"하나, 둘, 셋!"

내가 공장장을 향해 방아쇠를 당겼다.

공장장은 눈을 감은 채 죽은 듯 서 있었다. 그의 머리 위로, 귀 옆으로 총알이 날아갔다. 의도된 오조준이었는지, 실탄이 빗나간 것인지 나도 모른다.

나를 감당할 수 없는 나는 실탄을 계속 채워가며 공장을 종횡으로 돌아다니며 계속 쏘아댔다. 자그마치 48발을 쏘았다. 사실상 광란이었다. 언제나 감정은 이런 식으로 나를 몰아가곤 했고, 이 지경에 이르면 내가 나를 통제하는 건 전혀 불가능이다.

술에 잔뜩 취한 개망나니의 클라이맥스에 도달한 행동이지만 나는 그럴 때 그것을 정상적인 사람의 정의로운 행동으로 인식하고 있었다.

"계약을 하였으면 계약을 준수해야지 왜 저 하고 싶은 대로 하는 거야. 그럴 거면 계약을 왜 해? 계약은 구속력이야. 공장장 너, 너는 계약을 지키지 않았고, 생산에 차질을 빚었어. 회사에 큰 손해를 입힌 거야 임마. 당연히 넌 상응하는 벌을 받는 거야. 내 말에 틀린 거라도 있어?"

계약 위반이라면 계약서에 명시된 대로 처리하면 된다는 지극히 합리적이고도 정당한 사고가 나에게 존재하지 않았다. 내가 그의 계약위반을 비난하면서 실제로는 나도 계약조건에 맞는 조치를 취하고 있는 게 아니라 난동 수준의 폭력과 위협을 준 것이다.

그 날, 그 한낮에 두려움에 휩싸인 공장 직원들이 모두 볼리비아 주재 한국대사관으로 도망쳐 피신하였다. 그들에게는 사장 아들의 미친 난동일 뿐이었다.

현지인 직공들은 겁에 질려 사장 아들이 미쳐서 총기를 난사한다며 신고하였다. 그리하여 현지 경찰이 공장으로 출동하여 막장드라마는 막을 내렸다. 이 사건은 삽시간에 현지에서뿐만 아니라 멀리 한국에도 전해졌다. 놀란 아버지는 예정을 앞당겨 황급히 돌아오셨다.

공장에, 볼리비아에, 우리 가정에, 엄청난 광풍이 휘몰아친 것이다. 어렵게 사태가 수습되었을 무렵 나는 원주민 폭행죄로 노동청에 고발되었다. 이쯤 되었으니 연이은 충격적 사건으로 부모

님도 대형 사고와 말썽을 일으키는 나를 더 이상 감당할 수 없는 지경에 이르렀으므로 어떻게든 결단을 내려야만 했다.

경찰에 구금되고 법적으로 문제될 나 때문에 한국대사관도 매우 난감하여 서둘러 귀국시키려고 추방령을 내렸다. 나는 유구무언으로 귀국하였다. 아버지의 사업에도 나쁜 영향을 끼쳤으니 가족 곁에 머무는 것도 나로서는 민망하고 불편하였다.

나의 가여운 어머니는 아들 하나 잘못 두어서 늘 노심초사 긴장하고 원망하고 자책하고 불안하고 초조하여 하루가 여삼추였다. 어머니는 스스로 가슴이 멍들도록 손바닥으로 때리며 소리 없이 절규하는 세월이었다.

먼 훗날 중년에 이르러서야 비로소 나를 지켜주는 수호천사 같은 귀한 존재들이 있어 그토록 광란의 칼춤을 추었는데도 내가 건재할 수 있었음을 깨달았다.

내 곁을 지켜주는 어머니의 기도, 결혼 후에는 아내가 있었기에 그나마 목숨 줄 이어올 수 있었다. 뒤늦게 그런 것을 깨달았을 때 어머니에게, 아내에게, 그리고 은혜의 하나님께 감사할 수 있었다. 이 얼마나 다행인가.

어머니에게 기도하지 않을 수 없게 하는 이 아들로 인하여 나의 어머니는 끊임없이 새벽마다 교회에 가서 기도하였다. 그런데 하루는 목사님께서 환상으로 경험한 이야기 한 토막을 어머니에게 들려주었다.

- 모세의 광야 생활이 눈앞에 펼쳐졌습니다. 고센 땅에서 가나안까지는 직선으로 열흘이면 갈 수 있는 거리지요. 그런데 장장 40년이 걸렸습니다. 아드님도 오랜 시간이 흘러야 어머니가 아들을 위해 기도한 대로 하나님이 응답하실 겁니다. 그러니 계속 기도하십시오. 어머니의 기도대로 반드시 응답됩니다. -

그 '오랜 시간'은 이스라엘 민족의 40년 광야생활의 절반이 넘는 22년이었다. 10년이면 강산이 변하는데 자그마치 장장 22년이라는 긴 세월을 이 아들은 인간 구실 못하고 술과 폭력의 개망나니로 살아온 것이었으니, 어머니의 긴 세월이 이 아들로 인하여 얼마나 괴로웠을까.

그러나 목사님으로부터 어머니의 아들을 위한 기도가 반드시 응답된다는 그 말이 위로가 되어 지치지 않고 오랜 시간 희망을 품고 기도할 수 있었으니 감사하다.

어머니 생전에 확고하게 금주생활을 결단하고 실행하였으니, 술 없는 아들의 모습을 보여주게 되었으니 그 얼마나 다행인지 모르겠다.

하나님의 종이 된 죽이려던 자와 죽을 뻔한 자

1981년 9월 18일, 볼리비아에서 추방되어 서울로 돌아왔다.

달라진 것은 없다. 내가 변하지 않았으니 세상의 변화가 내게 무슨 의미인가. 서울로 돌아온 이후에도 나는 여전히 나였다. 여전히 술주정뱅이이며, 나의 행위에 대한 정당화, 합리화도 여전하였다.

내가 옳아서 사고를 치는 게 된다. 도스토예프스키의 소설 「죄와 벌」의 주인공 라스꼴리니코프를 연상하면 된다. 그는 전당포 노파 알료나 이바노브나와 그의 누이 리자베따 두 명을 살해하고도 자기의 선한 목적이 악한 수단을 정당화한다는 논리를 갖고 있다. 가감할 것 없이 내가 그 모양이다.

내 마음속에는 언제나 법은 잠자는 듯 침묵하고 악은 활개 치며 세상을 휘젓고 다니는데도 그저 그러려니 수수방관하는 사람들이 불만이다. 무관심이나 방임은 곧 악인데 그 악을 징벌하지 않는다면 내가 심판자가 되겠노라고 다짐한 꼴이었다.

사회는 그런 나의 정의감을 알아주지 않았다. 이건 완전히 자기도취거나 자기 매몰일 터이니 내가 그 사실을 깨닫지 못하고 심판주라도 되는 듯 거칠게 나대었다.

두려움을 모르는 지극히 우매한 나는 잘못된 세상에 저항하는 이유 있는 자가당착으로 실상은 무법적이며 폭력적인 행동을 합리화해가며 나대었다. 얼마나 무모하고 우스꽝스럽고 어리석은 작태인가. 내가 아무리 전사처럼 싸워도 사회는 맑아지지 않았다. 언제나 시베리아 수용소 군도에서처럼 혹독한 생활이 나를 기다리고 있을 뿐이었다.

서울에 도착한 다음날 이모께 드리라고 어머니가 주신 커피를 전달할 겸 귀국 인사차 이모를 찾았다. 커피는 비닐봉지에 들어 있었다. 이모가 빈병에 옮겨 담기 위해 커피를 반쯤 쏟았을 때 그 속에서 네모반듯하게 접힌 종이 한 장을 발견하였다. 나의 직감은 불길하였다. 어머니가 나를 통해 전달하지 않는 메시지라면 내가 알아서는 안 될 은밀한 내용일 거라고 나는 직감하였다. 이모는 나의 청을 거절하지 못하고 그 편지를 나에게 건넸다.

'내 아들 광호가 이곳에 있으면 형무소에 가서 몇 년 썩어야 할 것이 분명해서 서울로 보낸다. 광호가 정신을 차리고 신학을 공부해 목사가 되면 다시 볼 것이고, 그렇지 않으면 그곳에서도 형무소나 들락거릴 것이니 다시는 볼 일은 없을 것이다. 누구든 광호를 도와주는 사람은 원수로 알 것이니 형님도 그리 알고 광호를 돕지 말아 주세요.'

엄마가 나를 버렸다. 기가 막혔다. 엄마마저 나를 이런 식으로 추방한 것도 모자라 이런 편지까지 써 보냈다니. 내가 어찌 어머니 편지의 행간을 읽을 수 있으랴. 글자만 읽고 나는 몹시 분노했다. 내가 다시 볼리비아 땅을 밟는 날에는 내 이름 석 자를 아는 모든 사람을 이 세상에 남겨두지 않겠노라고, 독기 서린 말을 남기고 이모 집을 나섰다.

갈 곳이 없다. 하루하루가 지옥 같았다. 나는 별수 없이 여관을 전전하며 이를 갈았다. 수단과 방법 가리지 않고 출국할 기회만 노렸다. 볼리비아에 가서 불의한 자들을 청산할 것이다. 내 마음에 들지 않는 모든 사람 곧 나의 어머니도 청산대상에 포함시켰다. 그들을 징벌해야 한다. 그들은 모두 불의하니까. 불의의 기준은 내 마음에 들지 않는 모든 것이었다. 다 쓸어버릴 것이다. 내가 가서 심판할 것이다. 어머니를 비롯해 공장장과 나를 추방한 한국대사관 직원들도 포함된다. 내가 악의 화신이 되는 것을 자신만 모르고 있었다.

그러던 어느 날 후배 김승호로부터 전화가 왔다. 그 당시의 후배란 나와 함께 어울리며 술이나 마시는 별 볼일 없는 건달들이다. 그는 심각하였다. 처사촌동생이 집에서 돈을 요구하였으나 거절당하자 집에 불을 질렀다는 것이다. 그러나 다행히 불을 빨리 꺼서 타버리지는 않았다. 그 죄로 체포되어 교도소에서 6개월 살고 출소하여 집으로 돌아온다는 전화가 왔다는 것이다.

"집안이 발칵 뒤집혔습니다. 보복할 겁니다. 장모님을 비롯해 처가 식구들 모두 겁에 질려 이리저리 피신한 상태입니다. 이 일을 어찌해야 하겠습니까?"

그 말을 듣자마자 뜨거운 피가 거꾸로 솟아올랐다.

"이 새끼, 완전 쓰레기네."

그 놈도 쓰레기 나도 쓰레기인데 내가 넘치는 정의감으로 그 못된 쓰레기를 해치우기로 마음먹었다.

"가자."

"어디를요, 형님?"

"남대문시장이다."

앞장섰다. 후배가 따라붙었다. 왜 갑자기 남대문시장으로 가는지 그는 묻지 않았다. 내 성질을 잘 아니까 내가 하자는 대로 따랐다.

무엇이든지 구할 수 있는 만물상 남대문 시장에 들어가서 몇 가지 필요 물품을 샀다. 더블 백, 철사, 삽, 칼이다.

그 쓰레기를 살해해서 암매장하는데 소요되는 도구들을 챙긴 것이다.

"가자, 그 쓰레기가 쳐들어올 그 집으로……."

살인할 의사는 없었다. 그러나 그런 놈은 죽여도 된다고 나는 생각하였다. 물론 죽일 것이다. 집에 불을 지르고 죗값을 치르고 나온 놈이 다시 그 집에 찾아와 복수하겠다니 말이 안 된다. 그런 놈은 살아 있어서는 안 된다. 인간이 아니다. 그러므로 제거해야 된다. 그래야 선량한 사람들이 아무 걱정 없이 살 것이다.

그런 쓰레기를 제거하고 살인자 소리 듣는다면 기꺼이 수용할 것이다. 살인자로서의 형벌을 받을 것이다. 이런 식의 사고방식을 지닌 나였다.

모든 준비를 마치고 스스로 최면을 걸기라도 하듯 마음을 정리하였다. 살해 방법의 아이디어는 1979년 6월에 있었던 세상을 놀라게 한 금당 골동품점 살인사건에서 얻었다. 천인공노할 끔찍한 사건이었다. 뱀이 이슬을 먹으면 독이 되고 소가 먹으면 우유가 된다는 말이 회자된다. 어처구니없게도 내가 기도원에 있을 때 읽은 살인자 박철웅이 쓴 「내 목에 밧줄이 놓이기 전에」라는 참회록이 나에게 살인의 교과서가 되었다. 살인? 살인은 무슨 살인, 나는 땅에 묻어버려야 할 인간쓰레기를 없애는 거야 라고 단순하게 생각하였다. 폭력이나 살인이나, 그 일을 저지르는 범죄자들이 그 범죄를 앞두고 생각하는 시간을 가졌다면 그 범죄를 저지르지 않았을 것이다.

아파트 거실 중앙에 술상을 차려 놓고 문제의 처사촌동생이 나타나기를 기다렸다. 얼마 후 현관문이 열리고 그가 들어왔다. 나와 시선이 충돌하였다. 내 눈빛이 예사롭지 않았을 것은 설명할 필요가 없으리라. 그는 들어오자마자 샤워를 하겠다면서 황급히 욕실로 들어갔다. 잠시 후 물소리가 들렸다.

그 독종 쓰레기는 왜 샤워를 하러 들어갔을까. 거실에 술상이 차려져 있음에도. 나의 생각에는, 아니 그 집에 있던 사람들도 그가 겁먹은 게 틀림없다고 느꼈을 것이다. 욕실에서 나온 그는 시골에 갈 차비나 달라고 하였다.

그러자 나와 술상을 마주하고 앉은 후배의 아내가 그동안 고생했다고 부드럽게 위로하며 넉넉하게 돈을 주었고, 그는 조용히 집을 나섰다. 그러나 불안한 가족들은 그가 언제 또 들이닥칠지 모르니 우리 집에 며칠 머물러 달라고 사정하였다. 나는 딱히 갈 곳도 없는 신세여서 술대접 잘 받으며 그 집에 묵었다.

그 며칠 후, 조용히 떠난 처사촌동생의 어머니로부터 전화가 왔다. 너희가 어찌 깡패를 불러다놓고 우리 아들에게 해코지를 하려 했느냐며 절대로 가만두지 않겠다고 성난 소리로 협박하였다. 그 얘기를 듣고 있던 후배의 장모는 한 술 더 뜨는 응수를 하였다.

"그분은 남미에서 사람을 개죽이듯 하신 분인데 다시 한 번 찾아와 행패를 부리면 큰코다칠 거다."

거침없이 말하시고는 전화를 끊었다. 저녁 무렵 다시 전화를 걸어온 처사촌동생 어머님이 나를 바꿔 달라고 하였다.

"선생님, 제가 생각이 짧았습니다. 다시는 불미스러운 일 없도록 하겠으니 제 아들 한번만 용서해주십시오."

부드러운 목소리의 부탁이었다. 진심이 느껴졌다. 아마도 모자가 의논 끝에 그 깡패가 우리 집에 찾아와 해코지할지도 모른다는 결론에 도달한 모양이었다. 그들은 나를 살인을 저지르는 무시무시한 조폭 두목쯤으로 아는 것 같았다.

오랜 시간이 흘러 내가 목사 안수를 받고 그 김승호 후배를 만났을 때 반가운 소식을 들었다. 그 일이 있은 후 사촌처남도 마음을 잡고 신앙생활을 잘하고 있으며, 후배 역시 독실한 신자가 되어 주님의 일을 한다는 소식을 전해주었다. 그때는 나도 하나님의 일을 하고 있었기에 더욱 감동이 컸다.

참으로 인간으로서는 알 수 없는 묘한 인연이다. 내 손에 죽을 수도 있었을 사람과 -정말 죽였을 것이다- 죽이려던 나, 두 사람 모두 주의 종이 되었으니 이런 경우를 신묘막측하신 하나님의 오묘한 섭리라고 해야 할 것이다.

하나님은 아론의 마른 지팡이에서 하루 사이에 싹이 나고 꽃이 피고 열매를 맺게 하셨다. 천상천하에 유아독존 하시는 전능하신 하나님의 섭리를 느꼈다.

그를 한 번 만나고 싶었다. 서로 간증을 나누는 기회가 있으면 참 좋겠다. 하지만 우리는 그 후 인연이 닿지 않아서 만나지 못하였다. 죽이려 했던 자와 죽을 뻔한 자, 그 둘이 모두 하나님의 종이 되었으니 이 얼마나 경이로운 일인가.

정신병원 탈출은 내게 정의다

서울에서 허랑방탕한 생활을 하는 나에게 이모가 제안을 해왔다. 충남 성환에 있는 정신병자 수용소에 5개월만 입원해 있으면 술을 끊을 수 있고, 그렇게만 되면 어머니가 계신 남미로 보내준다는 약속이었다.

나는 쾌히 승낙하고 정신병자 수용소에 입소하였다. 나의 입소는 어머니가 계신 곳으로 간다는 것도 좋지만 고국 땅에서 한 곳에 발붙이지 못하고 떠도는 불편과 불안정의 해소가 절실하였기 때문이다. 나이는 들어가는데 언제까지 방황할 것인가. 몸과 마음에 안정이 없었다.

작은 방에 서너 명을 수용하는 열악한 환경이었지만 견뎌내면 술도 끊을 수 있고 어머니한테 갈 수 있다는 희망으로 참았다. 첫날부터 내가 과연 다섯 달을 참아낼 수 있을까 걱정되었다. 방 안에 화장실도 없다.

낮에는 복도 저쪽의 화장실을 사용하나 저녁부터는 좁은 방구석에 들여 놓는 플라스틱 통이 변기 대용품이라서 그 불결함과 불편은 이루 말할 수가 없었다. 방은 저녁이면 밖에서 잠그고, 낮에도 건물 밖으로는 나가지 못한다. 감옥이나 다를 바 없는 시설이다.

그곳에서 처음으로 '선녹색 배설물'을 목격하였다. 며칠 후 그 까닭을 알게 되었는데, 상품 가치가 없는 배추로 반찬을 만들어 매끼 환자들에게 먹이기 때문이었다. 말은 1식 3 찬인데 배추를 소금에 절여 김치라고 내놓고, 그 배추로 국을 끓이고, 그 배추를 삶아서 무치는, 3 찬 모두가 배추 한가지였다.

수용자의 배설물 색깔은 모두 같았다. 나는 정의의 이름으로 난동을 피울 가능성이 큰 체질이지만 그래도 참았다. 참기 어려웠으나 참고 참았다. 어떻게든 버티고 이겨내야 어머니가 계신 볼리비아로 갈 수 있기 때문이었다.

정신병자의 치료를 위한 수용소, 그러니까 알코올 중독자도 정신병자로 간주하는 것인데, 그곳은 참으로 각양각색의 비정상적 인간쓰레기들의 집결소였다. 미군부대 통역관을 했던 독고 씨는 온종일 날뛰어서 엄청나게 매를 맞고 터지는 게 일상이다.

명문 고려대 출신의 한씨는 방학 때 고향 집에 갔다가 정신착란을 일으켜 산에서 나물을 뜯고 내려오는 마을 처녀 세 명을 도끼로 찍어 죽이고 집에 와서는 여우 세 마리를 때려잡았노라고 기고만장하였다. 기막히게도 그는 수용생활 16년째다. 김 씨 역시 대학 출신인데 여자에게 실연을 당하고 자기 성기를 잘라버렸다. 정신분열이 일어난 것이다. 한양대학교 공과대학을 수석으로 졸업한 학생회장 출신의 나의 양정중학교 후배는 밥만 먹으면 연필을 가지고 하루 종일 바닥에다 무슨 공식을 썼다 지우기를 몇 달째 계속하고 있었다. 그 외에도 간질환자, 의처증 환자, 알코올 중독자 등등 갖가지 유형의 환자들이 모여 있었다.

여러 유형의 환자들에 대한 치료행위가 적절하였는지는 내가 알지 못한다. 그러나 한 가지 확실한 것은 그들은 매질을 당하면 당분간은 온순해져 말을 잘 듣는다는 것이었다. 짐승이 그렇다. 덩치 큰 말이나 황소도 채찍으로 다스릴 수 있다.

환자들은 매 맞은 아픔이 사라지면 매 맞는 걸 망각하는지 다시 이전처럼 되거나 비슷한 사고를 반복한다. 그래서 매는 계속된다. 수용소의 환자 관리상 불가피한 측면이 없지 않겠으나 매로 다스리는 그것이 가장 손쉽고 즉각적으로 효과가 나타나니 악순환만 계속된다. 아, 불쌍한 인생이여!

황당한 사연으로 입원한 할아버지도 있었다. 서울 외곽에서 농사를 짓고 살았는데, 그 땅이 도시계획에 들어가 개발되자 땅 값이 크게 올랐다. 아들들이 땅을 팔아 돈을 나누자고 제안했으나 할아버지가 허락하지 않았다. 자식들은 재미있는 연극 구경시켜 드린다고 속여서 이곳에 강제 수용시킨 사례다.

자식이라는 것들이 탐욕이 발동하여 그 땅을 모두 처분하여 나누어 갖기까지 아버지를 이곳에 처박아 두려는 것이었다. 게다가 이런 사실을 알고도 이를 묵인하는 원장은 목사이고, 총무는 장로 직분을 가진 자다. 이를 정상적인 세상이라고 할 수 있을까.

환자가 아닌 환자를 입원시키는 경우 뒷거래가 있을 터이다. 그렇다 해도 목사와 장로가 하는 짓이라기엔 정말 분노가 치밀어 오르지 않을 수 없다. 비리, 비리, 이런 유치하고 악랄한 비리를 밥 먹듯 하는 그들이야말로 병동에 수용되어 그 고약한 병을 치료받아야 할 정신병자들이라 할 것이다. 그러나 이 세상이 그렇지 못하다.

지극히 정상적인 사람이 악마 같은 인간에 의해 정신병자가 되어 갇혀 지내다니. 그 추악한 탐욕이여. 욕심이 잉태한즉 죄를 낳는다는 하나님 말씀이 그들의 눈에는 보이지 않는 모양이다.

총무를 겸하고 있는 장로는 일주일에 한 번 집에 가는데 그때마다 큰 가방 두 개를 들고 간다고 수군거렸다. 입원한 아들에게 주려고 팔순 노모가 준비해 온 간식, 아내가 남편을 위해 준비한 음식과 과일 등등 여러 가지 먹을거리를 전달하지 않고 모아놓았다가 자기 가족들을 먹이려고 가져가는 야비하고 추악한 짓을 서슴없이 한다. 내게는 그가 정신병자로 보였다.

정기적으로 예배가 있는데 이 장로의 설교는 그가 의롭고 고상한 성자 같다. 그 위선의 극치에 속에서 열불이 났지만 참아야 했다. 그 대신 많은 생각을 하게 되었다. 몸과 마음이 일치한다면 ―마음먹은 대로 행동할 것이다. 선과 악, 옳음과 그름, 다름과 같음이 동시적으로 일치하는 행동으로 나타날 터이니 갈등과 대립이 없지 않은가. 동물들은 모두 그렇게 한다. 그렇게 일치한다. 그런데 만물의 영장인 사람은 몸과 마음이 대립하고 갈등한다. 일치가 어렵다. 옳은 일을 알면서 그른 쪽으로 가고, 마음으로는 원하면서 몸은 다른 길로 향한다. 몸이 저리 가고자 해도 마음이 이리 가라한다. 옳고 그름을 판단하는 능력도 있다. 그러나 옳은 길 등지고 그른 길로 간다. 비일비재하다. 상식, 양심, 윤리도덕을 판단하면서도 그 판단대로 가지 않고 역행하는 경우가 허다하다. 이것이 동물과 다른 점이다.

사람은 이지적인데 행위로는 선악이 뒤바뀌고 본말이 전도되는 게 다반사다. 위선적 설교를 하고 있는 장로가 그 표본이었다. 인간의 작은 욕심이, 그 이기심이 상식을 무너뜨리고 판단을 뒤엎고 파괴적으로 간다. 이런 사람들이 운영하는 수용시설이 무릇 얼마일까.

그곳에서는 3백만 원만 일시불로 지불하면 장례까지 책임지는 시스템을 갖추고 있었다. 입원 자는 노동력이 있어야 한다. 그들의 노동력을 착취하기 위해서다. 노동력은 돈이다. 입원치료비를 내면서 노동력을 제공하니 이중 수입이다. 공정한 계약이 아니다. 계약의 상호 평등주의가 무너진 곳이다.

그 불평등 계약을 문제 삼는 환자도 가족도 없다. 보호자들도 그들이 그곳에서 어떤 대우를 받는지 무관심이다. 오직 문제 덩어리 인간을 가정에서 관리할 수 없어 치료란 명목으로 위임해 버렸으니 그런가 보다.

이 순간에도 인간적 또는 인격적 대우를 허울 좋게 내세우는 그 다양한 현장들이 과연 그러한지 확인하고 싶다. 허울 좋은 그런 조건들은 집행되고 있는지 확인하고 싶다. 그러한 수용시설이 사회에 공헌하는 필수적 공간이라고 한다. 수용시설에서 탈출한 사람들의 행위는 부정 당한다. 오죽하면 탈출하였을까를 인정하기 전에 탈출자들을 범죄자로 취급할 뿐이다. 즉 수용소에 문제가 있어서 탈출한 게 아니라 그 치료감호 생활을 이기지 못해서, 술의 자극적인 마력을 극복하지 못해서, 치료의지가 박약하고 인내력이 부족해서 라고, 갱생 의지의 부족으로 참을성을 이겨내지 못해서 라고, 모든 문제가 그들에게 있다고 매도당한다.

실제로 그렇다. 나아가 탈출은 그런 환자들의 습성이라고 적당히 얼버무리기도 한다. 수용소에는 어떤 문제가 있기에 탈출자가 생기는지에 대해 알아보기는커녕 짐작조차 해보려고 하지 않는다. 한 마디로 그곳에서 생활하는 사람들의 인권은 개 무시된다. 그러니까 그들에겐 인권이 없다. 정신병자들이니까.

나는 약속된 5개월이 지나도 퇴원시키지 않자 머뭇거림 없이 탈출해 버렸다. 탈출은 수용소 규칙에 어긋나는 불법이며 사회적 인식 역시 동일하다. 언론들도 탈출자의 문제로만 다룬다. 그래서 경찰이 체포하러 나서고 사냥개를 풀어 찾아내려 한다.

사회적으로 탈출자를 범죄라는 시각으로 본다. 탈출 그 자체가 흉악한 범죄로 인식된다. 위험한 알코올 중독자, 무슨 짓을 벌일지 예측불가의 정신병자들이니 그저 신속하게 잡아서 다시 수용하는 것만이 선이 된다. 범죄 또는 사고를 칠 게 빤하다는 경계심이 작동한다. 그러므로 사회의 안전에 위협이 되는 요소를 제거해야 한다. 부당한 대우를 넘어 노동력을 착취당하고 매질을 당한다. 가족의 평안과 유익을 위하여 죄 없는 죄인처럼 수용된 억울한 피해자들이라는 시각은 어디에도 없다. 인권 사각지대를 벗어나 인간 대우받으려는 노력은 옹호 받지 못한다.

탈출 동지는 7명이었다. 그러나 다섯 명은 잡혔고, 나와 주 씨 성을 가진 사람만 성공하였다. 빠삐용이 된 기분이었다. 빠삐용은 '앙리 샤리에르'란 실존 인물로서 젊은 검사의 농간과 거짓 증인의 허위 진술로 억울하게 옥살이를 하고 있던 처지였지만 나는 방탕하고 무절제한 삶의 대가를 치르는 상황이라는 근본적인 차이가 있다. 그는 불법 감금상태로부터 자유로워지려는 저항이었으며, 나는 알코올 중독자의 신분으로 감금되어 치료 받는 환경으로부터의 자유를 찾는 것이었다. 군대시절처럼 스스로 독립군이라고 생각했던 정신착란증이 되살아나 독립군의 심정으로 탈출하였다. 탈출은 내게 정의였다.

탕자 - 예수원에서 변하였다

　서울로 올라와 여관에 들어가서 매달 첫째 날부터 말일까지 만날 친구의 명단을 작성하였다. 내 입장에서는 무위도식하는 자의 필요였지만 그 명단에 오른 친구들은 고문 받을 대기자였다. 나를 만나는 날 하루는 꼼짝없이 술에 빠져서 괴롭힘을 당해야만 하니까. 시간이 지나면서 내가 나타났다는 소식이 퍼지자 그들끼리 서로 연락해서 나를 피하는 형편이 되어 갔다.

　무절제한 나의 생활은 육체는 물론 영혼까지 피폐케 하는 어리석은 자살행위였다. 어린 시절 난로에서 타들어가던 군고구마 같았다. 결국 나는 새까맣게 타서 부서지고 말 것이었다.

　눈을 뜨는 아침이면 하루도 거르지 않고 소주병을 따 마셨다. 한 병으로 부족하여 두 병쯤 마셔야 정신이 들어 일어설 수 있었다. 이쯤 되면 그건 술이 아니라 마약에 다름 아닌 독 그 이상이었다. 그러함에도 그 독이 나에게는 생명수로 여겨졌다. 손이 떨렸다. 시야가 흐릿해졌다. 갈 길이 보이지 않았다. 그 길이 어디에 있는지조차 도무지 가늠할 수조차 없었다. 중독 증상은 날이 갈수록 심해져 몸조차 가누지 못하고 길에 쓰러지는 날이 허다해졌다. 그러함에도 나는 술 없이는 존재의식조차 사라지는 것이었

다. 간혹 정신이 멀쩡해지면 내가 이렇게 살아서는 안 된다는 생
각으로 괴로웠지만 그 생각은 잠깐이었다.

육신을 일으켜 세우기 위해서는 술을 마시지 않으면 안 되었
다. 내 간은 무쇠로 만들어졌다는 생각이 들 정도로 알코올 해독
에는 으뜸이었다.

일상이 술 마시기에 다름 아닌 나날을 보내면서 나의 행색은
미친 사람으로 변하였다. 한 여름에도 겨울 코트를 입고 홈 매트
를 끼고 다녔다. 그 이후 지금까지도 홈 매트를 들고 다니는 노
숙자를 본 적이 없다. 벤치 위에 홈 매트를 깔고 한 바퀴 구르면
거기가 나의 완전한 휴식 공간, 안전공간이 되는 지경에 이르렀
다.

미국에 있을 때 한여름인데 검은 겨울 코트를 입고 신문지를
말아 쥔 정신병자가 하늘을 쳐다보며 무어라 지껄이던 모습이 떠
올랐다. 그때는 나도 저 미친놈처럼 영어를 할 수 있었으면 얼마
나 좋을까 부러워하였는데, 그의 모습에서 내가 보인다.

'디오게네스(Diogenes)'의 동굴처럼 나만의 공간에서 안온함을
느끼며 나만의 꿈을 꾸었다. 나와 그는 다른 점이 있었다. 디오
게네스는 동굴 속에 살면서도 늘 사색하고 세상과 소통하였으나
나는 그와 정반대였다. 철저하게 내 아집과 대화하느라 문을 굳
게 잠가버린 나였다. 그는 철학적으로 사고하였는데 나는 광기로
사고하였다. 철학자와 광인의 차이다.

스톡홀름 증후군이란 병이 있다. 인질이 유괴범에게 정신적으로 동화되어 호감과 동정, 지지, 충성을 나타내는 끔찍한 심리현상이다. 이 증후군은 가정 학대, 성폭행, 아동학대 등의 피해자에게서 발견된다고 한다.

스톡홀름 증후군은 스웨덴 스톡홀름에서 1973년 8월 23일부터 28일까지 6일에 걸쳐 발생한 은행 강도 사건에서 유래되었다. 이 사건에서 강도들에게 6일 동안 인질로 잡혀 있던 은행 직원들은 강도들에게 감정적인 연민과 애착을 느끼고 동화된 것이다.

그래서 인질에서 구출된 후 그 강도들을 옹호하며 그들에 대한 불리한 증언을 하지 않으려고 증언을 거부하였다. 더욱 놀라운 것은 강도단이 감옥에 간 후 인질로 잡혀 있던 한 여성은 강도단 중 한 명과 결혼하였다.

내 경우가 스톡홀름 증후군과 유사한지는 의학적으로 규명해 보지 않아서 잘 모르겠으나 한 가지 분명한 것은 은행 강도 입장이건 인질의 입장이건 간에 어느 쪽도 잘못이 없다고 느끼게 된 나였다. 그들의 잘못이 아니라 그런 죄를 저지르게 한 사회가 더 문제라는 인식이었다.

이런 논리적 비약을 합리화하는 수단이 술이었다. 내 생각은 언제나 합리적이거나 이성적 판단을 할 수 없도록 방해하는 병적 요인의 성격장애다.

그래도 다행스러운 것은 내 마음 속 어딘가에 나도 모르게 막연하나마, 실로 어처구니없게도 하나님을 믿는 믿음이 작동하고 있었던 게 사실이다. 그래 '내일은 또 다른 날이다 Tomorrow is another day! 또 다른 태양이 뜰 것이다' 라고 막연히 생각하였는데, 나에게 태양이 의미하는 것은 하나님이었다.

해가 반짝 뜬 청명한 날처럼 어쩌다 정신이 들 때면 주여, 저를 도우소서!라고 가볍게, 그러나 내 마음 중심의 한 줄기 생명줄이라도 잡으려는 한숨 섞인 독백을 하고 술잔을 기울였다. 진지한 자세는 아니지만 장난도 아니다.

내 나름의 하나님과의 가느다란 연결선이었다. 훗날 알코올 중독자 치료 프로그램인 A·A교육에서 느낀 바로는 단순히 병으로 취급해 치료하기보다는 하나님과의 영적 교류를 주선해 치료하는 것이 보다 효과적이라고 느꼈다. 우연이 아니다.

부모님은 나에게 두 가지를 동시에 주셨다. 하나는 유전적으로 많은 술을 마실 수 있는 체질이고, 다른 하나는 하나님과의 소통을 이어갈 수 있는, 하나님과 단절할 수 없는 신앙적 혈맥이다. 실로 아이러니하고, 모순이며 그래서 부합될 수 없는 것 같으나 그래도 결과적으로는 그 두 가지 유전인자가 상호 보완작용을 해서 나로 하여금 결과적으로 알코올 중독에서 헤어날 수 있게 되었음을 나는 고백한다.

만약 하나님과의 소통이 없는 상태에서의 음주였다면 많은 사람이 그랬던 것처럼 나는 일찍이 완전 폐인이 되었거나, 어쩌면 벌써 사망하였을 것이다. 술을 먹는 가운데서도 하나님이 내 뒤에서 믿음의 끈을 목에 걸어둔 채 '너 이놈 손광호! 너 어디까지 가는지 내가 보고 있다.' 하시면서 여유롭게 빙그레 웃으셨던 것이다. 너무 가까이도 멀리도 아니라는 게 나로서는 편안하였다. 그러다가 결정적인 순간에 내 목덜미를 낚아채 어둠에서 탈출하게 하셨다. 그때를 생각하면 기쁨과 감격이 넘쳐 나도 모르게 환호가 터진다.

저녁마다 싸움질로 피투성이가 되고 만취하여 들어오는 나를 감당키 어려워지자 어머니는 순복음신학교에 다니는 전도사님 한 분을 붙여서 김천에 있는 용문산 기도원으로 보냈다. 더는 두고 볼 수 없는 데다가 치료의 방법이 보이지 않아서 마지막 방법으로 하나님의 은혜를 갈망하였던 것이다.

중독 치료의 한 방법이면서 마지막 방법일 것이다. 이원희 전도사님과 나는 숙소를 구해 함께 기거하며 예배에 참석하고 기도하였다. 나도 마음은 절실하였다. 제발 기적적으로 하나님의 은혜로 문둥이가 깨끗해지고 소경이 눈을 뜨며 앉은뱅이가 일어나게 하신 주님의 권능으로 술독에서 건져지는 기적이 일어나기를 절실한 마음이었지만 간절히 기도하지는 않았으나 기도는 하였다.

그러는 한편 나는 역행하였다. 중독이라서 나를 통제할 수 없었다. 나는 은밀하게 술을 사다가 숨겨놓고 마셨다. 어머니와 전도사님의 나를 위한 정성과 기대를 확실히 알면서도 나는 나 그대로였다.

중학교 동창으로 '순복음신학교'에 같이 입학했던 안준배라는 친구가 있었다. 그 역시 나와 거의 유사한 삶을 살고 있었다. 어느 날 술에 취해 있었는데 기도원 사무실에서 방송으로 나를 찾는 것이었다. 그 순간 숨겨놓은 술이 발각된 것으로 알고 움찔하였는데, 알고 보니 안준배가 나를 찾아온 것이었다.

그는 김천에 있는 직지사에 가는 길이라 하였다. 삭발하고 중이 되겠다는 것이다. 허튼소리가 아니었다. 결단이고 다짐이었다. 절에 들어가기 전에 나를 한번 만나보겠다고 찾아온 것이었다. 나의 보호자 격인 전도사님이 절에 들어가더라도 내일 새벽기도회에 참석하고 가라고 다그쳐 말하였다. 어찌 된 일인지 안준배는 전도사의 말대로 새벽기도회에 함께 참석하였다.

나는 취해서 일어나지 못하여 새벽기도회에 참석하지 못하였다. 그랬는데 그 새벽기도회에서 내 친구, 절간으로 가려던 내 친구 안준배에게서 방언이 터져 나왔다.

방언의 사전적 의미는 공통어나 표준어와는 다른 어떤 지역의 상이한 언어형태를 지칭한다. 성경에서의 방언 즉 교회의 방언은 성령의 역사로 습득한 일이 없는 언어를 거의 무아지경 상태에서 말하는 경우다.

이 경우 사람의 발음기관이 외부의 영향을 받아서 혀가 말하는 이의 의식적 통제를 받지 않고 움직이는 가운데 뜻을 알 수 없는 말이 터져 나오는 현상이다.

이 현상을 종교적으로 해석하면 말하는 사람이 초자연적 영에게 사로잡혀 신적인 존재들과 대화를 하거나 신적인 선포의 매개체가 되는 현상이다. 이는 아무나 할 수 있는 일이 아니고 하나님의 특별한 은사를 통해서만 가능하다.

안준배, 그 친구의 방황도 심각했었다. 어느 날은 심각한 표정으로 쥐약을 사달라고 내게 부탁한 적이 있었다. 쥐약이 왜 필요하냐고 물었더니 서슴없이 쥐약 먹고 죽겠다는 대답이다. 쥐약은 독극물이다. 그 시절엔 쥐약으로 자살하는 사람들이 있었던 게 사실이다.

우리는 친구 몇몇이 돈을 모아 '후랄킨'이라는 쥐약을 다섯 병이나 사주었다. 그는 우리가 보는 앞에서 단숨에 세 병을 들이마시고 나머지는 그의 아버지와 둘째 부인이 살고 있는 도동 집에 가서 먹겠다며 헤어졌다. 실제 그는 집에 가서 나머지 두 병을 마저 마셨지만 죽지는 않았다.

그는 쥐약을 마시면서까지 살려만 주시면 주님의 일을 하겠노라고 맹세했다고 하니 목숨이 그리 허튼 것은 아니었다. 결국 병원에 실려가 응급처치를 하고 입원치료까지 받고 살아났다. 어쨌

용문산기도원 소망촌 하숙집에서
좌 안준배 / 우 손광호. 1972.2

건 그에게 느닷없이 찾아든 이 방언은사는 절간으로 향하는 그의 발걸음을 막았다. 그 후 안준배는 신앙적 열기가 뜨거운 순복음신학교로 가서 목사가 되었다.

사당동에서 목회하고 있던 안준배 목사를 만났을 때 그는 느닷없이 나에게 3개월만 시간을 투자해 보라고 강권하였다. 강원도 태백에 '예수원'이라는 이름의 수도원이 있는데, 그곳에서 3개월만 생활하면 삶이 바뀔 수 있다고 하였다. 여비까지 챙겨 주었다. 과연 예수원에 가면 내가 변할까? 어정쩡하게 변해서는 쉽게 원상태로 회귀할 것이니 변할 거라면 안준배처럼 확실히 변해야지, 그렇지 않다면 예수원이고 뭐고 갈 이유가 없다.

나는 일단 기뻤다. 그가 준 돈으로 술을 마실 수 있으니까. 알코올 중독자는 돈을 손에 쥐면 술병으로 착시가 일어날 지경이

다. 돈을 세는 이유는 술을 몇 병이나 손에 넣을 수 있는가를 계
산함이며, 술병의 수가 많을수록 기쁨을 느낀다. 예수원 가라고
안준배가 준 그 돈은 전액 술병으로 환치되었다.

　그 무렵 망우리 고개 너머 교문리에 사는 친구와 최현과 술 마
실 기회가 있었다. 그 자리에서 태백의 예수원 이야기가 또 나왔
다. 대화중에 내가 그곳에 갈 의사가 있다는 느낌을 받았던지 그
는 청량리에서 중앙선 기차를 타면 몇 시간이 걸린다는 것까지
세세하게 말해주는 것이 마치 여행 가이드 같았다.

　"한 번 가보는 것도 괜찮지. 내가 청량리역까지 배웅해 줄게."

　나는 어디에 있으나 마찬가지라서 문득 오랜만에 기차를 타고
여행을 하는 것도　괜찮겠다는 생각이 들어 취중에 표를 사서 태
백으로 가는 기차에 올랐다. 남은 돈으로는 내가 사랑하는, 내게

없어서는 안 되는 일용할 소주를 몇 병 샀다.

태백에 내린 나는 마시다 남은 술 봉투를 들고 용케도 산속 길을 올라 산으로 둘러싸인 예수원 가까이 도착하였다. 높이 솟은 대형 십자가를 저만치 바라보며 길바닥에 벌렁 누웠다. 만취상태여서 한 발자국도 더 나아갈 기력이 없었다.

존 번연(John Bunyan)의 『천로역정』에 십자가 앞에 모든 짐을 던져버린 주인공처럼 되고 싶었지만, 이내 술기운으로 깊은 잠에 빠져들었다. 얼마나 지났는지 누군가가 나를 흔들어 깨우는 것이었다.

그는 예수원에 올라가는 길바닥에서 잠든 나를 방치할 수 없어 깨웠을 것이다. 특별한 의미가 있거나 중요한 일도 아니다. 길바닥에 잠들어 있으니 깨웠고 그의 도움으로 예수원에 올라갈 수 있었다.

그 일은 나에게 엄청난 변화를 가져오는 계기가 되었다. 지금 생각하면 단순히 잠만 깨운 것이 아니었다. 그와 함께 예수원에 올라갔고, 한참 후의 일이기는 해도 그곳 생활이 계기가 되어 '내 인생의 가장 아름다운 삶'이 펼쳐지기 시작한, 그야말로 행운의 시발점이 된 것이다. 주님 말고 누가 사람의 앞일을 예비하는가.

결과가 이쯤 되었으니 하는 말이지만 나는 스스로를 핍박하며 단련하는 용광로 속으로 들어간 것 같다. 하나님의 이끄심일 것이다. 그곳에서 나는 연단되고 있었다. 겨자씨만한 믿음의 씨앗이 드디어 발아해 성장을 시작한 것이리라. 하나님께서 이때를 얼마나 오랫동안 기다리셨을까.

예수원의 수련생들은 저마다 독특한 계획을 지니고 하나님과의 더 깊은 만남을 위해 이곳을 찾았다. 대개 짧은 수련 기간을 정하고 부족한 믿음을 깊게 하려고 왔지만, 나는 오갈 데 없는 부랑자의 신분으로 이곳에 왔으니 서로의 입장이 현저히 달랐다. 따라서 나는 어정쩡하니 좀 어색하고 불편하기도 하였다.

그들은 예수원에 들어올 때 나갈 날짜도 정하고 목표도 품었으므로 때가 되면 떠났다. 그러나 나는 예정도 계획도 목적도 없었다. 그냥 술 마시다가 친구가 권해서 의탁할 곳 없는 몸을 이끌고 예수원에 왔을 뿐이다. 나는 그야말로 무연고 방랑자였다.

그러니 예수원에 들어온 성도들과는 애당초 대화가 이루어질 수 없었다. 완전히 이질적이었다. 내 몸이 예수원에 있으나 적응하지 못하였다. 한 가지 변화가 있었을 뿐이다. 술을 마시지 않고 있다는 사실 그것이다. 나는 술 없이 못 사는 중독자다. 중독 증세를 내 결단이나 의지로 극복하지 못한다.

그러므로 나는 속수무책이었다. 그러함에도 신기하게 술 중독 증상에 이끌려가지 않고 있다는 사실이다. 금단현상도 그리 심각하지 않아서 견딜 만하였다. 그렇지 않았다면 나는 동네 저 아래 가게로 달려가서 술을 마셨을 것이다. 출입을 통제하는 곳도 아니니 얼마든지 멀리라도 가서 술을 마셨을 것이다. 어떻게든 술을 먹기 위해 몸부림치며 방법을 찾았을 것이다. 그게 자연스러운 행태다. 출입을 통제해도 도망쳐 나갈 것이다. 정신병 수용소도 탈출한 나였다.

금주로 인한 금단현상이 생겼다면 나는 기어코 술을 마셨을 것이다. 거기가 천국이거나 지옥이라도 말이다. 그러나 며칠이 지나도 견딜 만하였다. 술 생각이 간절하지 않았으니 미칠 지경으로 몸과 마음이 뒤틀리지 않았다. 나로서는 의외의 기적인 셈이었다.

예수원에서의 생활이 두 달째로 접어들던 1983년 12월 마지막 토요에 내가 감사예배 인도를 맡았다. 기도하고, 한 주간 지내오면서 경험하였거나 느꼈거나 생각한 감사의 내용을 발표하는 시간이었다. 토레이 신부님(Reuben A. Torrey Ⅲ, 예수원 원장-대천덕 신부님)이 나에 대한 말씀을 하셨다.

"손 요나단 형제가 예수원에 와서 중독된 술을 끊고 정상적인 생활을 하게 되어 그 은혜를 하나님께 감사합니다."

이어서 예수원의 가장 연장자인 로이스 권사님 역시 나에 대한 감사의 기도를 하였다. 계속해서 부원장님도 나의 단주와 함께 새사람이 된 것을 감사하는 기도를 올렸다. 예수원에서 그 날의 은혜의 주인공은 알코올 중독자였던 손광호였다. 요나단은 예수원에서 붙여준 이름이다.

축복된 날, 이 얼마나 감격스러운 복된 은혜의 날인가.

나는 그 날의 의미를 과소평가하지 않는다. 원장님을 비롯해 모든 이들이 나를 위해 기도해주었지만 그보다는 나의 내면에 겨자씨만한 믿음, 겨자씨만한 감사, 겨자씨만한 소망이 확고하게 파종된 날이라서 축복된 날이다. 너무 적은 믿음이다.

그러나 그 믿음의 겨자씨가 확실하게 내 안에 심겨졌으니 이제 자라날 것이다. 지극히 작은 믿음의 겨자씨지만, 주님이 말씀하신 대로 '겨자씨가 모든 씨보다 작지만 자란 후에는 풀보다 커서 나무가 되매 공중의 새들이 와서 그 가지에 깃든다'를 생각하면 내게 심겨진 작은 겨자씨가 자라서 큰 나무가 되어 믿음의 큰일을 예비하게 되었음을 알았기 때문이다.

사랑하는 자여 네 영혼이 잘 됨같이 네가 범사에 잘 되고 강건하기를 내가 간구하노라. (요한삼서1:2)

나는 이때만큼은 비로소 감사하였다. 마치 오염되어 탁해진 물이 위로부터 흘러내려오는 맑은 샘물에 밀려가서 투명하게 맑아지듯 어둡고 혼탁한 내 영혼이 하나님의 은혜로 맑아진 것이었다. 그러한 변화를 이끈 것은 예수원에서의 술 없이 믿음의 사람들과 소박하고 평범하게 지내며 평온한 데 있었던 같다.

이 평범함이 실로 얼마만인가. 지나온 나의 일상은 불안정, 분노, 만취, 폭력, 극도의 긴장의 연속이었다. 안정감이 있고 평온한 평범한 일상을 사는 사람으로서는 상상도 할 수 없는 과격하고 파괴적인 일탈의 일상이었다.

예수원의 일상은 지극히 평범하였다. 예수원의 표어대로 '노동이 기도요, 기도가 노동'인 생활을 하고 있었다. 평범하다는 것이 이처럼 평온하고 즐거운 것인 줄 모르고 지낸 세월이 너무 길었다. 그 생활에 만족하고 있다는 것은 범사에 감사하는 마음이 되살아난 증거였다.

이때는 처음으로 남을 원망하거나 탓하지 않았다. 어떤 특별한 행운이나 보람을 느끼는 경우가 없었으나 처음 경험하는 산속 수도원에서의 그런 지극한 일상 자체가 즐거움인 것을 처음 경험하였다. 세상의 말들이 성경에 기록되지 않은 것이 없다. 소소한 작은 일상에 감사하지 않는다면 과연 감사할 일이 얼마나 있을까? 감사는커녕 늘 불만과 원망과 짜증이나 내게 될 것이다.

작은 일을 소중하게 여기지 않는다면 어떤 일을 소중히 여길까. 이런 평범하며 소박한 진리를 나는 예수원의 일상에서 체득하였다.

예수원 생활은 나에게 특별하다. 목장을 운영하며 노동과 중복 기도, 영성훈련의 공동체이다. 예수원에 들어오는 사람들은 숙식을 제공받으며 노동을 해야 된다. 그러나 평범하고 평온한 깊은 산속의 그 안정감과 고요는 한 순간 한 순간 깨달아지는 은혜를 받을 수 있었다.

세상살이 일상에서 누군가가 나를 위해 기도해주는 것도, 하루 세 끼 밥을 먹는 일도, 분주하게 오락가락하며 꿈틀거리는 모든 과정 자체가 불만과 불평과 불신과 분노였다. 그래서 취하고 주먹을 휘둘러 파괴하였다. 그리하여 안정감도 평온도 감사도 기쁨도 없어 방황 그 자체였다. 예수원 그 산속 고요 속에서는 감사하고 즐겁고 기쁨과 안정과 평안이 있으니, 이는 곧 내가 변한 확실한 증거일 것이다.

나의 환경, 내가 처한 상황은 하등 달라진 게 없다. 나는 여전히 일정한 직업은커녕 일용노동자도 아닌 동가숙 서가식(東家宿西家食)의 무위도식하는 자요, 폭력 휘두르는 파괴자요 누구도 심지어 내 부모나 친척들도 믿어주지 않는 버림받은 외톨이 나그네에 불과하였다.

산골 예수원을 떠나 세상으로 나가면 나는 여전히 전과 동일한 패턴으로 살아갈 수밖에 없는 구제불능의 쓰레기에 불과하다. 나의 모든 조건은 불변임에도 내 마음속에서 변화가 일고 있다는 것은 지극히 경이롭다.

내가 변하지 않으면 아무 것도 변하지 않는다는 걸 나는 깨달았다. 나의 변화를 이끄는 것은 나 자신이 아니라 내가 외면하며 살아 왔으나 그러함에도 나를 버리지 않으시고 사랑하시는 하나님의 은혜가 아니고 무엇이겠는가.

이 산속 가득한 맑은 공기가 좋다. 나와 전혀 연고 없고 이해관계 없는 예수원에 모여 있는 타인들도 좋다. 나에게 예수원은 '내 인생의 가장 아름다운 삶'이 펼쳐지기 시작한 곳이다. 그래서 가장 의미 있는 곳이다. 정 붙이고 안주하고 싶은 매력이 있어서 도 아니다. 범사에 감사하는 삶이 시작된 곳이라 특별한 곳이다.

예수원 식사 1식 3찬은 국을 빼면 두 가지 반찬이다. 고기 맛 본 게 아득하다. 나는 나름대로 좋은 반찬을 먹을 수 있는 방법 을 고안해 냈다. 예수원의 허락을 받아야 될 일이므로 로이스 권 사님을 찾아갔다. 나는 이미 정상적인 생활로 접어들었으므로 누 구와도 대화할 수 있었다. 아무도 나를 예전의 나로 알고 있지 않으니 내가 의견을 내도 보통 사람의 의견처럼 받아들여지리라 믿었다.

"권사님, 형제 열 명만 내주면 제가 산판에 데려가서 벌목 일 을 해보려 합니다. 일당이 만원은 된답니다. 우리 열 명이 가면 하루 십만 원을 벌 수 있습니다. 그 돈으로 고기를 사다가 예수 원 식구들 근사하게 한 번 먹여주면 좋겠다는 생각입니다. 권사 님, 그게 좋겠지요?"

로이스 권사님은 인자하게 잔잔한 웃음을 보이며 낮게 말하였 다.

"손광호 형제님, 고기가 많이 먹고 싶으신가 보군요. 그럴 만 도 하지요. 한창때의 젊은 사람이 풀만 먹으니……."

내 제안이 수용되는 줄 알았다.

"우리 예수원에서 운영하는 피재목장 있잖아요. 거기 가서 소 한 마리 잡아먹고 오세요."

나는 그 소리만 듣고 의미는 깨닫지 못하였으므로 내게 특별히 기회를 주는 것으로 착각하였다. 나는 분기탱천해서 피재목장으로 갔다. 예수원은 숙박비나 식비를 일체 받지 않고 일하는 것으로 대체하였다. 즉 성경의 '누구든지 일하기 싫으면 먹지도 말라 (살후3:10)'의 적용이다.

나는 피재목장으로 갔다. 그곳을 일터로 잡은 셈이다. 허락을 받았으니 언제고 내가 원하는 때 소를 잡아먹어도 된다고 생각하였다. 예수원에서는 무슨 일이든 해야 되므로 나는 그날부터 소, 양, 염소 등의 우리를 치우고 젖을 짜는 일을 맡았다. 내가 원할 때 잡아먹을 수 있는 짐승이 우리 안에 가득하다.

그렇지만 실제로 소를 잡아먹지는 않았다. 권사님 말씀의 의미를 깨달았음이 분명하다. 목장 일을 하다 보니 가축들이 사랑스럽게 보이기 시작하였다. 평화롭고 여유롭게 양순히 살고 있는 짐승들이 잡아먹어야 할 음식이 아니라 사랑스럽고 돌봐야 할 생명으로 느껴지는 것이었다. 이러한 깨달음을 얻게 하려고 나를 목장으로 보내신 모양이었다.

늘 고요하고 잔잔한 평화가 흐르던 목장이 어느 날 갑자기 소란스러워졌다. 양 한 마리가 우리 앞에서 피를 흘리고 있었다. 다급한 대로 우리 안으로 옮겨 놓고 목장 책임자인 요한 형제는 상처를 찾으려고 몸을 살폈다. 피가 엉겨 붙은 상처에 약을 발라 주려고 털을 제거하다가 급한 마음에 엉켜 붙은 털과 함께 살까지 잘라내고 말았다.

사람에게 그런 일이 생겼으면 놀라 비명을 지르며 펄쩍 뛸 것이다. 사람만 그런 반응을 나타낼까. 그런데 그 양은 생살을 베어내는 아픔에도 소리를 내거나 도망가려 하지 않았다. 꼼짝도 하지 않고 그 자리에 선 채로 눈을 껌뻑이며 눈물만 흘렸다.

그가 찔림은 우리의 허물을 인함이요, 그가 상함은 우리의 죄악을 인함이라. 그가 징계를 받음으로 우리가 평화를 누리고 그가 채찍에 맞음으로 우리가 나음을 입었도다. 우리는 다 양 같아서 그릇 행하여 각기 제 길로 갔거늘 여호와께서는 우리 무리의 죄악을 그에게 담당시키셨도다. 그가 곤욕을 당하여 괴로울 때에도 그 입을 열지 아니하였음이여 마치 도수장으로 끌려가는 어린 양과 털 깎는 자 앞에서 잠잠한 양같이 그 입을 열지 아니하였도다. (사 53:5-53:7)

바라보는 내가 몸서리쳐졌다. 놀랍고 경이로웠다. 나도 눈물이 났다. 그 양을 꼭 안았다. 양에게서 따뜻함이 전해져 왔다. 이 양을 살리는 것이 나를 살리는 것이라고 느껴졌다.

사고의 원인을 알아보았더니 우리 목장의 염소들이 근접한 서울목장의 옥수수 밭을 쑥대밭으로 만들어 놓은 것이었다. 화가 난 그 쪽 일꾼들이 개를 풀어놓았다. 몇 마리 개가 날쌔게 공격해서 우리 양 몇 마리가 죽고 한 마리는 부상을 당한 채 도망쳐 온 것이다. 이 양도 결국 출혈로 인해 그날 저녁에 죽고 말았다.

성경에서 왜 양과 염소를 뚜렷하게 구분하는지를 목장 생활을 통해 확실하게 체험적으로 알았다. 양은 자기 방어의 능력이 전혀 없어서 목자가 지켜주지 않으면 위험으로부터 벗어나지 못한다. 이번 경우도 마찬가지여서 개 두 마리가 양쪽에서 뛰면서 짖어대는 통에 겁에 질린 양들은 원을 만들어 머리를 처박고 엉덩이만 뒤로 내놓고 있었다. 개는 마구 달려들어 공격할 수 있었다. 양은 그렇다. 목자 없이 양은 살아갈 수 없다.

현장에서 즉사한 양 한 마리는 목을 물렸고 내장은 도륙된 채 털가죽만 남아 있었다. 그러나 양과는 달리 염소는 공격적이다. 누구든 공격해 오면 맞서서 싸운다. 전기 목책기도 뿔로 들이받아 구멍을 내고, 그 구멍으로 집단 탈출해 동네 옥수수 밭을 초토화시켜 버린다.

염소들이 그런 일로 우리 목장의 일꾼들이 곤경에 빠진 적이 한두 번이 아니다. 먹성도 좋아서 닥치는 대로 먹어댄다. 이번 사고도 염소의 탈출로 시작하여 양이 그 피해를 본 것이다. 젖을 짤 때도 움직이지 못하도록 착고에 머리를 넣고 잠그지 않으면 그 힘을 당해내지 못한다. 공격성이 강해 가만히 있지 않고 계속 뒷발질을 해대는 바람에 한 사람은 젖을 짜고 한 사람은 사료를 담은 통을 입에 대주어야 한다.

목장 일을 하면서 내가 꼭 염소를 닮았다는 생각에 웃음을 짓기도 하였다. 그 웃음은 나를 일깨워 주기에 부족하지 않았다. 염소야말로 나와 동종이었다. 그놈의 성질만 아니면 마음에 꼭 들었다. 하나님이 나를 보시며 그렇게 생각하셨을 것이다. 목장에 있으면서 염소의 기질이 튀어나와 마을에 내려가 술을 마시기도 하였는데, 급기야 문제를 일으켰고 나는 다시 본원으로 소환되었다.

그 해 겨울이 깊었을 무렵 연탄 창고에서 방으로 연탄을 들이는데 연탄이 바닥나고 없었다. 담당자에게 연탄이 언제 오느냐고 물었더니 모른다는 것이다. 그가 덧붙였다. 예수원에 연탄 살 돈이 없어서 예측 불가라고.

그 말을 듣자 혈압이 급상승하였다. 이건 끔찍이 잘못된 상황이라는 생각에 나의 감정이 악화되었다. 영하 20도가 넘는 산골짜기에서 원생들 다 얼어 죽이려 하느냐고 벌컥 언성을 높여 화를 냈다. 곁에 있는 들통을 난폭하게 집어던졌다. 그리고는 방으로 들어갔다.

치밀어 오르는 분노를 감당할 길 없었다. 염소는 발악하고 양은 울고 목부는 어찌할지 몰라 눈밭을 오가는 등 모두 제 정신이 아니었다. 늘 주먹이 법보다 앞선다는 게 실은 맞는 이야기다. 내가 그렇게 살아왔다.

현장의 모든 사람들이 생각도 없고, 정의감도 없어 보였다. 불의를 목격해도 눈감고 귀 닫고, 속수무책으로 추위에 떨어야 할 인간들이 불쌍하다는 생각보다 무조건 이해하고 인내하고 순종하는 바보 천치 같은 모습이 마치 나라를 잃어도 저항 한번 못하고, 억울하게 짓밟혀도 항의 한번 못하는 무감각하거나 지나치게 나약하게만 보였다. 이런 상항은 나를 분노케 하였다. 이러다가 여기서마저 사고를 칠 수 있는 나였기에 내 가슴만 쳤다. 그때 마침 나를 찾는 소리가 들렸다.

"마을에 연탄 차가 도착했는데 눈이 많이 와서 올라오지 못한다고 도와달라는 연락이 왔어."

연탄 차가 왔다는 말에 나의 감정이 가라앉았다.

"어떻게 도우면 되지?"

"길이 미끄럽지 않도록 흙을 덮어 달래."

"그래? 그럼 도와야지. 다들 가자."

예수원 남자들이 한 마음으로 나섰다. 준비해 간 삽으로 길가 밭의 흙을 파서 길에 뿌리기도 하였으나 연탄재를 뿌리는 게 상책이라는 누군가의 의견대로 부지런히 예수원에 쌓여 있는 연탄재를 운반해서 트럭이 무사히 올라오도록 길에 뿌렸다. 창고가 연탄으로 가득 찼다.

나는 궁금했다. 예수원에 돈이 없어 연탄을 구입하지 못한다고 들었는데 갑자기 한 트럭이나 되는 연탄이 배달되어 오다니.

"기사님!"

하고 트럭 운전사는 알 것이라 생각되어 물었다.

"이 연탄이 어떻게 된 겁니까? 주문하지 않은 걸로 아는데요."

"어떤 분이 연탄 천오백 장을 예수원에 배달해 달라고 돈을 주고 갔습니다. 그 사람은 이름도 밝히지 않아서 우리도 모릅니다."

2차 세계대전 당시 영국에서 고아원을 운영하던 죠지 뮬러(George Muller)목사님의 저서 「응답받는 기도」에 이와 유사한 기적들이 기록되어 있다. 음식이 없어 아이들을 굶기게 된 날 죠지 뮬러는 아이들을 식당에 모이게 하고 감사의 기도를 하였는데, 식탁에는 빵도 우유도 없었다.

참 놀라운 것은 감사기도가 끝나자 군용 트럭 한 대가 고아원으로 들어와 빵과 우유를 내려놓았다. 똑같은 일이 강원도 깊은 산골짜기 예수원에서도 일어난 것이다. 내가 그 현장에서 경험하였으니 그 감동을 형언키가 어려웠다.

나는 연탄 보내달라고 기도한 적이 없다. 그러나 원장님이든 누군가가 간절히 기도하였을 것이다. 구하라 그리하면 너희에게 주실 것이라(마7:7)는 약속의 말씀대로 은총을 베푸시는 하나님이시다.

나는 전후좌우를 돌아보지 않고 성급하게 정의로운 감정이 앞서서 혈기를 부렸는데 뒤끝이 민망하도록 필요를 채워주시는 하나님의 기적의 현장을 경험하게 하시는지 생각하지 않을 수 없었다. 혈기를 부리지 않았으면 은혜의 감사가 한결 고조되었을 것이다.

내가 성숙해지는 과정의 의문들이고 훈련일 수도 있다는 생각이 들기도 했다. 늘 정의 아니면 불의라는 이분법적 사고에 사로잡혀 불의를 이기는 것은 정의이므로, 때로는 불법이나 불의를 판단하지 못해서 지키지 않는 경우가 있다면, 그런 경우 내가 정의를 지켜야 한다는 게 내 생각이었다.

그 정의가 실은 내 인생의 걸림돌인 경험을 반복해 왔으면서도 나는 여전이 그 고정관념의 틀에서 벗어나지 못하는 것이었다. 가슴은 뜨거웠지만 나의 뇌구조는 단순하게 획일화되어 있는 모양이다.

이번 경우도 추위에 떠는 수련생들과 그들을 보살펴야 할 예수원만 생각하였지, 그 중간에 익명의 기부자가 있을 수도 있다는 생각은 해본 적이 없었다. 매사를 보는 나의 사고는 늘 이랬다.

토레이 신부님은 초코파이를 몹시 좋아하였는데 그게 아무리 먹고 싶어도 먼저 하나님께 물은 후 응답이 있어야만 사 먹었다는 이야기가 있다. 한번은 외출에서 돌아오는 길에 그날따라 초코파이가 무척 먹고 싶어 하나님께 기도하였는데 아무 반응이 없어 포기한 채 예수원으로 돌아왔다고 한다.

그랬는데 예수원에 돌아와 보니 누군가가 초코파이 두 상자를 가져다 놓았더라는 것이다. 토레이 신부님은 하나님의 아들이었고, 매사 아버지께 물어 자신의 행동을 결정하는 철저한 신앙인이었다. 그런데 나는 나의 판단을 근거로 발작적으로 분노를 표출해 가면서 내 정의의 지배를 받는다.

심지어 나에게조차 묻지 않고 행동한다. 이래야 되나 저래야 되나, 잘하는 일인가 잘못하는 일인가 등등 전혀 누구에게도 묻지 않고 행동부터 한다. 그래서 늘 사고를 칠 뿐만 아니라 나를 고통스럽게 만든다.

연탄 문제만 해도 이 추운 겨울에 예수원은 왜 난방용 연탄을 사 오지 않고 추위에 떨게 하는지 그 전후 사정을 알아보려 하지도 않고 '겨울 산속에서 원생들이 난방도 없이 떨게 만드는 건 예수원의 잘못'으로 단정하고 분노가 치밀었던 것이다.

나만 이성적이고 정의에 불타는 마음을 지니고 있다고 생각하는 그 어리석음이 한없이 부끄럽게 느껴졌다. 신부님과 나는 그러므로 비교대상조차 안 되는 엄청난 차이를 지닌 것이다. 나는 과연 저렇게 훌륭한 인격과 깊은 신앙인이 될 수 있을까.

한번은 통나무 하나를 어깨에 메고 산에서 내려오다가 넘어졌다. 그 사고로 왼쪽 손목에 금이 가는 부상을 입었다. 황지 시내의 정형외과에 가서 깁스를 하고 나니 오른손 하나만 쓸 수 있었다. 오른손 하나로 할 수 있는 일을 찾던 중 어린이 찬송가 궤도를 만들면 되겠다는 생각이 들었다.

마침 연말이 다가왔으므로 권요셉 형제가 준 외국 동화책을 바탕으로 그림을 그려 궤도를 만들었다. 예수원 가족 명단도 다시 만들고, 계명대학의 미술대학 학생들과 어울려 크리스마스 카드도 그려서 팔았다.

노동을 중시하는 예수원에서 팔 하나만으로도 할 수 있는 일을 생각하고 실천하였다는 걸 나는 자랑스럽게 생각하였다. 술이나 퍼마시고 주정하고 싸움이나 하던 내가 팔 하나 다쳤으니 아무 것도 할 수 없다고 주저앉아야 하는데, 그렇게 불량한 내가 적극적으로 할 일을 찾았다는 그 사실 하나만으로도 나는 내가 많이 변하였음을 알 수 있었다.

사실 모두가 그런 나를 보고 놀라워하였다. 군에서 차트를 만들어본 경험과 아직 개발되지 않은 채 내재되어 있던 예술적 감각으로 그려진 그림이 단단히 한몫을 하였다. 이젠 나도 정상적인 생활을 해나갈 가능성을 증명한 것 같았으나 그게 아니었다. 나는 여전히 예수원에 들어오기 전과 달라지지 않았다.

예수원 원장 토레이 신부한테 뺨을 맞았다

어느 날 마을에 볼일을 보러 외출하였다. 나는 말린 양미리 굽는 냄새에 신경이 쓰였다. 그건 간단히 소주 한잔하기에 딱이었다. 구운 양미리와 소주 한잔, 그게 너무도 강력하게 나를 유혹해서 발걸음이 떨어지지 않았다. 급기야 나는 또 술의 유혹에 무릎을 꿇었다.

오랜만에 술맛을 본 나는 내 정신이 아니었나 보다. 양이 안 차서 더 마셔야 하겠는데 돈이 없으니 염치불구하고 이 자리 저 자리로 옮겨 다니며 손님들에게 술을 얻어 마셨다. 취기가 돌자 악마의 소굴에서 나와 천국을 거니는 기분이었다.

내 몸과 영혼은 이미 술에 젖었다. 나는 만족하지 못하고 술 한 병을 들고 예수원으로 올라갔다. 마침 황지 시내로 외출하려고 나오시는 원장 신부님과 맞닥뜨렸다.

"손광호 형제, 어디 갔다 오는 길입니까?"

그분의 영어 발음식 독특한 억양에 움찔하면서도 정확하게 대답하였다.

"황지에서 소주 한잔 했습니다."

내 말이 채 끝나기도 전에 그분의 솥뚜껑 같은 손바닥이 나의

뺨을 후려쳤다. 뺨이 얼얼하였다. 그 순간 그 못난 객기가 발동
하여 신부님을 비웃고 말았다. 왜 느닷없이 웃음이 터져 나왔을
까. 그러자 또 다시 다른 뺨을 불이 나도록 때리는 것이 아닌가.
"반성하시오 형제."

원장님은 그 한 마디를 남기고 즉시 떠났다. 다음 순간 나의
취중 객기가 부끄러운 감정으로 변하는 것이었다. 그뿐만 아니었
다. 나의 뺨에서 그 아픔을 상쇄하고 남는 원장님의 사랑이 느껴
졌다.

신앙공동체 예수원에 들어와서까지 술 한잔의 유혹을 극복하
지 못한 천하에 둘도 없는 바보, 멍청한 놈, 미친 놈, 맞아 죽어
도 싼 놈.

죄송해하고 부끄럽게 여겨할 자리에서 나는 어찌하여 무슨 자
랑꺼리라도 되는 듯 당당하게 소주 한잔 했다고 뻔뻔스러운 말대
꾸를 하였단 말인가. 신앙적으로나 인격적으로 들어올 때보다는
성숙해졌으리라 믿었던 손광호가 그 수치스러운 일을 자랑이라
도 하듯 당당하고 뻔뻔하게 소주 한잔 했습니다?

너 손광호 이놈, 너 지금 무슨 짓 했니?

자책감이 들었다. 나를 꾸짖었다. 잘못을 모르는 나의 불손한
태도에 신부님이 얼마나 놀라고 당황하셨을까? 토레이 신부님이
얼마나 속이 상하실까?

나의 양쪽 뺨이 원장 신부님의 사랑을 느꼈다. 내 뺨이 오늘

나에 대한 연민과 사랑을 확인시켜 주었다. 내가 지금껏 느낄 수
없었던 사랑을 단지 두 번의 불이 날만큼 아프게 맞은 뺨으로 전
이되어 내 심령으로 스며드는 것이었다. 내가 어디서 이런 사랑
의 매를 맞아 보았던가.

그 자리에 무릎이라도 꿇고 사죄하고 싶었지만 그렇게 하지는
못했다. 죄인이면서, 이 죄인을 용서해달라고 기도하면서 아직도
알량한 자존심인지 오기인지가 남아 있다는 증거다.

그날 저녁 술이 깨어 민망하고 죄스러워 멍청하게 방 안에 앉
아 있던 내게 대예배실에서 찬송 소리가 들려왔다. 내 마음이 울
적해지면서 커다란 의문부호 하나가 떠올랐다.

여기에 와서 지금껏 잘 참아낸 술을 취하도록 마신 이유가 무

엇인가. 한 없이 밀려드는 후회와 수치심은 어디서 오는 것인가?
술 취해서 후회해 본 적이 한 번도 없는 내가 아니었던가. 갈등
이 밀려 왔다. 예배실로 가고 싶었다. 그러나 창피해서 주저앉았
다. 어쩌면 이것이 하나님의 섭리요 은혜일 수도 있지 않을까.

내 생애 처음으로 술 마신 것을 반성하고 있으니 말이다. 잘못
을 알고 인정하고 수치심을 느끼는 이것이 회개로 가는 과정일
것이다. 그러면서도 예배당에 가지 못함은, 마치 잔칫집 대문 밖
에서 참석할 자격이 없어 어정거리는 초라하고 애매한 그런 심정
이었다. 내가 얼마나 초라한 존재인가가 절절하게 느껴지는 것이
었다.

그렇다고 가만히 앉아 있기도 힘들었다. 어떤 행동이라도 취
해야만 할 것 같았다. 깊은 갈등으로 번민하던 나는 어둑해질 무
렵 산길을 따라 내려가 '겟세마네 동산'이라는 푯말이 붙은 곳에
우뚝 서 있는 십자가 앞에 무릎을 꿇었다. 그렇게 하려고 간 것
은 아니었다. 마치 누군가가 내 무릎을 꿇린 것 같았다. 땅은 진
눈깨비로 질퍽하였으나 무릎이 젖고 시린 것을 느끼지 못하였다.

시간이 흐르면서 흐느껴 울었다. 눈물이 쉴 새 없이 흘러내렸
다. 왜 울고 있는지, 한 번도 경험하지 못한 뜨거운 눈물이 비
오듯 흘러 내렸다. 아무튼 하염없이 울었다. 그 눈물 속에서 하
나님의 사랑과 깊은 은혜를 나는 깨달았다.

시간이 얼마나 흘렀는지 모른다. 꽤나 한참 동안 정신없이 울

고 난 나는 방으로 돌아와 젖은 바지를 갈아입고 다시 방 가운데 무릎을 꿇었다. 눈을 감았다. 눈을 감으면 어둠이다. 그러나 그 때 눈 감은 내게 보이는 어둠은 지극히 까매서 비길 데 없는 흑암 그것이었다. 한 번도 경험하지 못한 흑암이다. 그런데도 두려움은 없었다. 오히려 마음에 평안이 왔다. 그 흑암의 혼돈(chaos) 이 천지창조 이전의 상태는 아니었을까.

그 절대 흑암은 오래 지속되지 않았다. 서서히 온화한 빛이 어둠을 물리치더니 온화한 밝음이 전개되었다. 그 밝음으로 하늘에서 구름을 타고 예수님이 오시는 모습이 의심의 여지없이 선명하게 보였다. 내 앞에 오신 예수님이 온유하게 말씀하셨다.

"이 잔을 마셔라."

물이 찰랑거리는 도자기 잔을 내 앞으로 내주셨다. 나는 지체하지 않고 두 손으로 잔을 받아 단숨에 마셨다. 그러자 예수님은 나를 구름마차에 태우셨다. 뒷자리에 앉아서 그 구름마차를 끄는 백마의 꼬리를 잡으려고 무심코 손을 내밀었다. 그 순간 예수님께서 나를 품에 안으셨다. 그 안온함과 포근함이라니!

지금도 그때를 잊을 수가 없다. 내가 살아 있는지 죽어 있는지 나도 모른다. 황홀할 뿐이었다. 예수님이 말씀하셨다.

"너는 모든 곳에 다니며 내 말을 전하라."

얼떨결에 '네'라고 큰소리로 대답하였다. 이어서 예수님은 내가 말씀을 전해야 할 세상 모습을 보여주셨다. 그리고는 마차를 탄 그 자리에 나를 내려놓으셨다.

실제와 하등 다르지 않은 생생한 환상이었다. 그 온유한 말씀이 나를 품었던 포근한 그 가슴의 온기가 쉬이 사라지지 않았다. 누가 나처럼 그 품에 안기는 환희와 감동을 경험하였을까.

아무튼 하나님이 귀하게 여기신 4대 사사(士師)의 한 사람인 기드온도 하나님을 시험하는 기도를 세 번이나 하였으니 나도 해보아야겠다는 마음이 들었다. 양털만 적셔주세요. 그대로 응답하셨더니 이번에는 뒤집어서 땅만 이슬로 적시고 양털은 젖지 않게 해 주세요. 자그마치 하나님의 부르심이 진짜인지 나의 환상일 뿐인지, 아니면 정말 하나님이 나를 택하셨는지 확인받고 싶어서 세 번 기도하였고, 하나님은 기드온의 요구대로 응답하였다.

나라고 못할게 무엇인가. 이토록 뻔뻔스러워도 괜찮은가. 이 생각 저 생각이 교차하였다. 주님이 "나는 많은 고난을 받고 죽임을 당할 것이다. 그러나 사흘 만에 부활한다"라고 제자들에게 말씀하셨다.

그러자 베드로가 나섰다. 그런 끔찍한 일이 주님께 일어나면 안 된다는 거친 저항이었다. 주님의 반응 또한 거칠었다.

"사탄아, 내 뒤로 물러가라."

기드온처럼 나도 주님과의 만남이라는 이 경이로운 사실을 재확인하고 싶었다. 그 기도를 베드로처럼 당당하게, 뻔뻔스럽게 하였다.

"하나님! 이것이 환상이 아니라 주님이 친히 손광호를 찾아와 주신 게 사실이라면 한 번 더 저에게 와 주십시오."

사실 확인을 요구한 것이다. 한 번 더 만나주십시오. 나는 기드온처럼 확인이 필요하였다. 지금 생각하면 기가 막힐 노릇이지만 그때는 인격적이거나 이성적이지도 못하였고 믿음이 지극히 일천한 때여서 한 번 더 오세요 하였다. 주님은 기드온이 이렇게 해 주세요 저렇게 해 주세요 하는 변덕스러운 세 번의 기도에 응답하신 것처럼, 말도 안 되는 나의 기도에도 응답하셨다.

나도 세 번째 기도를 하였다. 하나님은 답답하고 기가 막히셨던지 놀랍게도, 아니 넘치는 연민과 사랑으로 그 세 번째 기도에도 응답해주셨다.

어리석은 자여. 너 어리석은 손광호야, 주님이 그렇게 책망하시는 것 같았다. 그런데도 주님은 나의 어처구니없는 제2, 제3의 거듭되는 확인을 책망하지 않으셨다. 다 들어주셨다.

가슴이 벅차 견딜 수 없었다. 한편으로는 두렵기도 하고 신비하기도 하였다. 나는 참을 수가 없어 한 밤중에 원장 토레이 신부님을 찾아갔고, 그 면전에서 회개하였다.

세 번이나 나에게 와 주신 예수님에 대한 이야기도 하였다. 가슴이 벅차서 말하지 않을 수 없었다.

"손광호 형제, 오늘 이 일은, 주님과 우리 두 사람만 알고 있어야 해요. 아무에게도 말하지 말아요."

단단히 주의를 주시더니 나를 힘껏 껴안아주시는 것이었다. 신부님은 내가 교만해질까 염려되신 것이리라.

일하고 예배하고 기도하는 예수원 생활을 나처럼 어이없게 한 사람은 없을 것이다. 원장 신부님한테 양쪽 뺨을 맞았다는 사실은 기적이 아니면 있을 수 없는 사건이다. 그렇다. 그건 정말 기적이다. 외출 나가 술에 취해 들어온 사례도 없을 것이다. 하룻밤에 예수님을 세 번이나 연거푸 만난 사람도 없을 것이다.

그때부터 예수원 생활은 기쁨과 활력이 넘쳤다. 도서관에 있는 신앙서적들을 읽으면서(그때 많은 신앙서적을 읽음) 습득한 신앙지식과 간접경험은 고귀한 자살이다.

같이 생활하던 다니엘 형제는 어릴 때 소아마비를 앓은 장애인이다. 두 다리를 제대로 못 쓰니 얼마나 불편할까. 그를 볼 때마다 연민을 느낀 나는 그를 도울 수 있는 아무 것도 없음이 안타까웠다.

문득 할아버지 생각이 났다. 주기철 목사님이 담임하시던 평양 산정현교회에서 신앙생활 하시던 나의 조부님은 신유의 은사가 있었다는 전설적인 이야기가 전해져 내려왔다. 나도 예수원에서 회개하고 주님을 세 번이나 만났으니 할아버지처럼 병을 고칠 수 있다는 마음이 들었다. 그래서 한 번 해보자는 담대한 믿음으로 그 형제를 내 방으로 불러놓고 기도하기 시작하였다.

"주님, 지체가 불편한 다니엘 형제의 다리를 치료해주옵소서.

불편 없이 온전한 몸으로 살아가게 하여 주옵소서. 예수 그리스도의 이름으로 이 다리가 온전하게 될지어다. 주님, 다니엘 형제를 불쌍히 여기시어 치료해주옵소서."

여러 날을 그 두 다리를 붙잡고 힘차게 더 힘차게, 믿음으로 더 믿음으로 기도하였다. 정상인의 다리로 회복시켜 달라고 매일 불러다 놓고 기도하였다. 확신이 있었다. 주님을 세 번이나 만난 나였다. 내 기도에 응답하시어 기도한대로 내게 와 주신 주님이시다. 다니엘의 다리도 온전하게 치료하여 주시리라 믿어졌다. 나의 어처구니없는 기도지만 꼭 응답하실 하나님이심을 믿었다.

낫게 할 수 있다는 확신이 있었으므로 매일 그의 두 다리를 만져보았다. 나아지고 있는지 확인하는 몸짓이었다.

그것은 큰 교만이었다. 이런 일을 우려하여 신부님이 입 다물고 있어라 하신 것을 깨달았다.

내게 두 가지 교만이 있었다.

소아마비 지체장애로 절룩거리는 불편한 지체 때문에 그가 고통스러워할 것이라고 임의로 판단한 것과, 내가 기도로 그를 치유함으로써 남다르게 큰 은혜로 특별한 능력을 과시하려던 오만이었다.

내가 겸손하였다면 그런 불편한 다리를 가진 그도 하나님 안에서 정상인과 조금도 다름없다는 것과 그를 일으켜 세우는 일보다 그와 불편을 함께 하는 마음을 갖게 해 주실 것을 간구하는 게 우선이었다.

겸손을 모르는 나야말로 육신은 멀쩡해도 마음은 불구였다. 남의 다리는 바라보면서 내 마음은 보지 못하였다. 할아버지를 닮아 치유의 은사를 은근히 원했는지도 모르지만 치유의 은사는 내게 없었다. 만약 있다 하여도 나를 과시하려는 오만을 아시는 하나님이 응답하실 리가 없는 것이다.

신유기도는 일주일 만에 중단하였다. 그 상황을 침묵으로 인내해준 다니엘 형제에게 부끄러울 뿐이다. 나의 교만 때문에 같이 생활한 형제들에게 정신적으로 육체적으로 상처를 입혔다.

한 치 앞도 모르는 비명횡사할 운명

어느 날 저녁, 1년여, 예수원 생활을 끝내고 그곳을 떠났다. 장기 체류자들은 예수원의 운영을 위해 봉사하는 사람들이 대부분이다. 그 외에는 기도하기 위해 며칠씩 머무는 사람들이다. 내가 1년이나 머문 것은 나로서도 의외였다. 뜨내기 술주정뱅이를 한 해 동안이나 머물게 해 주었는데 무작정 머문다는 것도 염치없는 경우가 아닌가.

그 1년은 나를 육적으로나 영적으로 건강하게 회복시켰다. 이제는 사회로 돌아가도 건강한 삶으로 한 사람 몫을 해내며 정상적으로 살아갈 수 있다는 생각도 들었다. 이제 22년의 방랑생활에 종지부를 찍고 거듭난 삶을 살아갈 수 있으리라 믿어졌다.

그러나 정상인으로 돌아왔다고 믿었던 나는 고작 1년여를 조용히 지냈을 뿐 또 다시 술의 유혹을 뿌리치지 못하고 예전의 내 모습으로 환원되었다. 핏속에 흐르는 유전자 탓일까, 아니면 오랜 세월의 음주습관 때문일까, 죽은 듯 보였던 겨울나무가 제 철을 만나 새순이 돋고 잎이 무성해지듯 나는 도처에 술이 있는 세상에서 술을 외면할 수 없었다.

나는 아직 멀었다는 자괴감이 들었다. 괴로웠다. 지천에 널린 것이 술이다. 술을 볼 때마다 외면하려는 노력을 하였으나 내가 지고 말았다.

성환의 시설에서 함께 있던 사람이 있다. 그는 자기가 다니는 구리시 토평에 있는 교회에 와 보라는 얘기를 했었다. 문득 그가 생각나서 청량리에서 술을 마시다가 찾아갔다. 코트 속에 두 병의 술이 일용할 양식처럼 숨겨져 있었다. 텅 빈 교회에 무료하게 앉아서 기다리다가 기도실에 들어가 술을 마셨다. 피로감을 느꼈다. 바닥에 몸을 누이니 어느새 잠이 들었다.

그렇게 새벽을 맞았다. 교인들이 새벽기도회로 모여들고 있었지만 나는 잠에 빠져 있었다. 한 여신도가 기도실로 들어와 불을 켜는 순간 낯선 나를 발견하고 기겁해서 소리치며 뛰쳐나갔다. 잠시 후 담임목사가 와서 누구냐고, 왜 여기서 잤느냐고 물었다. 이 아무개를 만나러 왔다가 잠이 들었었다고 얘기했더니 신분 확인을 요구하였다.

주머니를 뒤져 볼리비아에서 태권도 시범 보이던 사진이 있어 제시하였다. 몇 마디 말끝에 같은 교단의 안준배 목사를 거론하였더니 비로소 안심하는 눈치였다. 그 인연으로 그 교회의 작은 방 하나를 얻어 기거할 수 있게 되었다.

그러나 얼마 후 술에 취해 작은 문제를 일으켜 남양주 경찰서로 연행되었다. 수소문 끝에 이모와 통화한 담임목사가 나를 S 기도원으로 안내하였다.

나를 거둬준 토평감리교회의 손귀하 목사의 귀한 은혜에 대한 배은망덕이다. 술은 늘 나를 이런 식으로 문제를 야기했다. 정신이 들면 내가 할 일과 금할 일을 분별하였으나 술이 들어가면 몸은 활력이 넘치지만 이성을 마비시켜 상식조차 무너져 내렸다.

대체적으로 술주정뱅이들이 남들로부터 손가락질을 받는 이유는 술이 가져오는 폭력성 때문이 아니라 도덕과 상식이 실종된 행동 때문이다. 그 중에서도 나처럼 폭력적인 사람은 모두들 지겨워하며 기피하였다. 술 취한 사람은 이성이 마비되어 어떤 행동을 하게 될지 예측불허이므로, 그런 상식 밖의 행동이 두렵기 때문이다.

음주의 원인이 무엇인지는 학문적으로 밝혀지지 않았다. 상식적으로 유전적 원인과 후천적 원인이 있다고 한다. 나는 유전적으로 음주를 할 수밖에 없는 체질인데 이에 더하여 네 살 때부터 결손가정에서 자라며 비뚤어진 성격이 원인이라고 생각된다.

거기에 더하여 성격적으로 감정적이고 직선적이라 난폭해지는 것이리라. 인내심도 자제력도 없다. 서울로 올라와 이모님과 고모님 댁을 번갈아 찾아가며 괴롭혔다. 친척들은 손광호라면 학을 떼며 재기불능자로 낙인을 찍었다. 그 정도로 나는 못되게 살아왔다.

내가 못 박힌 곳은 그리스도의 십자가여야 했다. 그러나 나는 술병에 못 박혔다. 개선불능의 나는 또다시 알코올 중독자로 퇴행하였고, 급기야 또 다시 어딘가에 수용되었다. 토평교회 손 목사가 보다 못해 포천에 있는 'S기도원'에 집어넣었다. 만취상태로 끌려간 그곳에서는 두 손을 묶인 채 3일 동안이나 겨우 몸 하나 누일 수 있는 좁디좁은 방에 감금되었다. 3일째 되는 날 겨우 물 한 모금 먹이더니 이번에는 손과 발을 쇠사슬로 묶고 족쇄를 채웠다. 상상을 초월하는 불편이며 고통이었다. 동물들도 그 지경이 되면 목이 찢어져라 울부짖을 것이다.

옴짝달싹 못하게 단단히 묶였으니 생리작용조차 어찌할 수 없었다. 극심한 갈증을 해소할 한 모금의 물도 없다. 허리가 꺾이는 아픔과 배설은 치욕적인 고통이었다. 쇠사슬과 착고의 금속감각은 살과 뼈를 짓눌러댔다.

내 몸을 내가 움직이지 못하는 철저한 구속은 고통인가 하면 자유의 가치가 얼마나 소중한가를 절실히 느끼게 하였다. 바울이 빌립보 감옥에서 차꼬와 쇠사슬로 묶인 채 한밤중에 찬송하였는데, 나는 찬송도 기도도 안 나오고 신음소리만 토해냈다. 하나님은 나와 아주 먼 거리에서 외면하고 계시다는 생각이 들었다.

예수원에서 세 번이나 내 기도를 들어주시어 내게 오셨던 주님께 기도조차 할 수 없는 고통으로 신음소리만 냈다. 그런 가운데 나는 다른 방으로 옮겨졌다. 전등이 꺼져 있는 캄캄한 방이었다. 대략 삼십여 명이 수용된 방이었다. 나와 비슷한 종류의 비정상적인 사람들일 터이다. 저쪽 어딘가에 겨우 희미한 램프 하나가

켜져 있었다. 거기 강대상 비슷한 것이 놓여 있고 십자가가 보였
다.

대체 여기는 또 어디며, 저건 또 무엇이란 말인가? 그곳에서
관장으로 부르는 중년 남자가 나에게 누우라고 하였다. 천장을
보고 누웠다. 그랬더니 양쪽에서 두 명씩 모두 네 명이 양팔을
잡아 통제한 가운데 두 다리에 무엇인가를 씌우는 것이었다. H
자 모양으로 된 발에 끼는 족쇄였다. 반항할 처지도 아니었지만
그럴 힘도 없었다.

그것으로 끝난 게 아니었다. 이어서 여섯 명이 나를 제압하고
뚱뚱한 관장이 내 배위로 올라섰다. 고통이 얼마나 심했던지 소
리도 지르지 못하고 헉헉거렸다. 그는 발뒤꿈치로 배를 누르며
외쳤다.

"이놈의 악한 마귀야, 어디로 갈래? 산으로 갈래? 바다로 갈
래?"

숨 막히는 심각한 고통으로 달리 어떤 것도 생각할 수 없었다.
갈 곳을 선택하라니 빠르게 어디론가 가야만 될 것이었다. 얼마
나 다급했던지 나도 모르게 바다로 가겠노라고 대답하였다.

"동해로 갈래? 서해로 갈래?"

그가 다시 외쳐댔다. 그래, 동해로 간다, 동해로 가 하면서
나는 기절하고 말았다. 한참 후 깨어났을 때는 동해바다를 헤매
며 큰 고래라도 잡고 온 것처럼 기진맥진한 상태였다. 정신을 차

린 후 약간의 소금물을 마셨다. 가끔 이런 치료를 받다가 사망사
고가 발생하였다는 뉴스가 나오고는 하였는데, 내가 악명 높은
그 기도원에 들어온 것이었다.

　치료가 곧 고문인 곳이다. 그곳의 사망자는 의료사고로 처리되
었다. 이래 죽으나 저래 죽으나 그곳에 수용되어 있는 사람들의
존재는 이 세상에 존재할 가치가 없는 나 같은 알코올 중독자,
정신병자, 병원에서 치료하지 못한 중환자들이었다.

　정신병자 수용시설을 능가하는 강도 높은 기도원살이가 시작
된 것이다. 어느 날 나의 주머니에 있던 사진 한 장이 그들에게
발견되었다. 그 한 장의 사진이 나를 다시 쇠사슬에 묶이게 하였
다. 손목과 발목을 쇠사슬로 묶어 허리가 90도로 꺾이게 되었다.
그 사진은 앞서 말한 볼리비아에 있을 때 헌병대에서 태권도 시

범을 보인 사진이었다.

그들의 판단은 내가 태권도 사범이라서 자신들이 감당할 수 없다고, 여차하면 나에게 공격을 당할 수 있다고 겁을 먹은 것이었다. 그 한 장의 사진이 나를 괴롭힐 줄을 내가 어찌 상상이나 하였을까. 내 태권도 실력이란 군대에서 한 삼십분 정도 교육받은 것이 전부였는데.

태권도 사범으로 오인된 이유도 황당했다. 어쩌다 무심코 던진 허풍 한마디가 졸지에 태권도 사범이 된 것이다. 볼리비아의 기차 안에서 헌병대 중대장과 다툼이 있었는데, 그때 태권도 5단이라고 거짓말을 했던 것이 탈이었다.

그 시절은 대한민국의 태권도가 세계적으로 명성을 떨치는 무서운 무술이었다. 외국인들은 품새 자세 한 번에 놀라기도 하였다. 외국인들은 한국인은 모두 태권도를 잘한다고 알려져 있었다.

헌병대 중대장이 나를 헌병대로 초대했다. 헌병대에는 수백 명의 주민과 백여 명의 헌병들이 태권도 시범을 보려고 모여 있었다. 실소는커녕 나는 실로 암담하였다. 상황을 피해 갈 수 없다고 판단한 나는 이소룡이 주연을 한 영화의 장면을 흉내 내는 것으로 시연하였다. 각목을 부러뜨리고, 병을 머리로 깨고, 돌을 주먹으로 부수는 '생 쇼'를 해서 우레와 같은 박수를 받았다(나에게 그렇게 할 수 있도록 아이디어를 주신 세운상가 약장수 아저씨께 감사드린다). 그 이후 그 지역에서는 내가 지나가면 헌병이 차를 세우고 거수경례를 하였다. 그때 찍은 기념사진 한 장이 올무가 되어 나는 또다시 혹독한 고통을 당하였다.

사회적으로도 문제가 되었던 그 기도원 시설은 병원에서 치료되지 않는 중환자들과 정신병자들이 많았다. 이른바 귀신 들린 사람에게서 그 귀신을 쫓아낸다는 좋은 목적을 지녔다. 그러나 가혹하기 이를 데 없는 억압으로 신음소리를 토한 나는 술 귀신이 나가기는커녕 내 몸이 죽어서 나갈 것 같아 가급적 속히 탈출할 궁리를 하였다.

뜻이 있으면 길이 있다 하였던가.

어느 날 원내의 고추밭 일을 나갔다가 약 8cm 정도의 톱날을 주웠다. 탈출계획을 구체화해 나갔다. 목장을 운영하다가 수용된 동료와 함께 도망하기로 합의했다. 나는 직원들 눈을 다른 곳으로 돌리게 하고, 그 친구는 쇠톱으로 철장을 자르는 작업을 시작하였다. 그 8cm 쇠톱의 톱날 절반은 손으로 잡고 힘을 주어야 하므로 남은 절반 4cm 톱날로 쇠창살을 자른다는 것은 여간 힘든 작업이 아니었다.

대단히 양호한 악력이 필요하였다. 목장 노동으로 뼈가 굳은 그 친구는 팔뚝이 내 발목 굵기만 했다. 그 좋은 힘으로 결국 철창 하나를 잘라내고 우리 두 사람이 탈출하였다. 뒷산으로 가시덤불을 헤치며 도망하였다. 결국 해냈다. 국가시설에 수용된 신분이 아니라서 기도원 밖으로 나가기만 하면 우리의 육신은 마음껏 자유로울 수 있었다.

전에 기도원에서 예언의 은사를 받았다는 권사 한 분이 내 앞에 와서 나를 위하여 기도한 후 예언을 하였다.

"손 선생은 목사님 되실 분입니다. 여기 계실 때 성경 말씀 많이 읽어 두세요."

예언으로 끝나지 않았다. 그 권사님은 간이 주석이 곁들여진 두툼한 가죽제품 「톰슨 성경」을 나에게 선물까지 하였다. 자기의 예언을 확증하는 기념으로 주는 선물이리라.

그런 내가 목사? 술만 사랑하는 내가 목사라고? 헛웃음을 날렸다. 나에게는 가능하지 않다는 확신이 있었다. 자격 미달의 주정뱅이가 목사가 된다니. 나를 몰라도 너무 몰라서 하는 소리일 것이다.

나 자신을 생각해 보면 예수원에서 상처 입은 양을 치료하던 일, 회개하고 기도하는 가운데 주님이 오셔서 나를 품어준 일, 예언의 은사를 받은 권사님의 목사 된다는 예언과 그분이 준 「톰슨 주석성경」은 하나의 맥으로 이어지는 게 아닌가 하는 생각이 들기는 하였다.

확신이 아닌 막연한 생각차원이다. 지나가는 생각이었다. 그러함에도 거듭 그 일련의 맥이 우연이 아닐지도 모른다는 막연한 생각이 들기도 하였다. 나는 절대 목사가 될 자격조건을 갖추지 못한 존재니까 그럴 리 없다고 생각하였다.

그러다가 문득 예수님의 부활 승천 후 도처에 복음이 전파되고 부흥하던 시기에 바리새인 중의 바리새인인 유능한 율법학자 사울이라는 사람이 교인들을 잡아다가 종교재판소인 산헤드린공회에 넘기는 박해에 앞장섰는데, 심지어 최초의 순교자를 내는 일에 가담했던 장본인이다, 시리아의 수도 다마스커스에 출장 가서 교인들을 체포하려던 그 악랄한 사울이었는데, 주님은 다마스커스 성문 근처에서 빛으로 나타나 친히 그 이름을 부르며 복음의 증인이 되라고 사도로 선택하셨다. 사울이야말로 술주정뱅이에 비교될 수 없는 악인이었음에도 선택하시어 27권의 신약성경 중 절반이나 기록하게 하셨다.

하나님이 원하시면, 하나님이 선택하시면, 누가 거부할 수 있을까. 하루 사이에 마른 막대기에서 싹이 나고 꽃이 피고 열매가 맺게 하신 전능하신 하나님이 택하신다면 그리 될 수도 있다는 생각이 들기도 하였다.

권사님의 예언의 말씀이 분명하였기에 내 머릿속에 저장되었나 보다. 하나님이 예정하셨고 권사님도 알고 계신데 정작 당사자인 나만 모르고 있는 것은 아닐까 하는 생각도 들었다. 그렇다고 목사가 되겠다고 결정한 것은 아니다. 그런 경험과 들은 말들이 간혹 희미하게 기억났다가 사라지는 것이었다.

나 자신을 생각해 보면 나는 절대로 목사가 되는 일은 없을 것이다. 왜냐하면 알코올 중독증세가 점점 심해져서 시간마다 소주 한 병은 먹어야 몸과 마음이 견디어 내는 지경에 이르렀으니 말이다. 술은 나를 지탱해주는 약이었고 힘이었다. 술기운이 떨어지면 손 떨림이 심해지는가 하면 손아귀에서 힘이 빠져나가 아무 일도 할 수 없었다.

어느 무더운 여름이었다. 술기운이 떨어진 채 몸을 떨면서 시장에 있는 막걸리 집을 찾아갔다. 옆자리에 노인 두 분이 막걸리를 마시고 있었다. 주인아주머니에게 냉면 그릇에 소주 한 병을 붓고 그 위에 막걸리를 가득 채워 달라고 주문하였다. 아주머니는 술이 가득 담긴 냉면그릇을 내 앞에 가져다 놓은 후 안주로 김치라도 주려던 참이었지만 나는 그 새를 참지 못하고 머리카락을 양손으로 쓸어 올리고 그릇 속에 코를 처박고 벌컥벌컥 건조한 목구멍으로 술을 부어대듯 마셨다.

잠시 숨을 돌리고 주인아주머니와 눈이 마주치고 나서 또 술대접에 코를 박고 그릇에 있는 술을 남김없이 마셨다. 그 술대접을 들어 올릴 손 힘이 없어 코를 들이박았던 것이다. 이쯤 되면 완전히 폐인이요, 희망은커녕 언제 어디서 비명횡사할지 한 치 앞도 모르는 절망적 신세였다.

냉면그릇 가득 찬 소주와 막걸리를 들이켜 온 몸에 술기운이 돌기 시작하자 몸이 정상으로 회복되었다. 똑같은 식으로 한 대접을 더 주문하고는 더 이상 떨리지 않는 손으로 천연덕스럽게 연신 술을 마셨다. 아니, 들이 부었다는 말이 적절할 것이다.

술이 들어가니 당장 쌀 한 가마니도 들어 올릴 힘이 솟았다. 술값을 물었더니 아주머니는 말없이 내 얼굴만 바라보는 것이었다. 그 표정과 눈빛에 연민이 어려 있었다. 아주머니는 돈을 받기는커녕 천 원짜리 두 장을 내 손에 쥐어주고 등을 돌려 들어갔다.

동정어린 연민을 느꼈나 보다. 술기운으로 정신이 멀쩡해지자 나는 아이러니하게도 가슴으로 슬픔이 밀려드는 느낌이었다. 한동안 그 아주머니의 측은해 하는 눈빛이 의식되어 힘들었다.

알베르트 카뮈(Albert Camus)의 소설 「이방인」의 주인공 뫼르소가 '살인한 이유는 태양이 너무 밝았기 때문'이라고 하였다. 그 이유 같지 않은 이유가 순간적으로 공감되었다. 누구도 사기를 사회의 구성원으로 받아주지 않는다고 여겼던 그였다. 그의 생각으로는 대명천지에 소외되고 버림받은 유일한 인간이 자기였다.

저 찬란한 태양 아래서만 그는 살아 있다는 걸 느꼈으며 살아 있는 동안 무슨 일이건 해야만 하였다. 작열하는 태양은 그가 살아가는 이유가 되었고 힘이 되었다.

나도 마찬가지였다. 내가 근본에서부터 잘못된 인간인가? 나는 이런 모습으로만 살아갈 운명인가. 따져 보면 이렇게 된 이유가 얼마든지 있었다.

몽테뉴가 그의 명저 『수상록』에서 '네가 한 마디 하면 나는 그에 대해 오십 가지도 더 되는 이유를 댈 수 있다'고 하였다. 입이 없어서 말을 못 하는 것이지 말이 부족해 이유를 못 대는 것은 아니다. 내가 술을 먹는 이유? 술을 먹고 사고를 저지르는 이유? 수용소에서 탈출하는 이유? 세상을 증오하는 이유? 그 적절하고도 타당한 이유는 셀 수도 없이 많다. 누군가가 한 마디 하면 할수록 나는 그 당위성의 가짓수가 늘어났다.

눈이 부시는구나. 그러니 가자! 끝없는 곳으로…. 어디로든 정처 없이 가고 또 가자. 내가 내 길 가는데 누가 막을까. 나 가고 싶은 데로 가자. 끝없이 가고 또 가자. 나는 뫼르소처럼 살인을 저지르는 않았다. 술이 존재하니 마신다. 세상이 싫으니 싫다고 말한다. 당신들은 당신들 방식대로 나는 내 방식대로 사는 것이다. 그냥 그럭저럭 살아간다. 나의 망쳐버린 인생을 나는 망쳤다고 생각하기 싫었다. 그냥 이렇게 존재하는 그때까지 나는 존재한다.

인생 한 방이네

골 깊은 끝없는 방황의 악순환은 가족들에게 실망을 넘어 절망을 안겼다. 더 이상 가능한 방법을 찾지 못하였다. 내가 하는 짓이 남에게 어떤 영향을 끼치는지 그런 것도 생각해 본 적이 없었다. 나는 나, 그들은 그들일 뿐이었다.

그러면서도 혈연이라는 한 가지 이유로 그들을 괴롭혔다. 나를 도우려는 그들의 피눈물, 내가 할 수 있는 것은 포기 없는 인내였다. 버려도 수백 번은 더 버렸을 나를 그들은 결코 버리지 않고 기다려주었다. 핏줄의 인연이 그토록 질겼다.

그들의 노력은 계속되었다. 또 한 번 응암동에 있는 시립정신병원에서 6개월간 치료받으면 출국시켜주겠다는 약속을 받고 입원하였다. 입원하기 전 병원 앞 구멍가게에서 소주 두 병을 마시고 담담하게 걸어 들어갔다. 병원의 쇠문을 열자 머리를 빡빡 깎은 젊은이가 앞을 가로막으며 거칠게 물었다.

"너 어디서 왔어?"

반말로 지껄이는 그의 언행도 공손하지 못하였으나, 그보다는 기선을 제압당하면 불리해질 것 같은 느낌이 들어서 그의 말이 끝나기 무섭게 그 얼굴을 향해 주먹을 날렸다. 코피가 낭자하게 터져 그의 얼굴은 순식간에 피범벅이 되었다. 계속해서 죽으라고 때렸다.

그 폭력으로 나는 입원하자마자 침대에 묶였다. 묶여 지내는 괴로움이 크기는 하였지만 주먹질 때문인지 곧바로 내가 있는 병실의 실장이 되었다. 실장은 그 방에서는 병원의 규율을 지도하는 직원에 준하는 대우를 받았다. 인생 한 방이네!

내 앞에서 거들먹거리는 자가 있을 수 없었다. 하루에 지급을 받는 담배가 아홉 개비인데 나에게는 제한 없이 주는 것이었다. 가히 특별대우였다. 아홉 개로 부족한 환자들은 나에게 잘 보여 한 개라도 얻어 피우려고 아부까지 하였다. 그렇지 않더라도 입원하는 날의 주먹 한 방의 효과가 작용하여 모두들 나를 두려워하였다. 입원 첫날 1호실에 있던 환자 한 명이 두려웠던지 반대편 끝 방으로 피신하였다.

여기에서도 예수원에서의 기억을 되살려 두세 사람이 모여 예배를 시작하였다. 의도된 예배는 아니었다. 그냥 그렇게 하고 싶어서 그렇게 하였다. 믿음의 싹이 터 오르는 것일까. 얼마쯤 지나니까 예배의 진지함 때문이었는지, 어떤 깨달음이 생겨서인지 몰라도 끝 방으로 피해 갔던 기 선생이 같이 예배를 보겠다고 했다.

자기는 무신론자라서 아무 것도 모르는데 어떻게 하면 되느냐고 물었다. 가족이 면회 오면 성경책을 사달라고 해서 읽어보라

고 하였다. 그가 예배에 참석하였다. 그의 동생은 성경책 두 권
(한 권은 공동 번역)을 넣어주었고 그는 성경을 읽기 시작하였다. 색
연필 12개짜리 세트를 사다놓고 간식시간에 제공된 오렌지주스
캔의 병따개를 갈아서 만든 칼로 색연필을 깎아 성경에 줄을 그
어가며 읽었다. 보름쯤 지났을 때 성경을 다 읽었다고 했다. 성
경책이 온통 색연필로 올 칼라였다.

"마음에 들어오는 귀중한 구절에만 밑줄을 그어야지 이렇게 몽
땅 다 밑줄을 그으면 귀한 책을 버리게 되겠네."

"읽어 보니 한 줄도 중요하지 않은 게 없어요. 어떻게 줄을 안
칩니까."

나는 머리를 쇠망치로 맞은 느낌이었다.

그러나 먼저 된 자로서 나중 되고 나중 된 자로서 먼저 될 자가 많으
니라. (마태 19:30)

기 선생은 나에게 좋은 것을 깨닫게 하였다. 삶의 어느 한 순
간이 중요한 게 아니라 삶 그 전체가 송두리째 중요하다는 것.
줄곧 죄를 짓고 살다가 어느 날 회개 한 번이면 천당 간다는 우
스갯소리가 있다. 실제로 그런 행위는 우리의 삶 속에 얼마든지
있다.

내내 방탕한 생활을 하다가 문득 깨달은 바 있다고 하는 사람,
지금부터는 다시는 방탕하지 않겠다고 다짐하고는 그런 일이 언

제 있었느냐는 듯 태연하게 방탕하는 사람, 용서를 구걸하고는 언제 그랬느냐는 듯 이전으로 되돌아가는 사람이 얼마나 많은가. 그건 자기와 하나님을 동시에 기만하는 행위다. 내가 그 부류의 사람이다. 교회라고는 한 번도 가보지 않은 기 선생이 나를 깨우쳐 주었다.

정신병원 퇴원한 정신병자

약속대로 6개월이 흐르자 나는 정신병원에서 퇴원하였다. 이쯤 되면 개나 소나 정신 차려서 바르게 살아갈 것이다. 기도원에 두 번, 정신병원에 두 번 수용되었으면 어느 정도 달라져야 된다. 두 번의 기도원도 사실상 술중독과 폭력으로부터 치유받기 위한 목적이 아니었던가.

정신병원 두 번은 글자 그대로 정신병적 차원으로 인정되어 들어갔던 것이었다. 그러함에도 나는 밖에 나오면 여전히 그대로였다. 나의 가족, 나의 친구, 나를 아는 모든 사람에게, 아니 나 자신에게 나는 여전히 그놈 그대로다.

이쯤 되었으면 끔찍해서라도, 지쳐서라도, 가족을 생각해서라도, 아니 나 자신의 인생을 생각해서라도 술에 대한 거부감이 크게 작용해야 할 것이다. 그러나 나는 그야말로 전혀 변하지 않았다. 6개월 만에 정신병원에서 나왔어도 여전히 술, 술, 술이 최고였다. 그리하여 타의든 자의든 나는 정신병원 순례자가 되었다.

정신병원들은 거의 깔끔한 데가 없었다. 심한 데는 마치 개돼지 우리같이 지저분하였다. 여러 시설을 순례하다 보니 열악한 시설에도 최고의 시설에도 입원하였다. 종합병원도 빈번히 드나

들었다.

그럴 즈음 친구 부인의 신고를 받고 출동한 경찰에 잡혀 그 당시 사회문제로 시끄럽던 복지원에 잡혀가게 되었다. 친구 부인이 원수로 생각되었다. 남편 친구를 신고하다니, 상상 이상이었다. 그렇지만 무슨 까닭이 있기는 있었을 것이다. 그렇지 않고서야 남편 친구를 신고하지는 않았을 터이다.

그렇다면 내가 끔찍한 일을 벌였음이 명백하다. 교도소에 들어간 죄수가 자기 잘못보다 누구 때문에, 환경 때문에, 이런저런 이유와 변명을 일삼으며 자기 탓은 아니라고 한다. 나 역시 내 잘못은 뒷전으로 보내고 나를 신고해서 고약한 복지원에 들어가게 만든 그 친구 아내를 저주하였다.

소문이 파다한 그러나 말로만 듣던 악명 높은 복지원에 수용되어 페인트 부서에 배정받았다. 잘하는 게 뭐냐고 묻기에 미술이라고 답하였기 때문이다. 아마도 예수원에서 가볍게 그렸던 경험이 작용했던 것이리라.

다음 날부터 페인트 통을 들고 돌아다니며 벽에 색칠을 하였다. 그럭저럭 할 만하였다. 그렇지만 자유를 박탈당한 게 힘들어서 탈출을 꿈꾸게 되었다.

내가 빼앗긴 자유란 내 마음껏 술 마시고 취하는 것, 마음 내키는 대로 천방지축 행동하는 그런 것이었다. 그런 자유, 그것은 나를 활력 있게 하는 근거다. 그 이상의 가치를 의미하는 고상한 자유가 아니다.

어느 날 페인트부 반장에게 함께 탈출하자고 제안하였다. 그의
반응은 의외였다.

"난 이놈의 술 중독 고치고 나갈 테니 손 선생 혼자 가시오."

마포 가든호텔에서 A·A 모임. 1990.8

탈출하기 전에 벽에 리처드 버크(Richard Bach)의 「갈매기의
꿈」에 나오는 문장을 써 넣었다.

- '높이 나는 갈매기가 멀리 바라본다, Adios! -

나는 날 수 없는 갈매기라서 페인트 통을 들고 그동안 준비해
놓은 낫 두 자루와 여섯 개의 표창을 허리춤에 꽂고 복지원 뒷산

을 오르기 시작했다. 워낙 악명 높은 복지원(복지의 복 자도 없는데
왜 복지원이라 하는가)이라서 탈출을 막으려고 경비원들이 50m 간
격으로 보초를 서고 있어 마치 포로수용소처럼 험악한 시설이다.

탈출자를 발견하면 요란하게 호루라기를 분다. 번개처럼 달려
온 경비원들이 거칠게 탈출자를 포박한다. 그들의 잔혹성은 원생
들에게 소문이 자자하다. 도망치다 잡히면 죽지 않으면 병신이
된다는 말이 떠돌았다. 그 누구도 두려움 때문에 탈출을 꿈꾸지
못하였다.

나는 계획대로 산을 뛰어오르고 있었다. 불행하게도 내 계획은
빗나가고 말았다. 얼마 전 진달래를 심는다고 포클레인으로 땅을
파헤쳐 놓았는데 비가 내려 발이 빠져서 생각대로 빨리 달려가는
게 불가능하였다.

급기야 한 경비원에 발각되고 말았다. 나는 그에게 죽이겠다고
소리치며 낫을 들고 겁박했다. 나를 잡으러 접근해 오던 경비원
들이 겁을 먹고 슬그머니 도망쳤다.

위기를 넘기고 무사히 능선을 넘었다. 얼마나 달리고 또 달렸
을까. 너무 지쳐서 더 이상 뛸 수가 없어 나무 밑에 쓰러졌다.
그 때 총소리가 들려왔다. 도둑이 제 발 저리다고 잔뜩 겁을 먹
고 주변을 경계하였다. 경찰이 신고를 받고 나를 잡으러 왔다고
생각하였기 때문이다.

그러나 잠시 후 다행히도 군 사격장에서 나는 총성인 것을 알

고 안도하였다. 아무튼 고난의 연속이었다. 용케도 탈출에는 성
공하였으나 도대체 이 중첩되는 위기상황과 지긋지긋한 싸움은
언제나 끝이 날지 가늠할 수 없었다. 사회에서는 사회대로 수용
소에서는 수용소대로 나의 싸움은 멈추지 않았다.

여권 발급 제한 조치

나를 어떻게 해야 될지 방법을 찾지 못한 가족들이 한 가지 제 안을 해왔다. 아프리카 세네갈에 가서 장사를 하라는 것이다. 이 미 동생이 자리 잡은 세네갈로 가라는 제안이 너무 반가워서 즉 시 흔쾌히 받아들였다. 내 앞에 자유롭고 새로운 세계가 전개된 다는 부푼 꿈이 부풀어 올랐다.

세네갈이라는 새로운 이국땅으로 갔다. 동생과 함께 장사를 하 였다. 그러나 얼마 후 동생은 아프리카 서부 기니아만에 있는 코 트디부아르라는 나라로 떠났다. 세네갈의 남부와 국경이 닿아 있 는 이웃나라다. 나는 혼자만의 생활이 이어지는 가운데 한껏 자 유로울 수 있었다. 그러니 음주생활에 얼마나 살맛이 났을까.

동생이 하던 사업을 이어나가는 건 자리가 잡혀 있는 터라 별 로 어렵지 않게 지속되었다. 한 달에 만 불 정도의 수입이 생겼 다. 그 당시의 만 불은 큰돈이었다. 나는 내 손으로 돈을 벌게 되자 기특하게도(?) 수입의 십 분의 일, 천 불을 교회에 십일조 로 헌금하였다. 그 나머지는 마음껏 술을 마시며 살았다.

나를 보는 하나님이 나라면 통곡하였을 것이다. 대체 이놈을 안아 주어야 하는 건지, 궁둥이를 냅다 걷어차 고꾸라뜨려할지

갈등하다가 마침내 통곡하며 궁둥이를 냅다 차 버릴 것이다. 어쩌면 통사정을 할지도 모른다. 너 이놈 손광호, 십일조 안 해도 좋으니 제발 술 먹지 말아라!

어느 날 포도주를 앞에 놓고 비디오로 영화를 보면서 휴일의 오후를 즐기고 있었다. 마음은 평온했고 밝은 햇살은 세상을 건강하게 느끼게 하였다. 요의를 느껴 화장실에 들어가며 마주 보이는 거울 속의 내 모습과 만났다. 얼굴은 겉늙었고, 눈은 썩어 가는 동태눈처럼 생명의 빛이 사라졌다. 희망이 실종된 맥 빠진, 생기를 느낄 수 없는 그런 얼굴이었다.

내 눈에 비친 내 모습이 너무 흉측해 쳐다보기가 싫었다. 느닷없이 사는 게 싫어졌다. 삶의 의미가 증발된 내 모습이다. 잠시 전까지만 해도 포도주 잔을 놓고 휴일 오후를 여유롭게 즐기던 나였는데. 내가 언제 죽음을 상상이나 했던가. 그런데 느닷없이 죽음의 망령이 기습적으로 찾아왔다. 그 순간 주머니에 넣고 다니던 칼로 주저 없이, 정말이지 생각 없이 찰나적으로 손목을 그었다.

손목의 흰 뼈가 드러났는데 피가 나질 않았다. 욕조 물에 손을 넣자 비로소 붉은 피가 솟아나왔다. 욕조의 물이 피로 물들었다. 서서히 아주 서서히 죽음은 시작되었다. 마음이 요동치기는커녕 오히려 차분해졌다. 이렇게 쉬운 걸 그리 어렵게 살았다니……. 세상이 나에게서 멀어지고 있었다.

"민성 아빠요!"

밖에서 낯익은 경상도 목소리가 들려왔다. 동시에 아파트 문이 열리고 교회 집사 한 분이 찾아오셨다. 나의 어머니가 다녀가실 때 마른 멸치를 주면서 내 아들에게 반찬을 해달라고 부탁한 일이 있었다. 나는 그런 사실조차 까맣게 잊고 있었는데 마침 조리한 멸치반찬을 갖고 온 것이다.

집사님은 욕실의 내 숍을 보고 기겁하여 멸치 통을 던져버리며 비명을 지르며 뛰쳐나갔다. 잠시 후 육척이 넘는 소방대원이 들이닥쳐 응급조치를 한 후 프랑스인의 병원에 입원시켰다. 영사의 입회 아래 수술을 받았다.

그 일은 나의 과거를 드러내는 계기가 되었다. 대사관은 나를 위험인물로 분류해 추방 명령을 내렸다. 외무부 파우치로 보낸 서류에는 '여권발급 제한 조치'라고 기록되었다. 더 이상 여권을 발급하지 말 것을 외무부 법규과에 권고한 공문서다.

별수 없이 세네갈 생활을 접고 한국으로 되돌아왔다. 어디에 가도 발붙일 곳이 없다. 자포자기에 이르렀고 이제는 될 대로 되라고, 아예 삶을 송두리째 내던져버리고 말았다.

'잃어버린 주말'의 주인공처럼

끝없이 이어지는 스스로 통제할 수 없고 통제할 의지조차 상실한 혼란과 방황 속에서도 유독 나의 머릿속에 남아있는 한편의 영화가 있었다. 오래 전인 1976년쯤에 본 미국 영화다. 끊임없는 과음으로 탈진된 상태에서 식은땀을 비 오듯 흘리며 누워 있던 중이었다. 무심코 TV로 〈잃어버린 주말〉이라는 영화를 보게 되었다. 실패한 소설가가 주인공이다. 그는 소설원고를 들고 여러 출판사의 문을 두드리지만 출판을 거절당한다. 실의에 빠진 그는 술로 울분을 달랜다. 시간이 흐를수록 환경은 악화되고 삶

은 피폐해져만 간다.

사회와 자신에게 절망한 그는 나처럼 술 중독자가 된다. 그러나 술값을 마련할 수 없는 그는 동생의 돈을 훔치기도 하고, 애인의 코트까지 술값을 위해 팔아먹는 극한 상황에 이른다. 드디어 경제적인 문제로 가족과 주위 사람에게 기피 대상이 되고 만다. 한편 사업체를 운영하는 형이 자기 회사에 와서 일할 것을 권하지만 오만한 자존심 때문에 거절한다.

그는 음주로 인해 나처럼 계속해서 문제를 일으키다가 급기야 폭력적으로 변한다. 폭행사건으로 경찰서에 잡혀간 그는 심각한 수준의 알코올중독 증세가 확인되어 '알코올 중독자 병원'에 수용된다. 그는 정신이 혼미한 가운데에서도 다른 알코올 중독자들의 고통을 목격한다.

흔히 금단 현상이라고 부르는 알코올성 진전섬망증(Delirium Tremens)은 정신착란으로 환청, 환시, 환각, 환취 등의 여러 증상을 동반한다. 그럴 때의 고통은 아마도 지옥에서 받을 수 있는 형벌의 일종으로 여겨질 만큼이나 참혹하다. 주인공은 더 견딜 수 없어 지옥의 축소판 같은 병원에서 탈출한다.

자괴감으로 모든 것을 포기한 그는 자신의 아파트로 돌아와 자기에게 남아 있는 유일한 재산이며 소설가의 절대 필수품으로 분신이나 다름없는 타자기를 들고 술집으로 간다. 바텐더에게 사정해 타자기와 바꾼 술 한 병을 아파트로 가져와 마신다. 그는 목욕을 마친 후 새 양복으로 갈아입는다.

　이제 자신에게 남은 길은 죽음뿐이라는 결론에 이른 그는 권총을 들어 자신의 관자놀이에 겨눈다. 그 순간 딩동 하는 벨 소리가 울린다.

　권총을 급히 콘솔 위에 놓고 수건으로 덮은 그는 태연히 사랑하는 애인을 맞이하지만 그녀는 불길한 예감을 느껴 예의 주시하다가 마실 물을 부탁한다. 물을 가지러 간 사이 여인은 콘솔 위에 수건으로 덮어 놓은 권총을 발견한다. 그가 물잔을 들고 돌아오자 당신은 얼마든지 새로운 삶을 시작할 수 있으니 다시 소설을 쓰라고, 다른 소재가 아닌 당신 자신의 이야기를 쓰라고 호소한다.

　그때 또 한 번 벨이 울린다. 문을 열자 바텐더가 타자기를 건네며 한 마디 던진다.

　"이 타자기는 아직 쓸 만하네요. 이것으로 소설을 쓰세요."

　주인공은 애지중지하던 타자기를 책상 위에 놓고 의자에 앉아 자판을 두드린다. 자기 이야기를, 자포자기와 무기력증에 빠져 술에 중독된 청년 작가인 자신의 이야기를 쓰기 시작한다.

　- THE BOTTLE -

　자막과 함께 영화는 끝났다.

　나는 술을 사랑한다. 술을 예찬한다. 나야말로 애주가다. 그토록 술에 취해 살아온 결과 지금 나에게 남은 것은 아무것도 없다. 스스로 손목 동맥을 칼로 끊고 욕조의 물에 담갔다. 가장 편안하게 고통 없이 죽는 방법으로 존재이유 없는, 아니 존재함으로써 타인들에게 고통과 피해를 줄 뿐인 내 인생을 마감하여 치욕 자체인 내 존재를 제거하는 단계에 이른 것이다.

　술로써 살다가 술로써 죽으니
　살아서는 호걸이요, 죽어서는 신선이다
　평안한 마음으로 황천에 들어가
　일곱 현인 만나볼까 함이라
　술이 순기능으로 작용해 삶을 윤택하게 할 때는 이백의 시가 풍류다. 생각하건대 이백의 시는 호리병을 허리에 차고 술에 취해 비척거리며 살았다는 느낌으로 다가오지만, 아니다. 그가 나 같은 중독자였다면 이런 아름다운 시가 나올 수 없다고 나는 생각한다. 나의 술은 파괴적이지만 이백에게 술은 삶을 아름답게 하는 풍류였으리라.
　나는 오직 마시고 취하는 일에만 몰두하느라 나 자신을 파괴하고 나의 환경과 가족과 나의 모든 지인들을 파괴하는 역겨운 존재가 된다. 그 무서운 파괴력을 지닌 존재가 마침내 내 손목의 동맥을 스스로 끊는 데까지 이르렀던 것이다.

하나님의 이미지를 훼손하는 그릇된 나의 자아

이제는 또 다시 한국 생활에 적응해야 했다. 그동안 집안에는 많은 변화가 있었다. 가족은 뉴욕에 정착한 상태였다.

한국에 온 나는 집에서 하고 있던 무역 업무를 거들었다. 마침 수출할 물건을 마지막 컨테이너에 싣고 있던 인부들의 간식으로 줄 빵과 음료수를 사러 나갔다가 원효로 2가 도로를 무단횡단하였다. 봉고차가 나를 받았다. 나는 저만치 튕겨 나갔고 잠시 기절한 상태에 있다가 깨어났다. 사고현장을 목격한 아버지는 저 애의 인생이 끝났다는 생각이 들었다고 하였다. 그런데 나는 잠시 후 툭툭 털고 일어나 운전사 멱살을 잡아 끌어내렸다. 운전자는 너무 당황한 나머지 미처 차에서 내리지도 못하는 상태였다.

"운전면허증 내놔 봐."

무면허였다. 그는 옆에 탄 친구에게 운전을 배우고 있던 중이었다. 차는 오른쪽 라이트와 백미러 앞쪽이 파손된 상태였다. 그쯤 되면 내 몸이 어디가 부러지거나 찢어졌어야 한다. 그런데도 내 몸은 상한 데도 없고 아픈 데도 없었다. 내가 내 몸 상태에 놀랄 지경이었다. 그들에게 하루 정도 몸 상태를 두고 본 후 내일 통화하기로 약속하고 보냈다.

그러나 통화도 하기 전인 다음날 아침 그들이 케이크 하나를 들고 찾아왔다.

"용서해주십시오. 치료비 등 원하시는 대로 합의금을 드리겠습니다. 용서해주십시오."

내 몸 상태에는 전혀 문제가 없었다. 그런데 나는 객기였는지 합의금도 받지 않고 내 몸에 이상이 생기면 치료해주겠다는 각서만 받고 마무리하였다.

그날이 마침 장인 생신이어서 그 케이크를 들고 처가로 향했다. 교통사고 가해자가 가져온 케이크를 어른의 생신 선물로 드리는 실로 웃지 못 할 난센스였다.

그러나 누구도 나를 배포 크고 아량이 넓은 남자다운 남자로 여기지는 않았다. 철없고 한심하기 그지없어 아무 말도 못할 것이다. 전에도 원효로 큰길에서 버스에 치었던 적이 있었다. 얼굴에 이십여 바늘을 꿰매는 중상이었다. 아무튼 기적이라고 나는 생각하였다. 그뿐만 아니다. 일일이 열거하면 버스, 봉고, 택시, 이태원의 아리랑 택시, 화물차, 오토바이 등등……, 차종 별로 몸으로 부딪치는 상견례를 치렀다.

술에 만취되어 저지른 이력이었다. 하나님의 보호가 없었다면 죽어도 몇 번을 죽고 남을 사고들이었다. 그런데도 여전히 술을 숙명적 친구로 삼은 듯 천방지축 마셔대며 취하여 살아가니 나 자신도 실소를 금할 수 없었다. 한심한 놈아!

나는 인생의 중요한 고비 고비마다 그 시험을 이겨내지 못하였다. 술에 취하면 강해 보였지만 나야말로 자살할 만큼 유약한 존재다. 그런데도 나는 나만큼 강한 자가 없다고 으스댔고 남들도 그렇게 여기고 있었다. 외형적으로는 강하다고 생각했고 내면의 세계는 알 수 없는 울분과 두려움에 떨었고 절망에 짓눌려 있었다.

절망이란 '죽음에 이르는 병'이다. 그런가 하면 절망을 통해서만이 진정한 생명에 이를 수 있으니 그것은 역설적으로 '생명을 구하는 약'이기도 하다. 그래서 '비관주의자는 희망 속에서도 절망을 보지만 낙관주의자는 절망 안에서도 희망을 찾는다'고 윈스턴 처칠(Sir, Winston Churchill)은 말한 것이다.

그러나 나는 끝없는 자기연민으로 염세주의(pessimism)에 빠져 쉽사리 헤어나지 못하였다. 그렇다고 내가 교회를 완전히 등진 무신론자가 된 것은 아니다. 살아계신 하나님을 나는 믿었다. 그분이 언제나 나와 함께하신다는 사실을 체험으로도 확인한 나였다. 그러면서도 실제 생활은 철부지 어린이였다.

어쨌거나 나의 불완전한 삶에서는 하나님과 동행하지 않았다는 사실이다. 그러니까 나름대로 해석하자면 나는 항상 불완전 상태였다. 하나님과의 동행이 아니라 나는 늘 술과의 동행이었다. 그러한 나에게 하나님은 사랑과 은혜의 손길을 보내지 않으셨다. 아니, 내게 보내시는 사랑과 은혜를 내가 거부하였을 것이다. 맞다. 그랬을 것이 틀림없다. 그럴수록 하나님은 나를 향한 사랑의 연단은 계속되었다. 손광호, 너는 아직 멀었다고 말씀하실 것이다. 아버지의 집을 떠나 먼 타국으로 간 탕자를 안타깝게 기다리는 아버지의 그 심정이 나를 향하신 하나님의 심정이었을 것이다.

나의 망령 든 자아는 나를 합리화시키느라 하나님의 이미지만 훼손(Deformation)시키는 삶이었다. 합리화 목적이 확고해야 내가 버티어낼 수 있다. 나는 무제한적 자기방어의 틀(Self-defence mechanism)을 견고히 하며 자기기만(Self-deception)에 빠졌다.

무지의 결과이기도 한데 그 모든 근원은 술이었다. 그 상태에서는 스스로 바른 길을 찾아낼 가능성이 없다. 알코올중독의 의학적 병인으로는 '정신 역동적 요인'과 '사회 병리적 요인'이 있다고 한다. 정신 역동적 요인은 현실도피 심리, 퇴행심리, 보상심리(열등감이 많은 사람), 자학 심리(자기파괴 성격과 자기 스스로를 벌하고자 하는 마음)와 동성애심리가 있다.

사회 병리적 요인으로는 근대화에 따른 후유증으로 전통적 가치 상실, 활발해진 여성의 사회활동 등으로 인한 모성애 결핍증과 자기 학대, 사회적 경쟁심리, 고독감으로부터 탈피하려고 하는 심리가 술을 찾게 한다는 것이다. 현실 세계에서 이상세계로의 탈출 즉 현실에 대한 두려움과 예측 불가능한 일들을 피하려고 술을 마시게 된다는 것이다.

유일한 희망
- 하루 소주 15병

　나의 알코올중독 증세는 깊어만 갔다. 나는 나를 어찌할 방법이 없어 안양 신경정신병원에 입원하였다. 손 떨림이 심각했다. 술기운이 없으면 담배 한 개비도 입으로 가져갈 기력이 없는 심각한 상태에 이르렀기 때문이다.

　어느 정도인가 하면 아침에 잠에서 깨어나면 소주 두 병을 마셔야 했다. 거기에 머물지 않고 그 후 두 시간의 간격으로 한 병씩 마셨다. 그러니까 하루에 소주 열다섯 병 정도를 마셔야 비로소 몸을 움직이며 뭔가를 할 수 있었으니 정상적인 삶이 가능할 수 없었다.

　내 인생은 절망적이다. 오직 소주 열다섯 병 정도를 매일 마실 수 있는 그것만이 나의 희망이라면 희망이다. 소주 열다섯 병. 이 얼마나 끔찍한 현상인가. 대한민국을 통틀어도 나처럼 하루 열다섯 병을 마시는 중독자는 없을 것이다. 전례도 없고 앞으로도 없을 것이다. 살기 위해서는 지긋지긋하여 탈출을 감행한 그런 정신병원에 또 갇히기 위해 제 발로 찾아갔다. 또 탈출할지라도 입원하지 않을 수 없는 심각성을 나는 기피할 수도 없는 막바지에 이르러 있었다.

완전 폐인이다. 내 판단으로도 나는 이대로 방치할 수 없는 정말이지 더는 어찌해볼 방법이 없었다. 병원에 입원하지 않을 수 없는 막바지에 이르러 있었다.

끊임없이 술만 먹을 수 있다면……, 그게 유일한 희망이며 기쁨이었다. 이런 나는 "차라리 죽어 마땅하다. 죽자"라고 나는 독백하였다.

정신병동의 그 참담한 일상은, 음주가 불가능한 지옥 같은 조건은 문득 왜 이렇게까지 살아야 하는가 하는 강한 회의와 절망감으로 내 마음을 장악하였다.

'죽자. 차라리 죽자. 나는 죽어 마땅하다. 살 가치가 1%도 없는 나, 그런 나는 죽어야 한다.'

결론에 이르자 두 번째의 자살 준비에 들어갔다. 손목의 동맥을 칼로 그었을 때는 교회 집사님의 느닷없는 방문으로 미수에 그쳤지만 이번에는 성공을 위하여 준비하기 시작하였다.

속내의를 가위로 잘라 새끼 꼬듯 꼬아서 내 체중이 매달려도 끊어지지 않도록 자살도구를 만들었다. 면도칼도 구하였다. 노출된 공간에서 목매달아 죽는 게 마땅치 못하다고 궁리해 낸 게 화장실이었다. 복도 저쪽에 있는 화장실로 향했다.

그러나 일단 30분 후에 자살을 결행하기로 미룰 수밖에 없는 상황이었다. 직원이 화장실 환풍기 고장을 수리하고 있는 중이기 때문이었다. 30분쯤이면 끝난다고 하였다. 별수 없이 방으로 돌아왔다.

멍하니 침대에 걸터앉아 반시간쯤 후의 죽음을 생각하며 허공을 응시하고 있었다. 죽음을 생각하면 전에도 그랬는데 또 마음이 평온해졌다. 죽음이 두려워지면 자살할 수 없을 텐데 나는 그 반대현상이 생기니 자살이 어려운 게 아니었다. 분주하게 말썽을 부리는 나의 생활이었는데 결정된 죽음을 눈앞에 두고 이처럼 평온한 상태에 이르니 이 얼마나 다행스러운가.

나는 영화 〈잃어버린 세월〉의 주인공이 되었었다.

잠시 후 점심시간을 알리는 식사 벨이 울렸다.

'밥은 먹고 죽어야겠지.'

이런 생각을 하며 직원들의 의심을 사지 않으려고 식당에 들어가 태연히 점심을 먹었다. 세상에서의 마지막 식사겠지. 얼마 후면 모든 것이 끝날 것이다. 보고 싶은 사람도, 미운 사람도, 원망할 사람도, 아쉬운 것도, 하고 싶은 것도 더 이상 남아 있지 않았다. 자포자기다. 삶에 대한 미련이 없다. 나의 영혼은 이미 죽음 저편으로 건너가고 있었다. 지극히 담담하였다.

잠시 눈을 감았다고 생각한 순간 누군가 등 뒤에서 어깨에 손을 얹는 사람이 있었다. 아프리카에 있어야 할 나의 동생 성호였다.

"아니! 네가 웬일이냐?"

동생은 내 질문에는 아무 대답 없이 묵묵히 나를 바라보며 말을 받았다.

"형! 잘 지냈어?"

그 말에 정신이 아득해졌다.

"형, 퇴원수속할 거니까 준비해서 아래층으로 내려와."

동생이 있는 곳은 지구 반대편 저 끝 서아프리카의 아이보리코스트였고, 내가 있는 곳은 한국의 경기도 안양인데 그곳에서 이곳까지 수천 km의 거리에 시차 9시간인데, 어떻게 이 모든 것을 뛰어넘어 동생이 바로 그 순간- 죽을 준비가 완료된, 죽음이 임박한 이때 내 앞에 서 있을 수 있을까?

비행기 항로만 해도 직항이 없어 아비장(Abidjan)을 출발하면 프랑스 파리로 가서 갈아타고 앵커리지를 경유해 김포 공항에 도착하는 긴긴 시간이다. 김포에서 안양 정신병원까지 찾아와 나를 만나기까지의 과정을 거쳐 나의 준비된 죽음 직전의 순간에 내 앞에 서다니! 온 몸에 소름이 돋았다. 그래서 또 자살의 기회를 잃고 죽지 못하였다.

웹스터 사전(WEBSTER DICTIONARY)은 시간을 '연속선상의 두 지점 사이의 간격'이라고 정의한다. 흔히 탄생을 삶의 시작으로 죽음을 삶의 끝으로 말하지만 탄생과 죽음은 연속선상의 두 점일 뿐이다. 그 두 지점을 연결하는 줄을 타고 가는 것을 삶이라 부른다. 줄타기! 극적인 표현으로 쓰자면 '위험천만한 줄타기'

라 할 수 있다.

시간이란 변화를 설명하기 위한 도구일 뿐이다. 아인슈타인 (Albert Einstein)은 시간은 절대적인 것이 아니며 관찰자에 의해 좌우되는 상대적인 개념이라고 주장한다. 그렇다면 삶의 시간을 대단하다 할 것도 없다. '살아 보니 그랬다'는 것, '이 또한 지나 가리라(This, too, shall pass away.)' 그 자체가 삶이 아닌가.

전능하신 하나님, 창조의 하나님은 당신이 원하시면 시공간을 초월하여 그 뜻을 이루신다. 인간이 아무리 아등바등하고 몸부림 쳐도 사람은 사람 뜻대로 이루지 못하는 경우가 비일비재하다. 그런데 나는 하나님 뜻대로 살아오지 않았고, 그렇다고 내 뜻을 이룬 것도 아니다. 우리는 운명타령 팔자타령 하는데 이를 주관 하는 것은 나도 그 누구도 아닌 하나님이시다. 그분은 절대자 이시다. 나의 거듭되는 자살시도조차 그 절정의 순간에 좌절되었 다. 자그마치 세 번이었다.

자살 실패— 죽는 것도 사는 것도 내 마음대로 되지 않았다. 주 여! 주님 뜻대로 주님의 뜻하시는 바를 주님의 뜻하시는 때에 이 루소서! 이렇게 기도하는 까닭이 여기에 있다.

자세를 바꿀 수밖에 없었다. 지금까지는 삶을 포기하는 죽음을 택하였으나 이제는 누구에겐가 내 삶을 맡겨야만 하였다. 삶과 죽음의 경계를 오가면서 인생의 의미를 다시 한 번 생각할 수밖

에 없었다. 이것이 내 운명이라면 이제부터 전적으로 운명의 주
관자이신 하나님께 내 인생을 의탁할 수밖에 없다.

'그래, 하나님께 위임하자. 내가 해서 되는 일이 없으니 자기
뜻대로 다 이루시는 하나님께 나를 맡기자. 더 이상 버틸 힘도
용기도 방법도 없다.'

산다는 건 한 점 구름이 일어남이요…….
죽는 건 한 점 구름이 사라져 감이다.
뜬구름 자체가 형체가 없듯이
살고 죽는 것 또한 이와 같더라.(서산대사)

'사람은 그의 사명을 다하기 전에는 결코 죽지 않는다.'라고 말
한 「갈매기」 작가 리빙스턴의 말처럼 죽음의 때가 이르지 않았음
을 깨달으며 동생을 따라 병원을 나섰다.

끝까지 나를 포기하지 않은 두 여인

나는 첫 결혼을 1975년에 하였다. 아들 하나를 낳았으나 그때부터 본격적으로 시작된 음주로 인해 6년만인 1981년 볼리비아에서 추방되면서 이혼하게 되었다. 남편과 가장으로서 나는 하등 책임 있는 역할을 하지 못하였을 뿐만 아니라 술주정뱅이였으니 백 번을 이혼 당해도 변명의 여지가 없다. 아내 입장에서는 얼마나 힘들었을까. 얼마나 참고 또 참고 참았을까.

가족들도 이혼에 대해서 변명 한 마디 할 수 없었다. 아내의 처분에 맡기는 수밖에. 나 역시 염치도 없었지만 아내와의 정도 남아 있지 않았다. 아내로서 나를 돌려세우기 위한 극단적인 최종적 방법이었다고 한들 그릇은 깨어졌고 돌이킬 수 없었다.

지금의 아내는 그로부터 한참 후에 만났다. 착한 아내 역시 나를 만나 십여 년간 고난의 길을 걸었다. 누구나 극적인 삶을 경험한다. 아내와의 결혼 이야기 역시 한 편의 드라마다. 당시 아내는 여의도순복음교회 결혼상담소에 결혼신청서를 접수시켜 놓은 상태였다. 접수된 순서대로 기다리면 된다. 신랑 후보가 나타나면 접수 순서대로 맞선을 보고 당사자들이 결정하면 된다. 그러나 신청자가 많아서 그 순서가 언제가 될지 알 수 없었다.

그러던 중 우연치 않게 교회관계자를 만나게 되었는데 그분은 나에게 수많은 이력서를 보여주며 신붓감을 골라보라고 하였다. 나에게 일차적으로 선택권이 주어진 예외적 경우다. 그러나 이력서만 보고 결혼상대를 선택하는 게 무리이기는 하지만 그래도 그 중에서 선택하여 맞선을 보았다.

결혼에 별로 흥미가 없던 나였기에 맞선 자리에서 별로 관심을 보이지 않았다. 무슨 대화를 나누었는지도 기억나지 않는다. 그 날 연속적으로 몇 명과 선을 봐야 하는 입장이었으므로 차 한 잔도 여유롭게 마시지 못하고 헤어졌다.

훗날 아내는 무슨 이런 황당한 경우가 있느냐고 웃어 넘겼지만 그때는 민망하고 불쾌하였다는 것이다. 회사 면접시험도 대충 하지 않는다. 그날 서둘러 헤어지면서 연락을 드리겠노라고 약속을 하였지만 솔직히 그 날 본 여러 명의 신부 후보 중에 딱 마음에 드는 사람이 없었다. 그건 어머니도 마찬가지였다.

얼마 후 어머니가 어떤 여자로부터 전화를 받았다. 전화의 주인공은 조리 있고 예의바르게 어머니에게 항의하였다.

"전화해주시기로 약속하셨으니 일단 가부를 알려주시는 게 맞는다고 생각합니다. 그 약속에 대한 책임을 지시는 게 맞지 않습니까. 약속하신 대로 결과를 말씀해주십시오."

어머니는 당황하여 그렇지 않아도 연락할 참이었다고 변명하였고, 그 일이 계기가 되어 우리는 결혼에 이르렀다. 나는 솔직히 나와 결혼하는 여인은 불행을 운명으로 타고 났을 거리고 생각되어 마음이 편치 않았다. 성격장애를 지닌 알코올 중독자와의 생활을 상상만 해도 삼십육계 줄행랑을 칠 것이다. 그런 남편을 시한부도 아니고 평생을 함께 사는 남편으로 선택한다는 건 어불성설이 아닌가.

내 아내는 전형적인 여필종부 유형이다. 이조시대로 거슬러 올라가야 만날 수 있는 그런 여자다. 살아가면서 존경심이 생기는 여자다. 아내를 볼 때마다 그 경이로운 인내심에 나는 놀란다. 아내는 대쪽같이 곧은 성격이다. 도산 안창호 선생께서 그러셨다고 한다, 나도 굽히거나 타협하지 않는 대쪽인데, 아내 역시 꼿꼿하다. 살면서 단 한 번도 거짓말을 하지 않았다. 어려운 일을 피해 가기 위한 변명이나 거짓말조차 못한다.

아내는 선의든 뭐든 거짓말은 거짓말일 뿐이라는 확신을 지니고 있다. 차라리 두 눈을 꼭 감고 내 말이 마음에 들지 않으면 나를 죽이라고 처분을 기다리는 그 정도로 곧은 여자다. 처음에는 미련해 보이기조차 하였다. 이제는 아내의 말이라면 팥으로 메주를 쑨다고 해도 나는 믿는다. 그 아내와의 사이에서 두 딸이 태어났다.

아내는 알코올 중독자인 나를 혐오하지 않고 있는 그대로 인정해주었다. 내가 정신병원에 들어가도, 나와도 나를 오로지 남편으로만 대해주었다. 희생적 자선이 아니라 다만 남편과 아내의 관계로 일관되게 대해주었다. 자기는 아내니까 아내로서의 책임과 역할을 다한다는 자세에 변화가 없었다. 술에 취해 주정부릴 때는 두렵기도 하지만 형태와 정도는 다를지언정 어느 가정에나 있을 수 있는 고난으로 이해하고 견디기 힘들지만 견뎌야 하는 일로 알았다.

더욱 고맙고 감사한 것은 아내는 나에게는 아내로서 반듯하고 편안한 여자였으며, 두 딸에게는 비길 데 없이 좋은 엄마였다. 아내는 사실상 그리고 항상, 두 딸과 남편인 나의 어머니였다. 술 취하고 사고치는 남편을 철없는 아이로, 몹쓸 병에 걸린 가여운 남자로, 연민을 품고 보듬어주는 인자한 여인이다.

아이를 기르는 가장 좋은 방법은 잘못을 질책하거나 부모의 권위로 억압하고 강제하지 않고 애정으로 타이르고 달래는 것이다. 아내는 아이들에게 아버지가 밖에서 돌아오면 너희는 딸로서 나는 아내로서 아버지를 기다리고 있었다는 것을 보여주자고 다독였다. 아이들은 제 어미의 말을 따라 제 방은 물론 집 안을 깨끗이 정리해 두고 나를 맞았다.

언제나 술이 취한 역겨운 모습으로 들어오는 나를 나의 가족 세 여자는 늘 사랑하는 남편과 아빠로 맞아주었다. 술주정뱅이 알코올 중독자의 딸들인데도 티 없이 맑고 바르게 자란 것은 오직 좋은 어머니가 있기 때문이었다. 못나고 못된 남편이며 아빠인 나는 아내와 딸들이 나로 인하여 겪은 인고의 날들을 보상할 방법이 없어 마음 아프다.

예수께서 대답하여 가라사대 사람을 지으신 이가 본래 저희를 남자와 여자로 만드시고 말씀하시기를 이러므로 사람이 그 부모를 떠나서 아내에게 합하여 그 둘이 한 몸이 될지니라 하신 것을 읽지 못하였느냐 이러한즉 이제 둘이 아니요 한 몸이니 그러므로 하나님이 짝지어 주신 것을 사람이 나누지 못할지니라 하시니(마태복음 19장 4-6절)

아내는 신기한 여자다. 이 지긋지긋한 술주정뱅이와의 생활에서 벗어날 결심을 할만도 한데 한 번도 그런 생각을 해본 적이 없다고 하니 불가사의로 느껴진다. 이혼하자는 말을 참고 참아도 최소한 한 달에 한 번은 해야 될 터인데, 충분히 그럴 만한데, 그러면 나는 그건 안 된다고 거절하는 말을 절대로 할 수 없어 묵묵히 이혼 서류에 도장만 찍어야 하는데, 아내는 단 한 번도 이혼 얘기를 꺼내지 않았다. 오히려 내가 너무 미안하고 부끄러워서 나는 당신 뜻에 따르겠노라고, 당신 선택을 무조건 따르겠다고 진지하게 제안했더니 잠시 생각에 잠겼던 아내는 너무도 뜻밖의 말로 나를 엄청나게 감동시켰다.

"내가 당신을 떠나면 아무도 당신을 돌보는 사람이 없을 걸 생각하니 그럴 수가 없어요. 그러니 당신이 나를 다시 한 번 선택해주세요."

그녀는 나를 믿었다. 단 한 번도 술을 먹지 말라는 이른바 바가지를 긁은 적이 없다. 어쩌면 바가지를 긁었다가 내가 폭력으로 반응할 거라는 두려움 때문은 아니었을까 생각해 본 적도 있다. 그러나 그래서가 아니라고 나는 확신한다.

내가 술 먹지 않은 맨 정신일 때라도 조근조근 애정 어린 충고로 음주의 양을 줄이는 노력을 해보자는 식으로 말할 수 있는 그런 여자였으나 한 마디의 잔소리든 충고든 듣기 좋은 속삭임으로라도 술 얘기를 거론하지 않는, 참으로 신비한 여자다.

아내가 나를 믿은 게 확실하다. 하나님이 나를 이끌어 주실 것을 믿고 있었다. 가정과 나를 붙들어 준 아내의 신앙심은 참으로 경이롭다 아니할 수 없다. 이 세상에서 나를 믿고 끝까지 버리지 않은 두 사람, 나의 어머니와 아내뿐이다. 아내를 만난 것은 행운이 아니라 천운이다.

모든 사람이 저 사람은 인간쓰레기라 더 이상 사람 노릇 하기는 틀렸다고 결론을 내려버린 그런 나를 믿어준다는 것은 결코 쉬운 일이 아니다. 오직 한 사람, 아내의 믿음이 나를 칠흑 같은 죽음의 세계에서 광명의 생명세계로 옮겨지게 한 보배로운 천사다.

언젠가 술에 만취한 채 소주잔을 기울이고 있을 때였다. 아내가 느닷없이 누구에게서도 들어본 적 없는 말을 하였다.

"당신은 '학' 같아요."

그 좋은 말에 그러나 나는 화가 났다. 나를 비웃는 소리로 해석하였기 때문이다.

"술주정뱅이 보고 학 같다니, 말 같은 소리를 해야지."

아내는 차분하지만 단호하게 반응하였다.

"나는 당신을 진짜 학이라고 생각해요."

내가 아내의 마음속까지 알 수 없어서 더 이상 말을 잇지 않았다.   그러나 그 한 마디는 내 마음 밭에 떨어진 씨앗이 되어 뿌리를 내리고 열매를 맺게 되었으니. 한 사람의 순수한 믿음의 아름다운 말이 결과적으로 나를 변화시켰다.

이처럼 비참하고 참담한 인간은 없으리라

몹쓸 내 인생에 당연히 나쁜 인연이 많지만, 그러나 좋은 인연도 있다. 기준은 나에게 유익한 사람과 해가 된 사람이다. 그들의 입장과 내 입장이 다르니 내게 유익했던 사람이 그에게는 해가 되거나, 내게 해로웠던 사람이 그에게 이로웠을 수 있으니 입장에 따라 해석은 다를 것이다.

어쨌거나 양쪽의 입장이 다 같을 수만은 없을 것이다. 달리 말해 서로에게 유익한 경우와, 마찬가지로 서로에게 해로운 경우도 있을 수 있을 테니 단언하기는 어렵다. 그러므로 절대적인 경우는 없다.

알코올 중독 치료병원에서 만난 친구가 있었다. 그의 할아버지는 큰 기업체, 모 그룹의 회장이었다. 굉장한 재력가의 가족이다. 그는 서울의 명문 경기고와 서울대학을 졸업한 인재였다.

그러나 마약에 중독되어 이십여 년의 장구한 세월을 정신병동에서 지내는 신세다. 그는 마약 단속 수사관들에게 쫓겨 도망치다가 건물 옥상에서 떨어졌었다. 거의 죽음에 이른 그였으나 재벌가 자식이라 뇌수술 등 거액의 치료비로 생명을 건졌다. 그래도 끝내 마약의 유혹에서 벗어나지 못하였다. 술이든 마약이든 도박이든 중독에 이르면 갱생이 지극히 어렵다는 게 공통점이다.

그 친구는 주사 바늘이 누군가의 혈관에 꽂히는 순간 그는 마약중독자라고 단정하였다. 마약중독자인 그와 알코올 중독자인 나는 병원생활을 오래도록 같이하면서 '중독자'로서의 동질감으로 가까워졌다. 이른바 동병상련이었으리라. 심리학 용어로 '공감적 이해'라는 말은 '동일한 입장에 처하지 않고서는 서로 공유할 수 없는 이해관계'를 말한다.

어느 날 그는 미국에 계신 어머니로부터 온 편지 한 통을 나에게 보여주었다. 그 편지는 나의 어머니가 내게 보낸 편지와 일맥상통하였다. '너만 정신 차린다면 나는 언제 죽어도 한이 없겠다. 나는 이제 더 이상 너에게 힘이 되어줄 수 없다'는 애원의 절규이다.

그 편지를 읽으면서 내 어머니의 편지를 읽는 것 같아 가슴이 아팠다. 포기하지 않으면 안 되는 지경에 이르렀음에도 그러나 한 가닥 희망의 끈을 놓지 못하는 어머니의 애정이 얼마나 깊은 상처로 고통스러울까. 인간의 언어로 고스란히 표현될 수 없는 수준의 아픔이리라.

눈에 넣어도 아프지 않은 존재는 자식뿐이다. 그런데 그런 자식이 눈앞에서 어른거리기만 해도 괴로운 존재로 변하였는데, 그래도 어머니는 마지막 소망을 포기할 수 없어 깊은 가슴앓이로 신음한다. 눈물이 났다. 정말 어머니께 죄송한 마음이다. 어머니의 표현은 거칠고, 요령 없고, 무지막지한 듯하지만, 세상 모든 어머니와 다름없이 내 어머니도 자식 사랑 가득함을 그 친구 어머니의 편지를 읽으며 공감하였다. 그러기에 내 어머니 역시 지금까지 나를 놓지 못하고 가슴이 무너져 내리는 그것을 나는 안다.

세상은
어머니가 엮어 만든 것
그 이름 가만히 부르면
별처럼
소름이 돋는다
불러 봐요, 어머니!
아니, 조금 더 크게
세상이 다 놀라고 마는
그 이름
어머니 맞지요(어떤 시인의 어머니)

말썽만 일으키던 그 친구는 자신의 고등학교 동기이자 대학 동기인 담당 의사가 그를 불러놓고 책망하며 "다시 한번 들어오면 너 아구통을 돌려놓겠다"라고 으르렁거렸단다. 그러자 "내 주먹이 너보다 센데, 내 주먹은 "선데이냐"라고 응수하였단다. 그래서 병실이 웃음바다가 되었었다. 그 이야기는 우리가 환자의 상태에서 정상인으로 나아가지 못하고 있다는 증거이리라.

어머니의 편지가 그렇듯이 누군가의 진지한 염려와 충고를 들으면 정신이 번쩍 들었다가도 어느 순간에 그 못된 성질이 되살아났다. 하기는 그래서 알코올중독이나 마약중독자로 존재하는 것이다.

안타깝게도 그 친구는 결국 마약으로 세상을 떠났다.

유사한 경우를 나는 여러 번 가까이서 경험하였다.

마약과 술로 파멸에 이르는 사람은 생각보다 많다. 같은 처지의 내가 안타까움을 느끼는 것을 보면 나는 아직 죽음의 길에 이른 것 같지는 않았다. 이런 상황을 함께 견디고 때로는 죽음을 목격해야 하는 괴로움이 나에게 새롭게 삶의 목표를 자극하였다. 내가 언제까지 이 지경으로 살아갈 것인가. 과연 이래도 되는가.

자각이었다. 겨우내 추위에 시달려 얼어 죽은 줄만 알았던 나무가 봄이 되자 물을 빨아올려 새순이 돋는 것같이 내 몸에도 신선한 수분이 흡입되어 돌고 있는 것이었다.

병원에서 퇴원하여 지내다가 공주 마곡사로 놀러간 적이 있었다. '70년대 초 친구 안준배하고 대입 준비를 하느라 공부하던 곳이어서 낯설지 않았다. 친구들과 오랜만에 만나 회포를 풀며 술잔을 기울였다. 대낮부터 거나하게 취한 나는 높이 6m 정도 되는 다리 위를 걷고 있었는데, 느닷없이, 그야말로 불현듯 전에 부흥회에서 들은 앞 못 보는 안 요한 목사님의 말씀이 떠올랐다.

'여러분에게 감사하는 마음이 없다면 눈을 감고 여러분이 사용하는 방안의 물건을 하나 찾아보십시오. 눈을 뜨고 있다는 그 자체가 얼마나 큰 하나님의 은혜이고 축복인가 알게 될 것입니다.'

나는 눈을 감았다. 그리고 다리 저 끝을 향해 걷기 시작하였다. 불과 몇 발자국 걸었을 뿐인데 다리 난간에 부딪치며 추락하고 말았다. 안 목사님의 말씀을 잘못 이해한 결과였다.

그해 여름은 날이 가물어 개천 바닥을 다 드러낸 채로 바위들이 우뚝우뚝 솟아 있었다. 폭이 20여 미터쯤 되는 개천 바닥에는 단 한 군데만 썩다시피 한 물이 고여 있었는데, 천만 다행으로 내가 그 웅덩이로 곤두박질쳤다. 그래서 다치지 않았다.

그 고인 물을 표적으로 삼고 뛰어내려도 그곳으로 떨어진다는 보장이 없는 작은 규모였다. 다리 밑에서 고기를 구어 먹던 사람들이 소리치며 달려왔다. 술에 취한 채 물웅덩이에서 기어 나온 나에게 그들은 천운이라고, 이건 기적이라고, 이구동성으로 말하는 것이었다. 내가 현장을 살펴보아도 공감되었다.

이번에도 하나님은 나를 물속으로 처박아 몸도 다치지 않고 목숨을 유지시켜 주셨다. 덕분에 축하주라며 따라주는 술까지 받아마셨다.

더 가관인 것은 그날 술김에 친구 집에 갔다가 우리 안에 가두어둔 송아지만한 맹견을 사정없이 두들겨 팼다. 그러고도 물려죽지 않은 게 기적이다. 겁을 먹은 친구는 다음날 나를 내쫓듯 하였다. 군대에서의 별명이 미친개였기에, 나를 알아본 개가 기가 꺾였던 모양이다.

개가 입을 꼭 닫고 있었으니 하나님의 은혜였다. 친구는 맹견을 키운 이후 그 우리에 들어간 사람은 내가 유일하다고 하였다. 뱀이 땅꾼을 알아보고 공격하지 못하는 것과 다르지 않았다. 그 총명한 개 역시 본능적으로 미친개를 상대해서는 안 된다는 것을 느꼈는가 보다.

기이한 경험들이다. 이런저런 사건 수준의 기이한 일들은 한 해에 몇 번이 아니라 하루에도 몇 번씩 일어났으니 나의 가족은 초긴장의 연속이며 불안과 고통이 얼마나 컸을까.

"너는 남들이 평생에 한두 번 저지를까 말까한 엄청난 일들을 한 주간 동안에 저지르니 어찌 감당하며 살아갈 수 있겠니."

오죽하면 아버지가 이런 탄식을 하셨을까.

알코올 중독자가 술을 찾기 위한 노력의 백분의 일만 하여도 단주(斷酒)에 성공할 수 있다고 회자된다. 알코올 중독자는 1%의 술 찾기를 포기하지 못한다. 결국 그는 그 1%의 확률로 100% 술을 찾아낸다.

어머님은 나의 계속되는 음주로 더 이상 동네 창피해서 못 살겠다며 나다니지 못하도록 내 옷가지를 모두 감추어 버리는 촌극

마곡사에서 좌 안준배 중 민두식 우 손광호

 을 벌이기도 하였으나, 술 취한 나는 아내의 월남치마를 입고
슈퍼에 가서 술을 사 왔다. 이런 말도 안 되는 작태를 자식이라
는 이유 하나만으로 지켜보아야만 했던 부모의 심정이 어떠했을
까 생각하면 나는 정말 세상에서 가장 한심스러운 사람이었다.
그렇게 나를 사랑해주시던 부모님이 이 세상에 계시지 않으니 더
더욱 가슴 아프고 그리워진다.

 목사 안수를 받기 전 잠실 쪽에 살고 있을 때였다. 집을 나서
다 우연히 나와 처지가 비슷한 사람을 만났다. 아침 열 시쯤이었
을까? 술에 취한 사람이 소주병이 든 비닐봉지를 들고 걸어가면

서 오줌을 질질 흘리고 있었다.

내 모습을 보는 것 같아 현기증이 일었다. 내 눈의 들보는 보지 못하고 남의 눈 티만 비난하는 모자람인가. 내가 그보다 덜한가? 더할 것이다. 그러나 내 모습을 보는 것 같아 슬펐다. 타인이 보는 내 모습이 저 모습이다.

저 사람은 누구 때문일까. 무엇 때문에 저리 되었을까. 아니다. 그가 그를 만들었다. 나도 내 탓이다. 내가 나를 만들었다. 내 몸이 굽으니 내 그림자도 굽는다. 몸이 굽은 것은 마음이 바르지 못함이다. 낮은 굴을 지날 때와 도둑이 남의 집에 들 때 모두 몸을 굽히지만, 청명한 대낮에 넓은 길에서도 굽어 있다면 그건 심각한 문제가 아닐 수 없다. 어찌 그림자가 굽은 것을 탓할 수 있나. 나는 왜 굽어진 몸으로 살게 되었는가?

내 처지를 돌보는 것은 곧 나를 돌보는 것이며, 나를 돌보는 것은 문제의 수렁에서 벗어나게 하려 함이다. 짠 바닷물 속에 사는 물고기는 소금에 절어서 사는 것 같지만 스스로 적응해 민물고기와 같은 염도를 유지한다. 바다 생선도 간을 하지 않으면 싱거워서 먹을 수가 없다.

똑같은 비를 맞아도 죽은 나무는 썩고, 생명이 있는 나무는 푸르게 성장한다. 오래 전에 태백의 예수원에서 했던 말을 되뇌었다.

"주여, 강복하소서! 너무 오랜 기간 가족들을 괴롭혀 왔습니다. 나의 부모님이 경제적으로 여유가 있어 버려져야 할 나를 보살펴주신 은혜가 있어 숱한 정신병원 입원과 수용소 생활에도 목숨을 부지할 수 있었습니다."

분명한 것은 부모님께서 치료비를 감당하지 못하였다면 술에서 깨어나 보지도 못한 채 나는 지금쯤은 땅속에서 부패하여 유골만 앙상하게 남았을 것이 틀림없는 사실이다.

인간도 동물이어서 우리에 갇혀 속박당하는 그것, 억압당하거나 착취당하는 그것, 고통스러운 징벌 받는 그것에 익숙해지면 감각이 무디어져 포기하거나 적응하거나 할 것이다.

알코올 중독자를 나병환자와 비교해 보면 별반 다를 게 없다. 자신의 본래의 모습을 잃어버린다. 육체적, 정신적, 영적 감각마저 잃어버린다. 사회로부터 격리 억압된다. 그런 생활이 십년 가까이 지속되는 가운데 서른 번이 넘는 수용자 생활, 가정의 파탄, 더욱 심해지는 파괴적 충동 등 어느 것 하나 내 삶은 온전한 것이 없는 엉망진창이었다.

인간으로서의 모습이 증발됨으로써 존재의미조차 박탈당한 한낱 폐물이 된 것이다. 그리하여 끝 없는 나락으로 떨어져 내리고 있었다. 이토록 어이없게 비참하고 참담한 인간은 없으리라.

인질범이 된 긴급속보의 주인공

또 다시 안양의 정신병원에 입원하였다. 치료가 목적이 아니었기에 치료를 기대하지도 않았다. 그래서 의미 없는 입원인 셈이다. 억지로라도 의미를 부여한다면 또 다른 큰 사고를 예방하기 위함이 되겠다. 아니면 이래도 저래도 안 되니 그냥 병원에 가만히 있으라는 것일 수 있겠다. 늘 드나드는 곳이며, 횟수를 헤아려 보아도 몇 번째인지 알 수 없는, 어찌 보면 자연스러운 것이다.

오랜 기간 병원생활을 하다 보니 익숙해져서, 의사나 간호사를 비롯한 여타 직원들과도 스스럼없이 대화할 뿐만 아니라 사무실도 편안하게 들락거렸다.

그 날은 주치의가 외출시켜주기로 약속한 날이었다. 그러나 잔뜩 기대하고 기다리는데도 외출 허락이 떨어지지 않았다. 간호사를 다그쳤더니 선생님이 주무셔서 행정 처리를 못하였다는 것이다. 약속을 해놓고 지키지 않는 것은 옳지 않다.

게다가 의사가 안일하게 낮잠이나 자고 있다니 어이가 없었다. 의사 입장에서야 대수롭지 않게 생각할 수도 있으리라. 그러나 오랜 기간 밖에 못 나가고 갇혀 지내다가 모처럼의 외출로 기대에 부풀어 있던 나에게는 큰 실망과 분노였다.

나는 참지 못하고 사무실에 있던 칼을 들고 간호사들이 머무는 방으로 뛰어 들어가 간호사의 목을 그을 듯 들이댔다. 광기였다. 그리고는 질려 있는 간호사로부터 카드 키를 빼앗아 문을 연 후 그녀를 인질로 삼아 1층 원무과로 내려갔다. 그곳에 있던 삼십여 명의 사람들은 비명을 지르며 혼란에 빠졌다. 아수라장이 되어버렸다.

조금 전까지만 해도 지극히 정상적으로 보였던 나였다. 그랬는데 느닷없이 발작을 일으키듯 예측할 수 없었던 위기상황이 벌어진 것이다. 그야말로 나도 의식하지 못하는 순간에 찰나적으로 일어난 돌발 상황이었다.

알코올 중독자에게 잠재되어 있는 '폭발성 정신병적 증상'이 노출된 것이다. 어떤 사고가 발생할지 예측불허다. 워낙 순간적으로 일어난 위기상황이라 누구도 제지하지 못하였다.

간호사를 인질로 잡고 병원을 탈출한 나는 제 정신이 아니어서 눈에 보이는 것도 없었다. 다만 정신병원에서 좌석버스 정류장까지 짧지 않은 거리를 눈이 뒤집힌 채로 걸었다.

인질로 잡은 간호사를 끌고 버스 위에 오르자 놀란 승객들이 모두 하차하였다. 많은 사람이 버스 밖에서 상황을 지켜보고 있었다. 급히 달려온 경찰이 총을 쏠 자세로 버스에 오르려 하자 지휘자인 듯한 경찰관이 황급히 그를 제지하였다.

　경험이 일천한 순경이 상황판단을 제대로 하지 못하고 급하게 서두르는 게 무모해 보였기 때문일 것이다. 곧 뒤쫓아 온 병원 직원들과 경찰관들 간의 작전에 합의가 이루어졌는지 버스가 출발하였다. 나는 그 와중에 극도의 공포로 떨고 있는 간호사에게 당신을 다치게 하지 않을 테니 안심하라고 몇 번이나 다짐해주었지만 그녀는 내 말을 믿을 수 없는지 살려주세요, 살려 주세요를 반복하며 울었다. 내 손의 칼이 그녀를 공포에 떨게 하였다.

　두려움으로 가득 찬 그녀의 눈은 그 후 잊혀지지 않고 떠올랐다. 그때를 생각하면 그 간호사에게 죄스러운 마음을 금할 수 없다. 어쩌면 그 일이 그 이후의 나의 삶에 영향을 주었을 것이다.

　"약속해요. 절대, 절대로 해치지 않아요. 믿어주세요. 해치지 않는다구요."

　정말 해칠 생각이 없었다. 그녀를 안심시키기 위해 수없이 말하였으나 칼을 들고 자기를 납치한 흉악한 범인의 말을 누군들 믿을 수 있을까. 지금이라도 그녀를 만난다면 무릎 꿇고 진실하게 사과하고 싶다.

　안양시와 서울시 경계선에 버스가 이르렀을 때 그 버스가 정지하였다. 경찰의 바리케이드가 도로를 차단한 상태였다. 무장한 전투경찰 기동대 버스 6대가 출동하여 일촉즉발의 위기감이 짓눌렀다. 대략 이삼백 명 정도의 전경들이 동원되었으니 그야말로 긴급한 비상상태였다. 정신병원을 탈출한 환자가 칼로 인질을 잡고 있으니 얼마나 심각한 긴장사태일까.

병원직원과 협상을 시작하였다. 최종 합의는 병원의 남자직원과 간호사를 택시에 태우고 나와 함께 서울로 가서 나의 집까지 데려다준 후 그 두 사람은 병원으로 돌아가게 한다는 합의가 이루어졌다.

우리 세 명은 버스에서 내려 대기 중이던 택시에 올랐다. 택시 뒷좌석에 간호사를 태우고 내가 그 옆자리에, 병원 직원은 조수석에 탔다. 내가 급히 문을 닫다가 그 모서리가 이마에 스쳐 눈 위가 찢어졌다. 피를 보자 짜증이 났다.

"기사님, 백미러와 사이드미러 모두 내가 뒤를 볼 수 있도록 내 눈에 맞추고 뒤따르는 경찰은 어떻게든 따돌리세요. 내 말대로 하면 아무도 다치지 않고 조용히 모든 일이 무사하게 끝날 거요."

택시가 출발하였다. 일정한 거리를 유지하며 경찰차 두 대가 뒤따랐다. 내 요구에 따르지 않으면 위험에 처할 수 있다고 느낀 기사가 내 요구를 모두 수용하였다. 나는 뒷좌석에서도 따라오는 경찰차 두 대를 지켜볼 수 있었다. 서울로 들어오자 경찰을 따돌리는 게 쉽지 않았다. 방향을 바꾸고 과속하는 등 운전기사가 최선을 다하였어도 경찰은 따라 왔다.

서울 한복판에 들어왔을 때 나름대로 기지를 발한 기사가 급회전으로 방향을 돌려 청계천으로 향했다. 경찰차가 보이지 않았다. 나는 기사에게 안양에 있는 정신병원까지의 왕복차비 7만원을 주면서 시속 20Km 정도로 저속 주행할 것을 주문하였다. 경찰차가 보이지 않아 나는 저속운행 중인 택시에서 뛰어내려 청계천 어느 골목으로 도주하였다. 조폭 영화의 한 장면 그대로였다.

나중에 알게 된 사실이지만 이미 이때는 TV와 라디오 등 방송들이 긴급 보도로 전국에 나의 인질사건을 보도하고 있었다. 그날 석간신문들은 일제히 대문짝만 한 톱기사로 보도하였다. 정신병자가 간호사를 칼로 위협하여 정신병원을 탈출한 후 경찰을 따돌리고 도주하였다는 빅뉴스였다.

그 사실을 알지 못했던 나는 택시에서 탈출한 직후 동대문시장에서 30cm쯤 되는 람보 칼을 사서 배에 꽂고 처갓집으로 향했다. 이미 병원에서의 탈출이 집에 통보되었으며 경찰이 잠복해 있을 것이었다. 온 가족은 몸을 숨긴 상태였다.

그날의 나는 확실히 내 정신이 아니었다. 처갓집에는 장모님만 보였다. 나는 술을 가져다 마시면서 딸을 부르라고 하였으나 어디 갔는지 모른다기에 얼마 후 뛰쳐나왔다. 장안평의 친구에게로 간 나는 그곳 지하 술집에 들어가 술을 마시며 병원 주치의에게 전화를 걸어 욕설을 퍼부었다.

당신이 약속을 지키지 않아서 이 같은 일이 벌어졌다고 목청껏 소리 질러대다가 제 풀에 꺾여 전화를 끊었다. 전화통화를 듣고 있던 웨이터는 속보로 방송된 인질극의 범인이 나라는 것은 알게 되었다. 내가 자리로 돌아가자 그는 전화기의 재 발신 버튼을 눌러 병원직원과 통화하였다. 통화를 끝내고 내게 온 그가 말했다.

"술을 무제한으로 드리라는 지시를 받았습니다. 마음껏 드십시오."

나를 만취시켜 쓰러지게 하려는 의도였다. 나는 마시고 또 마셨다. 술이 무제한으로 넘어갔다. 얼마만의 술인가. 그리고 오늘 얼마나 끔찍한 일을 저질렀는가. 나는 마비되도록 마셔댔다.

눈을 떠보니 안양정신병원 응급실이었다. 정신병동에서는 사고를 일으킨 환자를 열흘 동안 결박(restrain)시킨다. 그 고통과 불편은 참담하다.

그 후 위험한 요주의 환자로 분류되어 모든 행동에 제약을 받았다. 다른 정신병원들이 나를 받아주려 하지 않았다. 군대에서는 사실상의 국경선인 해안근무 비적격자로, 아예 현역 복무 비적격자로 판단된 나였다.

그랬는데 사회에서의 격리시설인 정신병원조차 위험인물로 낙인을 찍어 갈 곳이 없어지고 말았다. 어디 그뿐인가 일찍이 해외추방, 출국정지, 여권발급 제한 조치 등등……. 특별조치를 받아온 내가 아닌가. 정신병원마저 나를 기피하니 나는 정말 하늘 아래 있을 곳이 없었다. 누구도 경험해 보지 못한 고약하게 나쁜 특별 신분으로 분류되었다.

아, 하늘 아래 손광호 같은 사람은 없으리라.

술은 인생에 있어 윤활유 또는 촉매제 같은 역할을 한다며 음주예찬을 떠들어대던 나는 이제 알코올 중독자를 넘어 하늘 아래 머물 곳이 없는, 유례를 찾아볼 수 없는 나락으로 추락하였다.

이것은 결과다. 그러한 나를 포함해서 그 누구도 결코 단 한 순간이라도 알코올 중독자가 되겠다고 생각한 사람은 없다는 사실이다.

나의 갈 길은 멀다. 아득할 지경으로.

아내는 새벽마다 우선적으로 처리하는 일이 있다. 까만 비닐봉지에 술병을 담아 멀리 떨어진 쓰레기통에 버리고 오는 일이다. 소주병이 하루 이틀 쌓이면 수십 개나 되어 부피도 무게도 만만치 않은 데다가 이웃의 눈에 뜨일 것이 염려되어 미명에 처리하는 것이었다. 한참 후에 그 말을 직접 들었다.

술이 깰만하면 술을 찾는 나를 피해 아내는 내 시야에서 사라져 버리기도 하였다. 술심부름을 시킬 요량으로 아내를 찾았지만 어느 날은 집안을 다 뒤져도 찾을 수 없었다. 포기하고 잠이 들었다. 다음날에야 그 이유를 알았다.

어디 숨을 데가 있느냐고 물으니 보일러실 벽을 기어 올라가 천장에 붙어 있다시피 하였다는 것이다. 얼마나 힘이 들었을까 생각하니 미안하고 민망하였다. 만화에나 나올 법한 '스파이더우먼'이 되어야 하는 경험은 아내에게는 견딜 수 없는 형벌이었을 것이다.

그렇지만 그런 아내에 대한 측은지심도 자신에 대한 자책감도
알코올 기운이 떨어질 때면 안개처럼 사라졌다. 그즈음 미세한
내 마음의 소리를 내가 들을 수 있었다.

"손광호, 이 자식, 이제 제발 그만 좀 해라."

일말의 양심이 남아 있었나 보다.

화인(火印)맞은 나는 아노미형(ANOMIE) 인간

나는 아노미(anomie)형 인간이다. 아노미는 인간의 가치체계가 모순되어 개인에 대한 자제력을 잃거나, 그 가치체계 자체가 붕괴하여 불안감, 고립감이 조성되는 현상을 말한다. 소외는 인간사회와 교제가 단절된 심리적 상태를 일컫는다. 그러니까 소외는 정신적이든 육체적이든 사회로부터의 분리를 의미한다.

아노미적 인간은 죄의식을 느끼지 못한다. 모든 탈선된 행동은 가치갈등 혹은 가치 충돌에서 일어나는데, 가치관 자체가 잘못되었기 때문에 전혀 양심의 가책을 느낄 수 없다. 언제나 자기 생각만 옳다고 여긴다. 소외된 사람들이 갖는 공통의 심리적 특징이기도 하다.

서울역 수하물의 무게를 측정하는 대형 저울은 어지간한 손가방 하나에는 저울 눈금이 꿈적도 하지 않는다. 금은방이나 한약방의 저울은 먼지가 조금만 쌓여도 무게를 측정할 수 있을 만큼 예민하다. 나의 양심은 화인(火印) 맞은 상태여서 전혀 죄의식을 느끼지 못하였다. 아무리 끔찍한 죄악에도 태연자약 한다. 오랫동안 기울어져 있어서 그것이 오히려 정상적인 것으로 인식된다.

온갖 노력을 기울였어도 치료 불가능한 나를 가족들마저 포기하기에 이르렀다. 일 년만 이런 상태가 지속되어도 포기하고 말 터인데 나의 경우 자그마치 십 년 넘게 계속되면서 증상이 더욱 악화되니 포기할 수밖에 없었다. 맞다.

언제나 마지막이라고 말씀하던 어머니는 도저히 변화시킬 수 없다고 여겼으면서도 이번이야말로 정말 마지막이라며 작은 집을 장만해주고 가게를 차려 새 삶을 시작할 수 있게 해 주었다. 그러함에도 불구하고 통제력을 상실한 나는 개업을 앞두고도 음주를 이어 갔다. 정상적인 사람들은 어쩌면 저럴 수가 있을까, 혹은 조금만 마음을 다져 먹으면 벗어날 수 있지 않을까 생각하겠지만 갈증이 물을 찾듯 나는 술기운이 떨어지면 다른 생각이 나지 않았다. 몸과 마음이 동시에 술, 술, 오직 술에 갈급해진다. 본능적이고 생리적인 것이어서 내가 나를 어찌할 수가 없었다.

절망에 이른 어머니는 이런 상태라면 어떻게 해주어도 아무 효과가 없다며 또다시 치료시설을 알아보려 다녔다. 그렇게 해서 알아낸 곳이 서해의 유부도(有父島)라는 작은 섬에 있는 '수심원'이라는 정신질환자 수용시설이었다. 수심원은 1997년 SBS TV의 '그것이 알고 싶다' 프로에 방영되었고, 기형적 운영실태가 전해진 후 폐쇄된 곳이다.

수심원은 정신질환자가 마지막으로 가는 곳으로 소문난 악명 높은 정신병자 수용시설이다. 환경조건상 아무도 탈출한 적이 없다는 전설적 수용시설이었다. 탈출한 사람들이 급한 해류에 밀려

목숨을 잃어버렸지만 그런 것은 한 줄 신문 기사거리도 되지 않았다. 이유는 빤하다. 없어져도 그만인 사람들이거나 관심 밖의 사람들, 사회 구성원으로 인정되지 않는 그런 사람들로 간주하는 까닭이다. 이 시설을 운영하던 책임자가 고발되어 교도소에 갔으나 형량이 고작 1년 6개월이었다니 놀랍지 않을 수 없다.

그곳에 상담을 하러 갔던 어머니는 상담직원으로부터 끔찍한 이야기를 들었단다.

"시장 구석에서 떡장수를 하는 어머니도 자식을 이곳에는 보내지 않습니다."

그래도 좋다면 환자를 받겠다는 것이리라. 어머니는 그 한 마디로 압축된 상담직원의 말에 충격을 받고 발길을 돌렸다고 한다. 그런 말을 할 정도면 얼마나 끔찍한 곳일까.

어머니는 친척에게 부탁하여 새로운 수용시설을 찾아냈다. 그곳은 마포에 있던 '알코올 중독자 치료병원'이었다. 알코올 중독자라면 거의 모르는 사람이 없을 정도로 악평이 떠도는 병원이었다. 병원들마다 특징이 있는데 어느 곳에서는 800v의 전기 충격기를 환자에게 사용한다는 것이다.

그 고통으로 울부짖는 소리가 병동에 울려 퍼지면 환자들은 공포에 사로잡혀 병원 규율을 잘 지키게 된다는 것이다. 어떤 곳은 약으로 사람을 멍청하게 만들어 바보가 된다고도 했다. 좀 다른 이야기지만, 모두가 자신이 잘못 살아온 죄과를 받는 것이겠지만, 우리 사회의 합법적 폭력을 인정받는 곳이라 하겠다. 그들에게 가해진 폭력은 그들에 의해 또 다른 폭력으로 이어진다. 결과적으로 더욱 무서운 범죄로 발전되고 만다. 하기는 영화 '뻐꾸기 둥지 위로 날아간 새'에서처럼 전두엽을 수술로 제거해 식물인간으로 만들지 않는 것만도 다행이라면 다행이다.

선한 치료의 목적을 명분으로 정당성을 주장하는 '죄와 벌'의 라스꼴리니코프처럼, 혹은 히틀러의 독선과 스탈린의 전체주의 체제에서처럼 한 사람의 병든 양식(良識)은 다른 많은 선량한 사람들에게 고통을 주는 작용을 할 수 있는 것이다.

알코올 중독자로 살다 보니 A·A(Alcoholic Anonymous) 치료법에 대하여 들은 적이 있다.

예수원에 들어가 있을 때 술 때문에 밖으로 나와 하사미마을 입구에 방을 얻어 지낸 적이 있다. 그때 홍 형제라는 분을 알게 되었다. 그는 특수부대 출신으로 북한을 여러 차례 다녀왔다고 한다. 1983년 버마를 방문한 전두환 대통령 일행에게 폭탄테러를 감행한 북한의 아웅산 만행으로 한국군 특수부대에 소집명령이 떨어진 적이 있었다.

그는 알코올중독이 심해 면제되었다고 한다. 그는 술을 마시기 시작하면 한 주간에 소주 백 병 정도를 마셨다니 그 수준을 알만하다. 마을 사람들도 어쩔 수 없어 한 번은 경운기에 싣고 산꼭대기에 마실 물과 함께 내다버린 적도 있었지만 사흘쯤 후에 멀

쩡하게 마을로 내려왔다. 그 형제가 또 발동이 걸려 술을 마신다
는 소식을 듣고 그의 집을 방문하여 보니 소문 그대로였다. 손수
만든 침대 옆에 작은 받침대 삼아 보조탁자를 만들어 놓았는데
그 위에 소주병이 놓여 있었다. 그러고는 누워서 아기가 엄마의
젖을 빨 듯 빨대를 입에 물고 소주를 빨아먹고 있었다.

프로이드는 '구강 불만족' 즉 엄마 젖을 충분히 먹지 못한 채
애정이 결핍된 상태에서 자라면 알코올 중독자가 될 가능성이 그
만큼 높다고 했다. 그런 까닭인지 우리가 흔히 빨아먹는다고 하
면 엄마 젖을 빠는 것을 연상하기도 하는데 그 이치가 동일하다
는 것이다. 다소 황당하기는 하지만 엄마 젖 대신 술을 빨아먹는
다는 그런 경우도 가능할 것이라고 생각된다.

어쨌건 그는 누운 채로 술을 빨아먹고 있었다. 그가 소주 몇
병 사달라고 해서 다섯 병을 놓고 나왔다. 그는 방에서 나뒹굴고
있던 A·A에 관한 작은 책자를 나에게 건넸다. 마치 나는 이미
틀렸으니 당신이나 이 책대로 알코올 중독증을 치료해 보라는 권
유 같았다.

그해 겨울 그는 술에 취한 채 동사하고 말았다.

그 책을 받은 지 7년이 지나서야 내가 A·A 교육을 받고 있었
다. 국내에서는 유일하게 A·A 프로그램에 의해 환자를 치료하
는 병원이었다.

그 알코올 병원의 규칙은 상상 밖으로 엄격했고, 교육도 새벽

여섯 시부터 저녁 열 시까지 강도 있게 진행되었다. 입원한 지 한 보름쯤 지났을 무렵 총무를 보던 환자가 자기는 곧 퇴원하게 되니 나에게 총무를 맡아 달라고 했다. 총무는 환자들의 투표로 선출되며, 병원의 규칙은 물론 전달사항까지도 다 외워야 한다. 직원을 보조하는 역할이라고 보면 된다.

얼마 후 나는 총무로 선출되었다. 병원 내 교육, 운영, 지출, 규율 등 모든 살림살이를 접수했다. 한 마디로 환자실의 수장 업무를 총괄하였다.

나는 효율적인 환자관리감독을 위하여 효과 빠른 폭력을 선택하였다. 내 말을 어기면 가차 없이 폭력을 휘둘렀다. 같은 폭력이라도 전처럼 음주 상태에서의 폭력이 아니었다. 그동안 내가 유사한 시설에서 겪어왔던 학습효과 때문에 폭력이 효율적 방법이라고 여겼던 것인지는 모르겠다. 그야말로 군 형무소, 민간형무소, 기도원, 복지원, 정신병원 등의 모든 규율을 종합하여 하나의 '폭력 규범'을 만들었다고 보면 된다. 경험이 풍부한 나였으니까.

다행인지 불행인지, 엉망이던 병원 규율이 잡히고 외견상으로는 환자들의 병실생활이 안정되었다. 친구의 말대로 나는 '뻐꾸기 둥지 위로 날아간 새'가 되었다.

한 주간 당 오천 원의 회비도 징수의 효율성을 위하여 개인에게 받던 것을 방 단위로 징수하였다. 쉽게 100% 완납되었다.

미납한 방은 불이익은 물론 나에게 괴로움을 당하게 돼 미납 문제도 해결되었다. 주말에는 '그룹 양심의 시간'이라는 교육시간을 두고 한 주일 동안 생활하면서 있었던 불평불만을 한 가지씩 발표하게 하였다.

그러나 이런 나의 노력도 보는 시각에 따라 호불호가 갈렸다. 어떤 이들은 마치 권력을 장악해 내가 이로운 대로 병실운영에 간섭하는 것이라고 비난하는 소리도 있다.

나의 폭력적인 힘을 경험한 70명이 넘는 환자들은 두렵고 귀찮다고 여겨 불평불만을 제기하지 않았다. 이쯤 되자 병원 운영의 전반에 걸쳐 책임이 있는 회장은 자신이 원하는 방향과는 다른 병원 분위기를 느꼈던지 환자들이 불평불만이 없다는 건 말도 되지 않는다며 나를 의심하였다.

내가 강압적으로 환자들을 통제하고 있어 분위기가 매우 경직되었다는 것이다. 회장은 급기야 이제부터 한 사람이 한 가지 이상의 불평불만을 말하지 않으면 취침시키지 않겠다고 엄포를 놓았다. 평소 나에게 불만이 있던 회장은 총무를 재선출하겠다는 뜻도 밝혔다. 그러건 말건 나의 관심사는 아니었었다.

병원 환자들 교육은 100일이면 입원 프로그램이 끝나고 퇴원하게 되어 있었다. 그런데 나는 입원 넉 달이 지나도 퇴원 이야기가 없었다. 나의 불만은 날로 증폭되어 그렇다면 내가 탈출해야겠다는 결정을 하였다. 탈출 계획을 염두에 두고 지내면서도

나는 자기 평가 목록을 작성하고 알코올중독에 대한 병식(病識)
등 많은 것들을 체득하였다. 그렇다고 나의 완악한 영혼이 새롭
게 된 것은 아니었다.

불만이 증오와 분노로 축적되어 갔다. 나는 어디로 튈지 모르
는 시한폭탄처럼 위험한 상황으로 치달았다. 선거를 통해 새 총
무가 선출되었지만 그는 나의 지시를 받아야 했다. 누가 총무가
되건 병실은 내가 통제권을 장악한 상태인 데다가 나의 완력과
번뜩이는 기지를 당할 수 있는 자가 없었다.

화가 난 회장은 급기야 총무 직을 없애버리고 본인이 직접 관
리감독을 하겠다고 나섰다. 그는 거기서 퇴원 후 자원봉사가 된
사람들과 A·A회원들과 직원들을 규합해 입원 환자들을 좀 더
적극적으로 억압하기 위하여 그 본보기로 나를 선택하였다. 나를
장악하면 환자들은 쉽게 통제할 수 있는 게 사실이었다.

회장은 치밀하게 준비 작업에 들어갔다. 봉사자들 가운데 민이
란 친구는 항상 나에게 예의를 갖추고 존댓말을 했는데 어느 날
느닷없이 '야! 손광호 총무, 똑바로 해!'라고, 불쾌하게 명령조로
시비를 걸어왔다. 그 순간 확 열이 치솟으며 이제는 정리할 때가
되었다는 결론이 내려졌다.

나의 뇌는 풀 오토메이션이다. 무슨 일이 발생하면 어떻게 대
처하면 좋을까 생각하는 과정이 생략된 채 결론에 이른다. 결론
은 늘 하나였다. 반발하고 응징하는 그것이다. 이미 내 인생은

포기한 상태였다. 그럼으로 눈치 보며 구차하게 살고 싶지 않았다. 늘 그랬듯이 삶에 대한 미련이 없는 터여서 "그래, 너 죽고 나 죽자"가 결론이었다.

머릿속에 구상해 두었던 구체적인 범행과 탈출계획을 이행할 단계다. 그 동안 남모르게 준비해 숨겨둔 칼을 가지러 가려고 운동화 끈을 조이고 병실 문을 여는 순간 직원이 소리쳤다.

"모두 각자 방으로 들어가 취침한다."

그 병원에 7개월이나 입원해 있는 동안 이러한 비상상황은 한 번도 일어난 적이 없었다. 나는 격분한 마음을 가누지 못하고 누웠으나 "너는 왜 저 사람을 죽이려고 하는가?"라는 소리가 들려왔다. 잠시 생각한 끝에 내 자존심을 상하게 했기 때문이라고 답했다. 다시 음성이 들려왔다. '너는 이 세상을 살아오면서 얼마나 많은 사람들의 가슴에 못을 박고 피 눈물을 흘리게 하였느냐? 네 자존심을 상하게 하였다고 그 사람이 죽어야 한다면, 너는 몇 번이나 죽임을 당해야 하였을까. 네가 올바른 사람이라 할 수 있느냐? 너 자신을 돌아보라.'는 것이다.

7년 전 예수원의 소기도실에서 보았던 환상이 재현되고 있었다. 예수원에서 늦은 저녁에 허탈한 마음에 소기도실로 올라가 기도를 하던 중 환상을 본 적이 있었다. 갑자기 녹색 광채가 사방을 비추더니 커다란 학교 운동장에 수많은 사람들 모습이 보였다. 그곳에는 아이 업은 아줌마가 삼강 하드 통을 메고 서 있었다. (어릴 적 여름 아이스케이크로 유명하였다). 노인, 어린이, 청년 등 한 번 본 적도 없는 사람들로 운동장은 북새통이었다. 어처구니 없는 일은 이들 모두가 나에게 피해를 입었다고 주장하고 있었다. 무슨 말도 되지 않는 소리냐고 악을 쓰며 '하늘에 약속하지만 결코 본 적도 없는 사람들'이라고 강변하였다.

"그래, 이제 네가 한 일을 보여주겠다."라며 벽에 밝은 녹색의 글씨로 내가 저지른 죄의 목록들이 나열되었다. 사건의 때와 행위와 사건의 내용 등 어느 것 하나 부정할 수 없는 명확한 증거였기에 나는 고개를 숙이고 나의 죄를 인정하였다.

주여! 그러니 이제 저는 어쩌란 말입니까?

나의 절규가 눈물과 콧물로 뒤범벅되었던 예수원에서의 그때 그 일이 지금 내게서 생생하게 재현되고 있었다. 삼십 년이 지난 지금에야 그때 본 녹색 불의 정체가 무엇인지 알게 되었다.

삼십년 전에는 LED전구가 없었는데 나는 지금의 LED 전구를 그때 이미 보았다. 나중에 김포공항에 가보니 '입국 시간 알림 전광판'이 그때 환상 속에서 본 모양과 일치했다. 그런 환상이 나에게 보인 까닭이 무엇인지 알 길은 없었지만 불가사의한 경험이었다.

주체할 수 없는 눈물을 흘리며 잠시 잠이 들었다. 저녁식사 시간이 되었다고 알리는 소리에 깨어나 식사를 하고 교육실에 앉아 교육준비를 하였다. 그 날은 내가 교육지도 담당이어서 교재로 쓰던 'Big-Book'을 읽고 있었다. 7개월의 병원생활 동안 수없이 읽은 책인데 그날따라 한 구절이 나를 사로잡았다.

A·A(Alcoholic Anonymous, 익명의 알코올 중독자 모임)를 창시한 Bill W가 영적 치유 그룹인 옥스퍼드 그룹 운동(Oxford Group Movement)에 참가하였다가 위대한 심령 사건을 경험하며 충격을 받았고, 그로인하여 알코올 중독을 치료받게 되었다.

그는 알코올 중독에서 회복된 후 주식 중개인으로 변신하여 뉴욕을 방문하게 되었다. 그를 마중 나온 친구가 그의 변한 모습을 보고 그 동안 무슨 일이 있었느냐고 물었다. 그는 영적 모임에서의 성령체험(하나님의 임재)을 이야기했고, 이 친구는 그 얘기를 또 다른 친구 Dr. Bob에게도 전해주었으면 좋겠다고 말하였다. 두 사람은 Dr. Bob의 집을 찾았다.

Dr. Bob은 유능한 의사였지만 알코올 중독으로 여러 번 병원 신세를 졌었고, 끝내 직장까지 잃은 사람이었다. Bill W를 만난 Dr. Bob은 술에 취한 채 당신은 어떻게 그런 멀쩡한 정신으로 생활할 수 있느냐고 물었다. Bill W는 마침 벽난로 위에 걸려있는 겟세마네 동산에서 기도하는 예수의 모습을 그린 벽화를 가리키며 "바로 저것이다"라고 하였다. Dr. Bob은 그 후 마음을 고쳐먹고 부인 앤과 함께 A·A 활동에 봉사했다.

물론 그는 자신의 알코올 중독증을 고치게 되었고 이것은 하나님의 놀라운 기적의 사건이다.

이미 7개월간 수십 번도 더 읽었지만 단지 눈으로만 읽고 무심코 지나쳐왔던 그 내용이 나의 영혼을 깨우고 있었다.

"바로 저것이다."

Dr. Bob의 회심의 단초가 저기에 있었다는 것인데 '겟세마네 동산에서의 기도'는 성경 어디에 씌어 있는 것일까? 의문과 기대 속에 성경을 찾아보았다.

조금 나아가서 얼굴을 땅에 대시고 엎드려 기도하며 가라사대 내 아버지여! 만일 할 만하시거든 이 잔을 내게서 지나가게 하옵소서. 그러나 나의 원대로 마옵시고 아버지의 원대로 하옵소서. (마 26:39)

익히 들었던 성경 구절이고 다 알고 있던 터라 마음에 아무런 감동이 전해지지 않았다. 건성으로 읽었던 것일까? 그다음 날 아침 오전 교육을 시작하려고 교육실로 들어가는데 오른쪽 책장 밑에 기드온에서 발행한 하늘색 한영 성경책이 눈에 띄었다. 어제 그 구절을 다시 한 번 찾아보았다.

'My father, if it is possible, may this cup be taken from me, yet not as I will, but as you will.'

'not'이라는 부정어를 보는 순간 고압전기에 감전된 것 같은 충격에 휩싸였다. 아! 그렇다. 내 의지의 완전하고 절대적인 포기여야 했다. 하나님에 대한 절대적 순종, 하나님에 대한 절대적 신뢰, 하나님에 대한 절대적 의지에 대한 부정('no)'은 단순한 부정적 의미가 아니라 나 자신에 대한 완전한 부정이다. 그 과정이 있어야 하나님을 온전히 인정하게 되는 그런 의미가 담겨 있음을 알았다. 나에게는 이기심과 자만심만 가득했고, 자신을 돌아볼 수 있는 겸손이 전혀 없다는 사실을 깨달았다. 나를 부정하지 않는 한 나는 없다. 잘못된 나를 부정하라는 명령어가 바로 'not'이었다.

예수님도 자신을 내던지는 자기 포기가 없었다면 인류 구원 역사의 완성, 곧 대속의 십자가 위에서 '다 이루었다'는 승리의 고백이 없었을 것이다.

이제 가면의 삶, 가식의 삶을 벗어던지자. 완전히 내려놓자. 내 생명까지도 하나님께 맡기자. 하나님 앞에서 한없이 어리광을 피자. 이것을 깨달음이라 해도 좋고, 하나님의 역사라 해도 좋고, 후회의 순간이라고 해도 좋다. 아무려면 어떤가. 그 순간 내 눈은 비로소 떠졌고, 뿌옇게 안개 덮인 방에 한 줄기 빛이 들어오고 있는 그 작은 구멍 쪽으로 걸어가고 있는 한 사람이 보였다. 바로 나였다.

십자가의 은혜를 알고 있는 사람만이 자아를 부정하고 포기할 수 있다. 포기는 결코 상실이 아니다. 포기와 상실은 전혀 다르다는 걸 알았다. 포기하는 순간 다 잃는다고 알고 살아온 것이 문제였다. 포기하는 바로 그 순간부터 하나님의 모든 것을 얻어 소유하고 누리는 특권을 선물로 받는다는 사실을 두 손으로, 아니 온 마음으로 공손하게 받아들였다.

나를 부정할 때 하나님의 계획을 이루는 도구가 될 뿐 아니라, 나를 포기할 때 하나님의 나라에 살게 되며 당신의 일에 동참하게 되는 것이다. 너무 오래 걸렸다. 그러나 다행스럽게도 그 은혜의 길로 내가 들어서고 있었다.

전기가 잘 통하는 구리, 금, 은 같은 것도 그 금속 자체가 지니고 있는 개아성(個我性) 즉, 저항계수가 있어서 전기가 통하는 것을 방해하기도 한다. 각광받고 있는 새로운 물질로 초전도체라는 것이 있다. 이것은 기존의 반도체보다 훨씬 전도 효율이 높은 물질이다. 물질의 형체를 그대로 놓아둔 채로 섭씨 영하 200도 내지 300도까지 온도를 내리면 그 금속의 저항계수가 제로가 된다. 그런 상태의 물질을 초전도체라고 한다. 구리, 흑연, 납 등을 저온저압의 상태로 만들면 개아성(個我性)을 잃어버려 전기가 아무런 저항 없이 자유롭게 통과하게 된다.

결국 우리 인간의 깨어지지 않은 자아(自我) 역시 하나님의 강력한 개입으로 저항계수는 제로가 될 수 있다. 인간의 개별적 자아가 주 안에서 녹아질 때 종이가 타서 재가 되는 것과 같은 온전한 변화를 이룰 수 있는 것이다.

나는 AA 회원들이 가장 소중히 여기는 '평온함을 구하는 기도

(Serenity Prayer)'를 입으로 되뇌었다.

하나님! 내가 바꿀 수 없는 것들을 받아들이는 평온함을 주시고, 내가 할 수 있는 것들을 바꾸는 용기를 주시고, 그 차이점을 깨닫는 지혜를 주시옵소서.

God, grant me the serenity to accept the things I cannot change, courage to change the things I can, and the wisdom to know the difference.

시간이 흘러 교육이 끝날 즈음 병원 직원이 올라와 소리쳤다. "손 총무 퇴원이요! 짐 싸세요."

이럴 수도 있구나. 만약 어제 저녁의 고비를 넘기지 못하였다면 지금쯤 어떻게 되었을까? 담 하나만 넘으면 자유가 있는 아름다운 땅이다. 그러나 병원 안은 사회생활에 적응하지 못하는 온갖 죄인들의 소굴이다. 순전히 나의 잘못된 생각과 판단으로 막장의 삶을 살고 있었지만 하나님은 나를 다시 광명의 세계로 내보내고 계셨다. 지옥과 천당은 지척이었다. "주여! 감사합니다." 나도 모르게 절로 감사기도가 나왔다.

죽었다고 소문난 나는 거듭났다

짐을 정리해서 아래층 원무과로 내려갔다. 아내가 사무장과 이야기를 나누고 있었다. 퇴원 인사를 건네고 택시를 타고 남산 야외 식물원 쪽으로 향했다. 남산에 올라가 옛날에 살던 남창동 집을 내려다보았다. 변하기는 하였지만 동네 형체가 그대로 남아 있었다.

어쩌다 여기에 이렇게 와 있는 것일까? 누가 나를 이곳으로 데려온 것일까? 나는 누구인가? 하나님의 은혜가 나를 든든하게 잡아주고 있음이 느껴졌다. 동시에 마음 한 구석에서 내 마음을 낚고 있는 작은 바늘 하나를 느꼈다. 그것은 양심이었다. 누군가에게 그간의 잘못을 고백하고 용서받고 싶었다. 마음이 급해졌다.

입이 떨어지지 않았지만 용기를 냈다. 술 먹는 일과 폭력을 행사하는 일 말고 내 마음이 진심을 드러내 보인 첫 번째 사건이다. 아내에게 그 동안의 잘못을 빌며 이제 헤어져 각자 새로운 길을 찾아가자고 제안 아닌 제안을 했다.

아내가 한 없이 사랑스럽고 고맙지만 더 이상 아내 앞에 설 수 없을 만큼 염치가 없었다. 아내가 떠난다고 해도 더 이상 어찌해 볼 도리가 없었다. 일말의 양심은 남아 있어서 마음에도 없는 소리를 하게 되었는지도 모른다. 아, 이 사람! 그 인내심의 한계는 어디인가. 얼마나 힘들었을까. 백 번을 들락날락하였어도 조금도 변하지 않는 남편이라는 자가 마침내 헤어지자는 말을 하여 아내가 떠난다 하면, 갑자기 두려워졌다. 아내의 얼굴을 똑바로 쳐다볼 수 없었다. 나보다 더 무서운 여자, 그런 여자로 느껴졌다.

나의 경외 대상에 순위를 매긴다면 첫째는 하나님, 두 번째는 아내다. 나는 아내를 저만치 거리를 두고 바라보고 있었다. 아내의 입에서 나올 말이 두려워 거리를 두고 기다리고 있었다. 그 순간은 일루의 희망도 사라졌다. 더 이상 아내가 나를 용서하고 받아주는 일은 내 상식으로는 불가능하였다.

내 마음을 비우고 누군가의 판결을 기다리기는 처음이었다. 잠시 침묵하면서 내 마음이 편해졌다. 묵묵히 듣고 있던 아내는 조용하지만 단호한 목소리로 말했다.

"여보, 다시 한번 나를 선택해주세요."

나는 울고 있었다. 눈물을 보이지는 않았다. 아내의 그 말에 감격하여 소리쳐 통곡하고 싶었지만 참았다. 무릎을 꿇어야 했지만 그렇게 하지 않았다. 꼭 안아주고 싶었지만 그럴 용기도 나지 않았다. 적어도 그때만은 그럴 자격도 없는 인간이라고 스스로 자책하고 있었다. 아이들의 얼굴이 환하게 웃으며 스쳐갔다. 살

아오는 동안 누구로부터든 용서받고 인정받은 감격의 첫 경험이
었다.

세상이 다 나를 버려도 하나님과 아내만은 끝까지 나를 버리지
않았다. 모두 참아내지 못하고 떠났어도 제 자리를 떠나지 않고
참고 기다려준 하나님과 아내였다. 내가 술로 세상을 떠돌고 있
을 때 아내는 인내로 버티고 있었다.

한참 후에 아내에게 선언하듯 맹세하듯 말하였다.

"이제부터 가정을 책임지는 가장이 될 거야."

참았던 눈물이 하염없이 솟았다. 평생 한 번도 떠올린 적이 없
었던 아이들의 얼굴이 차례로 떠올랐다. 아, 아이들이 몇 살이나
되었지? 아이들이 나를 알아보기는 하는 걸까? 모른 체하면 어
쩌지? 아이들이 나를 용서하고 아버지라고 부르기는 할까. 옆집
아저씨만도 못한 아비가 아닌가.

그리고 어머니! 어머니 이 아들이 음주 시대 마감하고 이스라
엘 백성의 광야 시대로 들어가 참고 견디는 단주생활을 시작합니
다.

1990년의 일이었다.

말썽을 부리며 방황하던 시절 어머니는 나를 가리켜 저게 언제
사람이 될까 하고 자조 섞인 질문을 하셨다. 어머니의 평생의 소
원은 이 아들이 술을 끊고 사람답게 사는 것이었다. 그때마다 나
는 성 어거스틴(St. Augustin)도 성경구절의 깨우침 때문에 순간

적으로 변화를 받아 새사람이 된 것처럼 나도 언젠가는 그렇게
되지 않겠느냐고 자조 섞인 대꾸를 했었다. 그랬는데 20년 전에
대꾸할 말이 없어 둘러댄 그 말대로 내가 변한 것이다.

밤이 깊고 낮이 가까웠으니 그러므로 우리가 어두움의 일을 벗고 빛
의 갑옷을 입자 낮에와 같이 단정히 행하고 방탕과 술 취하지 말며, 음
란과 호색하지 말며, 쟁투와 시기하지 말고 오직 주 예수 그리스도로
옷 입고 정욕을 위하여 육신의 일을 도모하지 말라(롬 13:12-14)

탕자 어거스틴을 변화시킨 하나님의 말씀이다.
이 구절로 그가 과거를 버리고 새로운 미래를 시작했던 것처럼
나 역시 이 성경 말씀 한 구절이 죽어 있는 내 영혼을 깨웠다.
남들이 아름답다고 하는 꽃은 누구에게나 아름다운 법이다. 나라
고 그 꽃이 아름답지 않을 리가 없었다.
이와 같이 하나님의 말씀은 초월적 에너지로 내게 임하였다.
마치 물이 끓으면 수증기로 변하고, 그 수증기는 엄청난 에너지
로 증기기관차를 움직인다. 이처럼 하나님의 말씀이 인간의 영혼
에 접속될 때 무서운 힘으로 우리의 영혼과 육체를 정화하고 새
롭게 한다.
오랜 세월 간혹 성경을 읽기는 하였으나 시늉만 하는 건성이었
다. 그 말씀에 다가가려는 자세가 아니었다. 말씀을 대하는 진지
한 마음이 없었다. 그저 이런 저런 책을 읽듯 활자만 훑어보았을

뿐이었다.

창조주 하나님, 사랑의 하나님, 구원의 하나님을 믿는 마음 없는 단순 독서에 불과하였다. 의미 없는 독서, 관심 없는 독서, 그런 독서가 무슨 유익이 있을까.

병원에 들어가기 전에 개업해 아내가 운영하고 있던 카펫가게는 문을 닫을 지경이었다. 그야말로 어디 한 곳 기댈 곳 없는 황량한 광야 같은 환경이었다. 거리의 사람들은 모두 활기차게 자기의 할 일을 위해 분주하게 움직이고 있었다.

내 눈에는 그런 것들이 아직 탐탁하게 다가오지 않았으나 그런 중에도 나를 깨우는 작은 울림 하나가 있었다. 나도 저 사람들 중의 하나여야 한다는, 저 활기찬 대열에 서야 한다는 갈망이었다. 어떠한 일이 있더라도 술을 입에 대지 말아야 한다는 각오가 한결 새로워졌다.

결단하였다.

만약 술을 꼭 먹어야 할 경우라면 술잔이 입술에 닿기 전에 나의 생명을 끊고 말리라. 단 한 모금의 술이라도 마시고 죽는다면 저 인간은 맑은 정신으로 죽음을 맞이하지 못하고 멍청하고 비겁하고 옹졸하게 살다가 결국 술로 죽었다는 소리를 듣게 된다.

그런 말을 가족들이 듣게 해서는 안 된다. 나의 인생이 그런 치욕적 존재로 끝나서는 안 된다. 비장해지는 마음이었다. 술이 유혹하게 되면 나는 알코올 중독자가 아닌 정상인으로 죽을 것을 다짐하는 각오로 언제든 자해가 가능한 예리한 칼을 품속에 지니고 다녔다. 금주에 목숨을 담보한 것이다.

내가 술을 마시지 않고 곧잘 생활하고 있다는 소식을 들은 장로님 한 분이 나를 강남의 한 교회로 인도하여 새 신자로 등록하게 하였다. 나의 소문을 들어 익히 알고 있는 전도사 한 분이 하루는 나에게 의논을 해왔다. 30세 가량의 청년인데 음주로 폐인이 되어서 아내도 가출해 버리고 자식들도 어디론가 보내져 매우 안타까운 상황이라며 그를 만나서 상담해 줄 수 있느냐고 하였다.

쾌히 승낙하고 연락을 기다렸지만 소식이 없다. 오랜 시간이 지난 후 우연히 교회에서 그 전도사를 만나게 되어 왜 연락이 없었는지 물었다. 나와 의논이 있은 후 교회의 구역 개편이 있어서 자기는 다른 구역으로 옮겨졌으며, 그 구역을 새로 맡은 전도사가 자기 구역 성도를 만나지 말아 달라고 해서 연락을 하지 못하였다는 것이다. 그러면 그 청년은 어찌 되었느냐고 물었더니 얼마 전 술에 취해 논두렁에서 동사했다는 것이다.

그 말에 나는 몹시 분노를 느꼈다. 구역이 중요한가. 한 젊은 생명이 죽었다. 이해할 수도 용납할 수도 없었다. 그러함에도 예전의 내 나름의 폭력적 정의감이 발동하지 않았다. 예전 같았으면 당장 구멍가게로 달려가 소주를 두세 병 들이켜고 그 전도사를 찾아가 내 방법으로 응징하였을 것이다. 내가 그 중독자를 만났더라면 그가 죽지 않았을지도 모른다는 가정을 했던 것은 아니다. 기회를 잃은 그것이 못내 아쉬웠다.

우리나라에 심각한 수준의 알코올 중독자가 약 2백만 명 정도라고 한다. 술은 마약과 같이 불법적 유통물이 아니어서 남녀노소를 막론하고 성년이라 신분만 증명되면 합법적으로 접근할 수 있다. 사람마다 체질과 건강상태에 따라 얼마를 마시면 문제가 되는지에 대한 규정이 없다. 술을 살 능력만큼 마실 수 있다.

신체적이든 정신적이든 장애가 오기 전까지는 아무도 음주를 말릴 수 없다. 술이 깨고 나면 정상인 같지만 음주의 원인이 어디에 있건 결과는 참혹하기 그지없다. 중독되었다는 것은 그 인간 자체가 파괴된 것을 의미한다. 알코올중독이라고 판단할 지경에 이르렀다는 것은 가족도 사회도 책임을 다하지 않았다는 의미도 된다. 중독된 후 치료할 수 있는 시설이나 프로그램이 갖춰져 있지 않다는 것은 문제가 아닐 수 없다.

우리는 거리에서 술 취한 사람을 보면 중독자로 보고 그 당사자는 물론 저 지경이 되도록 가족은 무엇을 하였는가, 복지국가라면서 나라는 왜 저런 사람에 대한 대책이 없느냐고 비난할 뿐 합당한 처방을 내놓지는 못한다. 한 마디로 중독자 자신과 그 가족만 고통을 안고 살아간다.

그즈음 문득 내가 알코올 중독자 치료센터를 운영해 보는 것은 어떨까 하는 생각이 스쳤다. 알코올 중독자의 고통은 말로 다할

수가 없다. 그 늪에서 헤어나려고 발버둥을 쳐도 손 내밀어 잡아
주는 곳이 없다. 결국은 깊은 나락으로 떨어진다. 자업자득이라
고 비난받아도 유구무언이다. 그렇지만 분명한 것은 중독자 자신
이 그 심각성과 폐해를 절절히 느끼므로 스스로 극복하려고 피나
는 노력을 하지만 그 길도 그 방법조차 모르는데 국가도 사회도
적극적으로 돕는 구조 자체가 되어 있지 않으니 문제다.

구원의 손길이 전혀 없으므로 그들이 잠시 제 정신으로 돌아오
는 순간 구원의 손길을 절실하게 원하지만 이내 절망하고 또 정
신을 잃을 만큼 마셔댄다. 악순환이다. 경험자만 안다.

지금도 되풀이되는 악순환이다. 병원비가 없어 입원하지 못한
다. 따라서 가장 효과적 치료법인 'AA의 12단계 치료법'의 혜택
을 누릴 기회조차 가져보지 못한다. 그 치료법의 과정에서 만날
수 있는 전능하신 하나님의 치유의 은혜를 경험할 기회를 만나지
못한다. 결국은 술에 취해 비참하게 생명을 잃는다.

내가 원하는 형태의 〈무료 알코올 치료센터〉를 세워야겠다는
간절한 소원이 있다. 하나님이 내게 주신 사명일 것이다. 나는
지독한 알코올 중독자였고, 〈A · A 12단계 치료법〉에 의해 치
유 받은 경험자다. 그 치료법은 단지 알코올중독을 단순히 중독
만으로 이해하고 치료하는 것이 아니라 인간을 근본적으로 구원
하는 것은 하나님이라는 큰 전제 하에 행하여지는 치료법이다.

거리에서 가끔 술 취한 사람을 본다. 차림새나 행동거지를 보

면 거두는 사람이 없다는 걸 누구나 알 수 있다. 어느 순간에 무엇이 저들을 술자리로 이끌고 갔는지 알 수 없지만 분명한 사실은 저렇게 방치해서는 안 된다는 사실이다. 연민의 눈으로 그들을 보면 무관심해서는 안 된다는 것을 알게 된다.

사람이 무리를 이루어 사는 건 서로 필요하기 때문이다. 필요하다는 것은 나눔과 보탬이 적절하게 이루어져야 된다는 것을 의미한다. '술과 어린이는 정직하다'는 서양속담이 있다. 술 취한 자들은 철없는 아이들처럼 자신들이 하고 싶은 말, 하고 싶은 행동을 숨김없이 한다는 말일 것이다. 아이들은 그렇지 않겠지만 술에 취해 이성을 잃은 자들은 절실하게 치료받기를 원한다. 마땅히 보호되어야 한다.

A·A치료과정을 통해 '나는 너희를 치료하는 여호와임이라(출 15:26)'라 선언하신 그 하나님의 치료의 은혜를 체험한 사람들은 다른 사람에게 그것을 전해야 할 의무가 있다. '거저 받았으니 거저 주어라'는 〈AA 12단계〉의 핵심 주제가 그것이다.

A·A12단계 대로 생활해 본 결과 알코올중 독자들은 영적으로 각성될 수 있었다. 스스로가 다른 알코올 중독자들에게 이러한 메시지를 전하려고 노력하며, 생활의 모든 면에서도 이러한 원칙을 실천하려고 애쓴다. 이 메시지를 전하는 효과적인 방법은 고통의 신음을 토하는 중독자를 개인적으로 만나서 자신의 영적 치유 경험을 들려주고 그들의 후원자가 되는 것이다. 그들에게

영적 각성과 치유의 체험을 전함으로써 자신도 더욱 건강한 삶을
살아가게 된다. 서로 등을 기대면서 함께 일어서는 놀이와 같다.

A·A 마지막 12단계의 역설은 우리가 듣고 다른 사람에게 전
함으로 우리에게 일어난 경험을 공유하게 되는 그것이다. 하나님
과 소통하면서 프로그램 안에서 발견한 희망을 주고받음으로써
우리의 생활도 새로운 의미를 부여받고 용기를 얻게 된다.

결코 사람의 말로 설교하거나 이렇게 저렇게 하라고 권하지 않
는다. 능력이신 성령이 그들의 생활 속에서 역사하고 있다는 것
을 믿고 이에 의존하도록 한다. 누구의 의견이나 압력도 단호히
거부하고 단지 체험한 사실을 공유하고 지원하는 것이 전부다.
순전히 알코올 중독자 자신의 의지와 하나님의 역사하심에 맡김
으로써 스스로 그 절망 속에서 빠져나오도록 한다.

자신의 체험 메시지를 가감 없이 전함으로써 자신도 건강해진
다. 환자가 받든 안 받든 자신들의 경험을 전해주는 것만으로도
그 자신이 보상을 받는다는 훌륭한 역설을 믿는 것이야말로 최고
의 치료법이다. 사실상 이 치료방법은 환자들 스스로가 환자면서
치료자가 되어 성령께서 이끌도록 하는 데 주안점이 있다. 그 밖
의 사람들은 환자들의 편의를 돌보는 보조자일 뿐이다.

오랫동안 복음주의자로 사역했던 나일(D. T. Niles)은 기독교
복음주의는 '한 거지가 다른 거지에게 자신이 빵을 얻은 그곳을
말해주는 것'이라고 하였다. 빵을 먹고 자신의 생명을 구한 거지

가 굶주린 친구에게 그 생명의 빵을 구한 장소를 말해주어야 하는 그것이 바로 복음주의의 본질이라는 것이다.

여기서 빵은 믿음이다. 12단계의 과정을 실천을 통하여 영적 각성이 생겨 중독을 치유 받은 사람이 다른 중독자에게 자신의 영적 체험을 이야기하는 것도 같은 맥락이다.

술 그 자체가 주는 문제보다는 음주를 했을 때 스스로 통제가 불가능해 일어나는 사고가 문제다. 술 취한 사람이 한 겨울에 얼어 죽는 일은 흔하다. 언젠가 친구들과 술을 마시고 헤어져 강남구청 근처에 살던 선배의 집을 찾으려고 그 동네를 헤맨 적이 있었다. 여기가 거기 같고 저기가 여기 같아 비틀거리며 걷다가 힘이 빠져 어느 골목 건축현장의 자재더미 위에 올라가 잠든 적이 있다. 술 취한 사람들에게 잠은 생리작용이다. 자신도 모르게 아무데나 쓰러져 잠들어버린다. 겨울에 밖에서 잠들면 동사로 이어진다.

그날 비몽사몽간에 경찰차의 사이렌 소리와 사람들의 웅성거리는 소리가 들렸지만 몸을 움직일 힘이 없어서 무슨 일인지 확인하지 못하였다. 어수선한 그런 상황의 주인공이 나라는 것을 내가 어찌 알았을까. 내가 다시 잠 속으로 빠져들려고 할 때 여자의 비명 같은 외침이 들렸다.

"여기 사람 죽었어요! 여기요!"

잠시 후 누군가 나를 심하게 흔들어 깨웠다. 술에 취해 눈을

비비며 일어섰다. 그때 그 주위에 모여 있던 사람들이 한 목소리
로 말했다.

"아직 살아 있네!"

모두 박수를 치며 안도하고 있었다. 무슨 일인지 상황파악도
하지 못한 채 비틀거리며 그 자리를 떠났는데 다음날 신문을 보
니 내가 술에 취해 쓰러져 자던 그 날이 17년 만에 찾아온 기록
적인 영하 18도의 혹한이었다. 참으로 기적적으로 살아났다.

사람들이 내가 멀쩡하게 일어나는 것을 보고 박수를 치고 환호
성을 쳤다. 생명의 소중함을 알려주는 강력한 신호였다. 그때를
떠올리면 동사한 그 청년이나 다른 이들이 한 없이 안타깝기만
하다.

이런 일도 있었다. 어느 날 가게 근처의 거래하는 신탁은행에
볼일이 있어 들어가던 중 현관 출입구에 설치해 놓은 현금 입출
금기 앞에서 우연히 친구를 만났다. 친구는 내 얼굴을 보자마자
얼굴이 하얗게 질린 채 뒤로 물러섰다. 그 자리에 있던 몇몇 사
람들이 의아한 시선으로 우리를 바라보았다. 내가 손짓으로 그
친구를 은행 밖으로 불러냈다.

"너 광호 맞지?"

밖으로 나온 친구가 대뜸 물은 말이다.

"너, 무슨 뚱딴지같은 소리야?"

"너 살아 있었어? 너는 이미 우리 친구들이 죽은 걸로 알고 있

는데……."

싸움을 하다가 스물여덟 군데나 칼을 맞아 죽었다고 소문이 났다는 것이다.

"그래? 왜 하필이면 스물여덟 망통이냐? 이왕이면 이칠(2와7) 가보로 해주지."

웃어 넘겼지만 마음은 허탈하였다. 죽었다고 믿었던 친구가 눈앞에 나타났으니 놀라는 것은 당연하다. 소문으로 죽어도 칼을 맞고 죽어야 하는 운명이었다. 나에 대한 소문이 세상에 떠돌고 있다면 매사 그런 식일 것이라는 게 슬펐다. 내가 저지르고 얻은 업보니 유구무언이긴 하지만 마음은 별로였다.

한국에 추방되어 나온 후 옛 친구들을 찾아다니며 돈을 뜯고, 술을 얻어먹고, 마음에 들지 않으면 행패를 부리기 일쑤였으니 친구들의 "저 자식 죽지도 않아"하는 모두의 기대감이 있었을 것이다.

나도 그런 망나니를 만나면 "왜 사니? 차라리 죽느니만 못하다"는 말을 했었다. 그래서 나의 죽음을 친구들이 바랐을 것이다. 더구나 늘 취해 있고 폭력을 휘두르고 정신병원을 수시로 드나들고 알코올중독 치료센터로 전전하는 내 소식이 충분히 나의 사망을 기정사실화할 수 있었을 것이다. 그러니 환생해 나타난 나를 그것도 대낮에 은행에서 만난 그 친구가 얼마나 놀랐을까. 어쩌다가 오랜만에 만난 예수원 형제들도 내가 다리에서 떨어져 죽은 걸로 소문이 나서 그러려니 하였단다.

내가 나를 아는 모든 사람들에게 얼마나 진저리치게 하였으면 멀쩡하게 살아 있는 나를 귀신으로 만들어 버렸을까. 아무튼 명이 길 것 같은 예감이 들었다. 그래, 오래오래 살아가면서 못된 짓 한 것을 극복하고도 남을 만큼 하나님의 은혜를 전하자.

카펫 가게는 운영에 문제가 있어 이불 가게로 업종을 바꾸었다. 나는 예수원 원장 토레이 신부님이 지어준 '죠나단'이라는 새 이름으로 알코올치료전문병원 설립을 위한 전진기지로 '죠나단무역'이라는 회사를 차렸다.

병원을 나온 지 일 년 만인 1991년이었다. 이불집 안에 책상 한 개를 놓고 무역회사를 창업하였으니 주변에서 어떤 시선으로 보았을까? 아내도 탐탁해하지 않았다. 뿐만 아니라 그동안 나는 사회인으로 정상적인 삶을 살아오지 못하였다. 무역업에 대한 전문지식도 없으니 저러다가 또 사고치지 않을까 하는 우려와 함께 비아냥거림도 있었다. 구멍가게 수준의 이불 집도 제대로 할 수 있겠느냐는 의구심이 드는 것이 조금도 이상하지 않았다.

그러던 중 우연히 가게 앞에서 만난 친구로부터 다른 친구의 소식을 들었다. 그는 친구가 집들이에 다녀오면서 술에 취해 사고를 일으켜 식물인간이 되었다는 것이다. 내 곁에 많은 술친구가 있었지만 시간이 지나면서 아무도 그를 찾지 않는다는 것이

다. '의리' 운운하면서 몇몇을 찾아갔지만 이제는 의리도 시들해
졌는지 찾아가는 친구도 없이 기억 속에서 지워졌다는 것이다.

그 후 미국 출장 중 라스베이거스에서 L · A로 돌아오는 차 안
에서 친구 김영일이 와 그 이야기를 나누게 되었다. 친구는 왕년
에 이름 있는 하이 다이빙선수로 LA에서 수영장을 운영하고 있
었는데, 당시 서울에서 친구들이 오면 몇 날 며칠씩 뒷바라지를
해주는 친구였다. 그런데 모든 친구들이 자기 생각에 못 미친다
는 것이다.

친구에게 전화번호가 적힌 수첩을 꺼내 이 많은 친구들 중에
네가 정신적으로 육체적으로 혹은 경제적으로 어려운 지경에 이
르렀을 때 너에게 도움을 줄 만한 사람이 몇이나 되는지 체크해
보라고 제안했다. 친구는 수첩을 열어보지도 않고 지체 없이 "없
다"고 하였다. 예상치 못한 내 제안에 놀랐는지 아니면 내 물음
에 긍정적인 답이 없어서인지 그 친구의 기분이 썩 좋게 보이지
않았다.

나도 생각해 보았다. 어느 친구의 수첩에 기재된 내 이름에 대
한 친구들의 반응도 동일할 것이다. 우리는 많은 사람들과의 관
계(Human relationship) 속에서 살아가고 있다. 그 관계는 신뢰,
이해, 용서가 전제되어야 한다. A · A 기도문 중에 〈유혹을 이기
는 기도〉라는 것이 있다. 지난날의 모든 불만족과 끝 모르는 욕
망, 자기 자랑, 상대방을 이해하지 않고 용서하지 않은 일, 남을

사랑하지 못한 것을 용서하여 주십사하는 내용이다. 나는 그 구절을 보고 심한 충격을 받았다. 나의 머리와 마음속에 있는 죄에 대한 개념은 도덕적 윤리적 죄였다. 사회적 범죄, 주로 그런 종류의 죄를 생각하였다.

그런데 이해하지 못하고, 용서하지 않고, 사랑하지 못한 것이 죄가 될 수 있다는 말에 새삼 놀랐다. 내가 이해하기 싫으면 이해 안 하면 되는 것이고, 용서할 수 없으면 용서하지 않으면 그만이고, 내가 사랑하고 싶지 않으면 사랑하지 않으면 그만이다. 그랬던 나였다. 그것이 부메랑이 되어 나에게 돌아온다. 남이 어떠했나를 말하기 전에 나는 어떤 사람이었나를 돌아보는 것이 매사를 성찰하는 것이다. 그렇게 하지 못하는 그것도 죄라는 것이다.

나는 성 프란체스코(St. Francesco)에 비교될 만한 사람이 아니다. 한때 소아마비 친구를 치유해 보겠다는 자만에 빠진 억지를 부리면서 내가 마치 성 프란체스코와 다르지 않다고 생각한 적이 있었다. 그런 비교는 애당초 억지였다. 비교는커녕 아예 어불성설의 난센스이다. 이런 억지를 쓰던 내가 하나님의 진리를 깨닫게 되었다.

우리 능력으로 이해할 수 없는 것은 이해할 수 없고, 용서할 수 없는 것은 용서할 수 없고, 사랑할 수 없는 것은 사랑할 수 없지만 하나님이 나 같은 죄인을 용서하신 것과 같이, 이해하신 것같이, 사랑하신 것같이 나에게 그럴 수 있는 능력을 주신다면 하나님의 은혜로 그들을 이해할 수 있고, 용서할 수 있고, 사랑할 수 있겠다는 것을 깨달았다. 내 힘으로 그렇게 하지 못하는 것은 눈이 멀고 이기심이 이타심보다 강하며 주위를 돌아볼 여유마저 없어서다.

높은 산이 구름이나 바람을 끌어당기듯이 인생의 격벽(隔壁)은 하나님의 은혜를 끌어당기게 한다. 하나님은 견디기 어려운 삶을 견뎌낼 수 있을 만큼 쓰디쓴 경험을 한 사람들에게 이런 영적 축복을 허락하신다. 이러한 깨달음도 가끔 실제 상황 앞에서 무용지물이 되기도 하지만.

어느 날 안양정신병원에서 같이 생활하던 후배를 만나게 되었다. 그는 여전히 술에 취해 헤어나지 못하고 있었다. 여관에 데려다가 간신히 재운 후 그 다음날 갔더니 해장술을 사달라는 것이다. 맥주 2병을 사주고 더 이상 술을 먹지 말라 하였지만 잠깐 사이에 또 소주 한 병을 사다가 마셨다.

어쩌겠는가. 점심이라도 먹여 보낼 요량으로 롯데월드 민속촌에 데려갔더니 그는 주저 없이 동동주를 주문하였다. 화가 난 나는 다시는 전화하지 말라고 호통을 치고 주차장으로 내려와 차를 타고 사무실로 가다가 롯데월드 사거리에서 신호대기로 잠시 정지하게 되었다.

그때 성령이 나에게 물으셨다.

"너는 그를 만난 지 채 하루도 되지 않아 버리고 왔다." 너는 그 오랜 세월 모든 사람에게 큰 피해를 입히며 살았는데도 다른 사람들에 대한 원망과 미움이 네 마음에 가득 차 있으니 이 무슨 까닭이냐?'

나는 그 순간 핸들에 머리를 박은 채 이제부터 다시는 원망과 증오의 마음을 갖지 않겠다고 회개하였으니, 이 얼마나 큰 은혜인가.

큰 뜻을 품고 시작한 〈죠나단무역〉에 기대하지 못했던 문이 열렸다. 칠레의 동생이 멕시코에서 사업을 하고 있었는데 상품을 보내라는 것이다. 앙고라 스웨터와 학생용 가방 등 몇 가지 제품을 수출하였더니 날개 돋친 듯 팔려나갔다. 뜻밖의 횡재에 자신감이 붙은 나는 운동화를 수출하였다. 그러나 경험 부족으로 오래 경영하지 못하고 무역회사 문을 닫았다.

謀事在人 成事在天(모사재인 성사재천)이라!

일을 꾸미고 만들어가는 것은 사람이지만 이루고 못 이룸은 하늘의 뜻이다. -제갈량(諸葛亮)-

삼국지의 호로곡 전투에서 제갈량은 위나라의 숙적 사마의(司馬懿) 군대를 호로곡(葫蘆谷)으로 유인하여 불로 공격하였다. 사마

의와 그 아들들은 자신들의 처참한 죽음을 예감하며 슬피 우는데
때마침 폭우가 쏟아져 제갈량의 화공은 불발이 되고, 사마의와
그 아들들은 목숨을 건지게 되었다. 이 광경을 보고 제갈량이 한
말이다. 그는 이처럼 모든 일에서 인생을 깨달았다.

사람이 제비는 뽑으나 일을 작정하기는 여호와께 있느니라(잠언
16:33).

나의 인생살이가 참으로 녹록지 않았다. 술에 취해 지낼 때는
몰랐던 엉망진창의 삶이 나 자신은 물론 어머니를 비롯한 가족과
친지와 친구 등 모든 지인들에게도 끔찍한 고통과 혐오감과 연민
을 안겨주었다.

그러나 어려울 때마다 하나님은 구름기둥과 불기둥으로 나를
지키셨음을 나도 알고 내 주변의 나를 본 모든 사람들이 안다.

금주 기간이 길어짐에 따라 열정적으로 A·A 복귀자 모임에
참여하는 횟수도 줄어들고 시들해져 갔다. 그즈음 술에 취하건
삶의 어려움에 취하건 하등 다르지 않아서 영적으로나 정신적으
로나 점점 자신감을 잃어가고 있었다.

'감사하는 마음의 결여와 만취는 오랜 친구사이이다.'

그 둘은 쌍둥이처럼 손에 손을 잡고 동행한다. 어찌 우리를 취
하게 하는 것이 술뿐이겠는가. 그러나 A·A의 12단계는 역설적
원리를 가지고 있다. 사도 바울의 고백처럼 사람은 약할 때 하나

님 안에서 강할 수 있다(고린도전서 1:27~29).

사람이 절망의 밑바닥에서 힘들어할 때 하나님의 강한 능력이 나타나는 것이 성경이 말하는 '거룩한 역설'이다. 따라서 인간이 알코올 중독으로 인하여 겪는 고뇌와 절망은 영적으로 거듭날 수 있는 기회라 할 수 있다. 바로 이것이 A·A의 거듭남의 논리다. 강함은 완전한 패배와 약함에서 나오고, 자신의 오래된 삶의 상실이 새로운 삶을 발견하는 바탕이 된다. A·A에 속한 사람들이 애써 이 역설을 이해할 필요는 없다. 단지 그것에 감사하고 따르면 족하다.

우리의 신앙은 영성을 신앙생활에 도움을 주는 정도로 이해하는 경우가 적지 않다. 그러나 큰 오해다. 오히려 사람의 노력으로 할 수 없는 것을 거뜬히 해내는 능력이다. 곧 천지를 지으신 창조주 하나님의 그 창조의 능력이다. 바꿔 말하면 자신의 무기력과 나약함을 인정하는 그것이 하나님의 막강한 능력을 체험하는 길인 것이다. 하나님께 절대 의존할 때만 약한 자가 스스로 주체성을 갖고 도약하여 강하고 귀하게 우뚝 설 수 있게 한다.

직접 체험한 사람만이 아는 것이지만, 체험자들이 많으니 무작정 그렇게 믿어서 손해 볼 일은 없다. 믿는데 돈이 드는 것도 품이 드는 것도 아니다. 인간은 더 높은 능력에 의존하면 할수록 자아가 뚜렷해지고 좀 더 독립적이 될 수 있다.

마치 나약한 어린아이가 자기 뒤에 있는 든든한 부모를 믿는 것과 같다. 그에게 무슨 두려움과 간난(艱難)이 있으랴. A·A가 그것을 실천하듯이, 하나님 의존은 인간의 영혼이 진실한 독자성을 얻는 수단이기도 하다.

중독자가 자신을 과대평가하며 자기모순적 우월성과 오만으로 반항하는 경우는 얼마든지 있다. 실은 편견과 자기모순으로부터 오는 병적 우월성이다. 그것을 버리고, 포기하고, 외면하고, 자기가 중독을 극복할 능력이 없는 존재임을 솔직하게 인정할 때 비로소 하나님의 치유하시는 은총이 임한다. 환자 스스로 그 과정을 깨달아 실행할 수 없다. 이 상황을 먼저 치료자가 명심해야 된다. 그렇지만 이런 사실을 환자에게 끊임없이 알려주는 것은 환자에게 이롭다.

쉬운 일은 아니다. 맨 정신으로도 깨달을 수 없는 것을 비몽사몽 상태로 살아가는 중독자가 혼자 깨닫기 바라는 것은 무리다. 열매를 맺기 위해서는 눈에 보이지 않는 작은 씨앗이라도 떨어져야 한다. 그 씨앗을 환자의 마음속에 심어주고 지속적으로 싹이 트고 성장하도록 보살펴 주어야 한다.

주위의 모든 이들이 한 마음으로 정성껏 이 역할을 하지 않으면 안 된다. 그런 후에 우리는 기도하면서 하나님의 역사를 기다려야 한다.

이러한 영적 원리는 현대 심리치료와 정신의학 이론으로 설명되지 않으며, 수용할 수도 없는 기독교 신앙의 '역설적 신비'다.

금주를 장기간 유지해 가는 회원들은 그다지 많지 않다. A·A모임에 참가하는 알코올 중독자들 중에 약 50%는 첫 3개월 내에 금주를 포기한다. 나머지 사람들 중에 35% 정도가 1년 내에 중독을 극복하고, 그 나머지 중 35% 정도는 1년에서 5년 사이에서 극복하며 그 외에는 장기적으로 5년이라는 긴 시간이 소요된다는 통계가 있다. 시간이 흐를수록 금주의 확률이 낮아지게 된다. 일반적인 통계다. 만약 종교적 믿음이 동반한다면 확신컨대 치유는 놀랍도록 효과적이 된다.

'딱 오늘 하루만 마시지 말자. 내일은 마셔도 좋다. 그러나 나에게 내일은 없다'는 신념으로 오늘 단 하루의 금주가 실천되면 영원한 금주의 길로 접어든다. 그렇게 성공한 많은 A·A회원들을 나는 목격하였다.

'이러므로 우리에게 구름같이 둘러싼 허다한 증인들이 있으니 모든 무거운 것과 얽매이기 쉬운 죄를 벗어버리고, 인내로써 우리 앞에 당한 경주를 하며, 믿음의 주요 또 온전하게 하시는 이인 예수를 바라보자. …(히브리서 12:1-2절)'

사실 오랜 세월 술에 찌들어 방탕한 나는 얼마나 불규칙적이며 무절제하고 무책임하였던가. 나처럼 살아온 사람들이 술을 끊고 새로운 삶을 시작했다고 모든 것이 나아지는 것은 아니다. 단지 사회적으로 병이라 일컫는 알코올 중독증으로부터 오는 괴로움이 제거되면서 새로운 괴로움이 다가온다. 즉 정상적인 사고로 생활하는 데 따르는 괴로움으로 바뀐 것뿐이다. 경제적인 문제, 사회적인 문제는 우리를 계속해서 압박한다. 나 역시 오랜 세월을 부모에 의지하여 생활해 오던 터라 경제적 자생능력이 전혀 없었다. 게다가 친구관계도 다 끊어져버려서 마땅히 만날 사람도 없어졌다. 그러다 보니 함께 어울려 술을 마시던 친구들을 다시 찾을 수밖에 없다. 나 역시 그랬다.

어느 날 부천에 사는 친구를 만나려고 그의 사무실을 방문하였다. 거기에 대여섯 명 정도가 모여 앉아 포커를 하고 있었다. 탁자 위에 수북이 쌓인 돈, 자욱한 담배연기, 핏발 선 눈. 예외가 없었다. 얼마간의 시간이 지나자 게임이 끝나고 돈을 딴 사람과 잃은 사람으로 나뉘었다. 돈을 딴 친구가 후배에게 삼백만 원을 주며 술자리를 준비하라고 한다. 한 사람당 오십만 원씩 여섯 명 분으로 삼백만 원을 지불했다. 포커 판을 정리하고 룸살롱으로 가자는 것이다.

내 몫까지 다 지불했다는 통에 나는 잠시 혼란에 빠졌다. 그들이 왜 내 몫까지 챙기는지 나는 안다. 그들이 말하는 의리이고 동료의식이다. 그들을 따라 가면 술이 있고, 여자가 있고, 환락의 세계가 기다리고 있다. 그런 유혹을 젊다는 핑계로 따라가면서 갈등이 일었는데 문득, 그렇다, 저 친구들 차를 따라가면 또 술을 마시게 될게 빤해서 단호히 돌아서야 된다는 강한 의식이 솟구쳤다. 약간의 갈등 끝에 핸들을 돌려 다른 방향으로 달렸다. 내 차가 사라지자 핸드폰이 울리기 시작하였다. 무시한 채 앞에 보이는 농원 앞에 차를 세웠다. 아름다운 꽃 삼만 원어치를 샀다. 그리고는 지체하지 않고 집으로 갔다.

아내는 이게 웬 꽃이냐고 의아해하였다. 그 돈은 그 도박판에 앉아 있으면서 이른바 개평으로 얻은 공돈이었다. 고뇌의 강을 건너 무사히 집으로 돌아온 작은 승리의 기쁨으로 나는 하나님께 감사하였다.

얼마 후 그 도박판을 제공했던 친구가 제안을 해왔다. 자기가 룸살롱을 인수했는데 월급 사장으로 일해 달라는 것이다. 오백만 원의 월급과 매출실적에 따라 상여금을 준다는 조건이었다. 근무 시간은 오후 7시부터 새벽 2시까지다.

그때가 1995년으로 단주 5년째 되던 해다. 당시 나의 수입이 백오십만 원 정도였으니 오백만 원이라는 조건이 강한 유혹이 아닐 수 없었다. 갈등이 없을 수 없다. 고민에 빠졌다. 난감하였다. 고민 끝에 3일 만에 그 친구에게 고맙지만 할 수 없다고 정중하게 거절하였다. 그 친구가 매우 아쉬워하였다.

악마는 나의 가장 취약한 부분을 노리고 공격한다는 사실을 다시 한 번 깨달았다. 그가 그 일을 그만두고 다른 일을 하였으면 좋겠다고 생각하였지만 권유도 강요도 할 수 없었다. 대체적으로 그런 바닥에서 살던 사람들이 할 수 있는 일이라는 게 남들이 하는 정상적인 사회생활도 아니고, 공사장을 따라다니는 험한 일도 아니다. 남들처럼 힘들고 애써서 돈 버는 일에는 관심도 없다. 쉽게 돈 버는 일만 찾는다. 그런 일이 익숙해서 편하기 때문이다.

1970년대에 우리 집 안방에 커다란 '방범 도난 방지기'가 있었다. 기계의 상판 위에는 이십여 개의 전등이 달려 있고 그 아래로 위치 표시판에 장독대, 현관문, 뒷마당, 변소, 느티나무 등 집 둘레 전체를 감시하게 되어 있었다.

도둑이 담을 넘어 들어오다 방범 도난 방지기와 연결된 선을 건드리면 시끄러운 경보음과 함께 밖에 설치된 방범등이 켜진다. 도둑은 기겁을 하고 도망을 가거나 붙잡힌다. 그 기계를 떠올리며 우리의 영적 상태도 유사한 시스템으로 설계되어 주기적으로 점검할 필요가 있다는 생각을 하였다.

누군가가 우리의 연약한 부분을 공격하려 접근해오면 영(靈)의 경보기가 울리는 시스템 말이다. 그러면 즉시 문제가 무엇인지 깨닫고 방어 자세를 취할 수 있을 것이다.

얼마 후 도박을 하던 그 친구들이 도박 혐의로 구속되었다는 소식이 들려왔다. 우리 주변 도처에 악한 유혹의 마수가 수없이 많다. 어느 날 아침 아내와 뉴스를 보며 식사를 하다가 백억 원대 히로뽕 밀수 사건이 보도되는데 낯익은 얼굴과 이름이 화면에 잡히고 있었다. 그때까지도 그 친구가 마약을 복용하는지 알지 못했었다. 누가 어떻게 그를 유혹하였을까? 그 친구는 이미 8년 간의 수감생활을 끝내고 나왔지만 이번 사건으로 7년 형을 선고 받고 다시 구속되었다(그 친구는 15년의 세월을 교도소에서 보냈다). 지금은 늦게나마 하나님을 영접해 열심히 신앙생활을 하고 있다. 그를 떠올릴 때마다 세상은 그래서 살만한 곳이라는 감사가 느껴진다. 그가 한 없이 고맙다.

도저히 변할 수 없을 것 같은 사람들에게도 하나님은 끝없는 은혜를 주신다. 이스라엘의 수상이었으며 세계적으로 존경받는 여성 10인으로 꼽히는 골다 메이어(Golda Meir) 여사는 '우리의 실망은 하나님의 소명이다(Our disappointment is God's appointment)'라는 명언을 남겼다.

스스로 실망할 만한 약점들과 불리한 여건들을 지닌 사람이 허다하다. 그러나 그 가운데서도 믿음을 가진 사람의 약함은 오히려 하나님께서 사용하시려고 부르시는 소명의 동기가 된다는 의미이다. 어차피 부득불 실망 속에서 살아야 하는 인간이라면 그 실망 상태에서 도피하지 말고 오히려 그 상황을 발판으로 새로운 희망을 찾는 기회로 삼아야 마땅하다.

그러므로 오직 전능하신 하나님을 믿는 믿음이다. 절망을 희망으로, 약함을 강함으로 바꾸기 위해 믿음으로 일어서야 한다. 그런 모습을 누가 가장 보고 싶어 할까? 당연히 그건 자기 자신이다. 바람이 아니라 실재가 되어야 한다. 그건 엄청난 환희이며 감동이다. 그런 경험을 한 사람들이 얼마든지 존재하니 불가능한게 아니다.

세계적 석학이며 경영컨설턴트였던 피터 드러커(Peter Drucker) 박사도 부하의 단점을 강점으로 바꿔 주는 사람이 좋은 상사이며 훌륭한 경영자라고 하였다. 하나님은 이 세상을 경영하는 최고의 경영자다.

너의 비판이 너의 부메랑

　그리스와 로마의 신화가 서양철학의 근간이라면 동양에서는 주역(周易)이 근간이다. 공자는 '계사전(繫辭傳)'에서 주역사상을 단 세 마디로 요약하였다.

　易　窮則變 變則通 通則久(궁즉변 변즉통 통즉구)

　역이란 궁하면 변하고 변하면 통하고 통하면 오래간다.

　궁하다는 것은 사물의 변화가 궁극에 이른 상태 즉 질적 변화와 양적 축적이 극에 달한 상태다. 기독교식으로 말하자면 절체절명의 위기일 때, 그리고 어둠 속을 헤맬 때, 절망이 극에 달해 더는 어떻게 해볼 수 없을 때 사람들은 별을 보듯이 인생 막장에서 하나님의 은혜를 만나게 된다.

　신앙이란 생각하는 능력이 자라나는 것이요.

　살아가는 행동이 달라지는 것이다.

　이 사실을 시적으로 나타낸 이가 당나라의 행사(行思)스님이다. 행사스님이 참선에 들기 전에 본 것은 '산은 청산(靑山)이요, 물은 녹수(綠水)'였다. 그가 깨달음에 이르니 '산은 산이 아니요, 물은 물이 아니다'였다. 나아가 '산은 그대로 산이요, 물은 그대로 물이다'라 하였다. '산은 산이요, 물은 물이다'라는 것은 상대적 진리와 절대적 진리를 가려보지 못할 때 하는 소리다. 즉 모든 자연현상을 감각적으로 인식하는 단계다. '산은 산이 아니요, 물은 물이 아니다'는 상대적 존재를 부정하고 절대적 존재를 알게 되었다는 말이다. 이는 모든 가치 체계에 일대 전도(顚倒) 현상이 일어나는 단계다. 다시 '산은 산이요, 물은 물이더라'라 한 것은 상대적 존재도 절대 존재의 구현이더라는 뜻이다. 즉 전도되었던 모든 가치 체계가 제자리를 찾는 마지막 단계다.

음과 양 혹은 대립적인 두 사물을 독립된 두 개의 개별적 실체로 보지 않고 한 가지 사물의 양면으로 파악하는 '초이분법적 의식(trans-dualistic consciousness)' 상태가 바로 하나님을 만날 때다.

이와 같이 믿음은 모든 것을 가능케 한다. 순전한 믿음이란 나의 사고 속에 예수님이 들어오시는 것이다. 그리 되면 나의 사고와 행동이 도리에 어긋남이 없고, 양심에 거리낌이 없게 된다. 이는 노자(老子)가 말하는 "도가도 비상도(道可道 非常道)"라는 말과도 일맥상통한다. 도를 말하는 것은 인간의 머리로만 가능하다. 사람들이 말하는 도란 도의 한 가지 작용일 뿐이다. 믿음이 어디 있는가? 그 믿음이란 하나님을 영접하고 자신을 버릴 때만이 온전한 믿음이 된다. '믿음이란 이성(理性)을 십자가에 못 박는 행위'라고 파스칼이 말한 것도 이와 무관하지 않다.

나야 기독교인이라 이런 논리로 말하지만 기독교인이 아닌 사람들도 얼마든지 이러한 삶의 태도를 취할 수 있다. 단지 기독교가 좀 더 효과적인 것은 예수 그리스도를 통해 피부에 와 닿는 귀한 생명과 진리의 말씀을 전하고 있기 때문이다.

나는 또 다른 출발을 위해 최선을 다하고 있었지만 가장 중요한 것을 놓치고 있었다. 언제부터인가 내가 사람들을 판단하고 있었다. '저놈은 아니야! 가까이하기엔 너무 먼 당신이야.' 내 마음에 들지 않거나 그런 행동을 하는 사람은 모두 부정적 인간으로 보였다.

얼마 전까지 나에게 적용되던, 남들에게 비춰지던 나의 모습이었음에도. 나의 마음속에서는 교만이라는 독버섯이 자라고 있던 것이다. 개구리 올챙이 적 생각 못하는 경우다. 문제는 그런 사실조차 깨닫지 못하고 있음이다.

비판을 받지 아니하려거든 비판하지 말라. 너희의 비판하는 그 비판으로 너희가 비판을 받을 것이요. 너희의 그 헤아림으로 너희가 헤아림을 받을 것이니라. (마태복음 7:1-2)

우리는 살아가면서 세 가지(3C)를 금해야 한다고 했다.

첫째는 비평이요(criticize), 둘째는 비난이요(condemn), 셋째는 불평(complaint)이다. 잘할 수 있다면 이런 충고가 필요 없겠지만 늘 우리의 언행 중 절반 이상이 이런 경우가 아닐까 생각된다. 반대로 남을 칭찬하고, 추켜세우고, 용기를 북돋워줄 수 있

다면 세상은 확실히 달라질 것인데 인간의 속성이 그렇지 못하니
좋은 관계를 만들지 못한다. 따지고 보면 별 것도 아닌데 내가
그렇게 하고 타인도 나에게 그렇게 하면서 살아간다. 내가 싫어
하는 일을 남이 한다는 것은 남이 싫어하는 일을 내가 해야 한다
는 것이다. 역지사지의 본보기다. 언제나 나는 아닌데 남들은 그
렇다고 여기는 것이 문제다.

죽음
- 그 소망의 문을 열고

　나는 그런 깨달음조차 얻지 못한 채 이민을 목적으로 미국을 향해 떠났다. 금주생활 십 년 가까이 된 1999년이다. 수차례 미국 여행을 하였지만 막상 플로리다의 마이애미에 정착하고 보니 여행자로서 느끼던 미국과 이민을 전제로 한 생활인으로 느끼는 미국 생활은 완전히 달랐다.

　한국 사업체를 그대로 유지하면서 미국 생활을 시작하였지만 무엇인가 잘못되어 가고 있다는 걸 깨달았다. 적어도 법적으로나 논리적으로는 아무 문제가 없었다. 그러나 미국인이 아닌 이방인으로서의 미국 생활은 모든 면에서 불편하였고 많은 제약이 따랐다. 무엇 한 가지 한국에서 하듯 할 수 있는 것이 없었다. 늦어도 6개월이면 99% 비자 취득을 자신한다는 이민 전문 변호사의 호언장담에 영주비자 취득을 위탁했지만 그의 말과는 달리 비자를 받는 것부터 쉽지 않았다.

　여행할 때와는 달리 공적 업무로 공무원들을 만나야 하지만 사고방식에서부터 문화와 언어와 관습 등 모든 것이 다르니 일상생활 자체가 불편하고 짜증스러웠다.

미국생활 1개월쯤 경과할 무렵 할인 마트에서 사온 신발 거치대를 조립하고 있었는데 생각보다 쉽지가 않았다. 원래 그런 일은 해본 적도 없어서 아내에게 부탁하였다. 아내는 바쁜데 그런 것까지 나 보고 하라느냐며 신경질적으로 대꾸해 왔다. 예상 밖이었다. 아니 그런 사례가 전혀 없는 아내의 반응이 놀라웠다.

금주생활 십여 년 동안 내 말에 대꾸를 하거나 신경질적 반응을 나타낸 적이 없던 아내가 미국에 오더니 조금씩 변하는 것 같았다. 아내 역시 쉽지 않은 미국생활에 여러 모로 적응하지 못하므로 짜증이 난 모양이다. 그렇게 이해하면 되는 것을 나는 순간적으로 언성을 높이다가 급기야 폭력까지 휘두르고 말았다.

사실 변한 건 아내가 아니라 나였다. 그런데도 나는 자제력을 잃은 채 아이들이 보고 있는데도 손님 접대용으로 사다놓은 포도주를 단숨에 들이켰다. 어떤 이유에서건 집에 술이 있다는 것은 안 될 일이었다. 그것은 은근슬쩍 손님을 핑계로 술을 가까이 두려는 마음이 남아 있었기 때문일 것이다.

아주 쉽게 정말 어이없게 십 년의 금주생활에 종지부를 찍었다. 그동안 수많은 역경을 이겨내며 10여 년간 금주상태를 지속해 왔지만 하찮은 일로 한 순간에 금주의 벽을 스스로 무너뜨렸다. 냉정히 돌이켜 보면 이 모든 것은 이미 내 마음속에 계획되어 있었는지도 모른다. 단지 아내와의 다툼은 핑계에 불과하였다. 그 사소한 일을 빙자해 나는 본래의 나로 돌아갈 구실로 삼은 것이었나 보다. 나의 피는 어쩔 수 없는 모양이다. 스스로 금주를 파기하니 차라리 마음이 편해졌다. 술을 마셔야 할 구실이 생겼다. 그 구실이이야말로 내 탓이 아니라는 합리적 핑계가 있어 당연하고 당당하기까지 하였다. 내 의식 저 아래 억눌려 잠재해 있던 술이 꿈틀거릴 이유와 기회를 포착한 것이다. 일과가 끝난 저녁에 맥주 한 병의 즐거움이라니!

나의 이런 행동을 방해하는 것은 없었다. 나는 허락된 음주라고 스스로 인정하였다. 가족 누구건 왜 또 마시느냐고 질책하면 아내 때문이라고 모든 원인을 둘러댈 참이었다. 내가 내린 결론에 대해 부정하고 나설 사람이 아무도 없다는 걸 잘 알고 있었다. 나를 막아설 수 있는 것은 나 자신뿐이지만 유혹으로부터 벗어나야 하는 괴로움을 견뎌가면서까지 술 한 잔의 즐거움을 포기하고 싶지가 않았다.

적어도 내 마음은 그렇게 알고 움직였을 것이고 나는 애써 그렇게 인정하고 있었다. 공자님 말씀대로 나이가 오십에 가까워 불혹을 넘어 지천명에 이르렀건만 스무 살 때와 크게 달라진 것이 없었다. 오히려 주변을 다스릴 수 있는 나이가 되자 나 자신을 함부로 하며 스스로에게 군림하고 있었다. 자기기만이이며 동시에 자기태만이다.

그런 자유로운 생활로 지내다가 회사 업무로 한국에 가봐야 한다는 핑계로 귀국해 버렸다. 이때도 술에 대한 지독한 노스탤지어가 작용했다.

귀국 첫날부터 아예 마음 놓고 술독에 빠져버렸다. 다행이랄까, 십년간의 금주 때문인지 중독 현상이 빨리 오지는 않았지만, 서서히 술을 탐닉해 가고 있었다. 적어도 이때는 남들과 같이 애주가로서의 음주라고 스스로 위안을 삼았다. 알코올중독은 점진적으로 진행하는 병이다. 그리고 교묘하게 위장하여 스스로를 속이기 때문에 아무도 그 내면의 비밀을 알 수가 없다. 술이란 모름지기 함께 마시는 친구가 있어야 제 맛이 난다. 한국에는 어울릴 친구가 있으니 얼마나 좋은가.

그러던 어느 날 LA에서 오랜만에 친구가 왔다. 친구들이 한자리에 모여 저녁 식사를 하며 술을 마셨다. 술에 취하면 감정이 격해지기 마련이다. 그 날도 사소한 견해 차이로 말다툼이 있었는데 끝내 감정의 폭발로 난폭하게 소란이 일어났다. 내가, 바로 내가 취중에 식칼을 그 친구의 목에 들이대고 위협을 가하였다.

취한 모습이나 폭력적인 모습이 단주하기 전의 내 모습 그대로였다. 친구들은 십 년 전 기억으로 되돌아가고 있었다. 온전히 옛 모습으로 돌아간 나를 보는 친구들은 이상하게도 그런 모습을 당연히 여기며 즐거워하는 듯하였다. 원래의 내 모습으로의 환원이 마치 오랫동안 잃어버렸던 친구를 만난 듯 좋아하는 것 같기도 하였다.

그래 인생 별 것 있냐. 마시자!

짧은 한국생활은 늘 취해서 살던 시절의 내 모습 그대로였다. 다시 미국으로 돌아갔으나 그나마 다행스러운 것은 폭주하지 않는 것이었고, 발작적 음주행태도 전과는 다르게 두서너 달에 한 번씩 나타났다.

그러나 6개월이면 해결된다던 영주비자도 발급이 지연되고, 사업에도 문제가 생기기 시작하였다. 시간이 흐르면서 한국과 미국의 회사 모두 적자가 누적되어 한계상황에 이르고 있었다.

어느 주말 저녁 집에서 TV를 보고 있는데 전화벨이 울렸다. 장로님 한 분이 TV 뉴스를 보라는 것이다. 실시간 생방송 뉴스에서 마이애미 도매시장의 화재 현장을 방영하고 있었다. 바로 내 가게 옆에 있는 인도인 옷가게에서 불이 시작되었다.

장로님은 지금 가게에 나가보겠느냐고 물었다. 내일이나 나가보겠다고 하고 전화를 끊었다. 월요일 아침 가게에 갔더니 대여섯 명이 가게 앞에서 웅성거리고 있었다. 가게 문을 열고 들어가자 연기 냄새가 진동했다. 상품은 불타지 않았다. 그러나 연기냄새가 진하게 배어 상품가치는 상실되었다.

보험회사 직원에게 사후처리를 맡겼다. 사고현장 보전 때문에 보험금 지급을 위한 사무처리가 끝날 때까지는 아무 일도 할 수가 없었다. 무료한 시간을 보내야만 했다. 그때 얼마 전 사촌누이동생 병숙이가 보내준 서류를 뒤적이다가 '상담학 과정'에 대한 소개 자료를 보게 되었다.

불현듯 이참에 상담학 공부나 해두자고 마음먹고 즉흥적으로 학교에 등록하였다. 어떤 연유로 누이동생이 그 책자를 나에게 보낸 것인지도 기억에 없지만, 먼지 속에서 뒹구는 그 책자를 다시 보게 된 것도 결코 우연한 일은 아니었다.

학교 대선배 중에 고려대학교 총장을 지내신 홍일식 박사가 있다. 전해 들은 이야기인데 선배께서 말씀하시기를 '세상에 우연은 없다'는 것이다. 사람들이 그저 그렇게 말하는 것뿐인데 내가 듣기로는 아마도 상황을 좀 더 극적으로 꾸미기 위해서 혹은 그 책임으로부터 자유롭기 위해서 하는 말이라는 생각이 들었다. 그러니 누이동생이 나에게 이 책을 준 것 또한 우연이라 할 수만은 없다고 생각하였다. 그렇다면 내가 느닷없이 상담학을 공부하려고 등록한 것 역시 필연일 것이다.

나는 왜 매사를 이런 식으로 하나님과 연결시키려 하나.

의문을 갖거나 우연을 가장하는 것은 아닌가 하는 의구심을 가질 수 있다. 당사자인 나로서는 이렇게밖에 말할 수 없는 까닭이 있다. 나는 기독교인이다. 매사가 하나님과 관계되는 것은 필연이다. 당연하고 자연스럽다.

특히 알코올 중독자가 겪는 고통에서 버티며 헤쳐 나올 수 있게 하는 힘이 하나님으로부터 작용하고 있다고 나는 믿는다. 그것이 종교인과 비종교인의 차이이고, 종교인이기 때문에 지름길로 갈 수 있는 이유이기도 하다. 단언컨대 하나님의 손길이 없었다면 나는 존재할 수 없었다. 하나님은 한 치의 빈틈도 없이 모든 일을 완벽하게 진행시키신다. 차질이 있을 수 없음은 하나님은 전지전능하신 창조주이시기 때문이다.

바람의 길이 어떠함과 아이 밴 자의 태에서 뼈가 어떻게 자라나는 것을 네가 알지 못함같이 만사를 성취하시는 하나님의 일을 네가 알지 못하느니라. (전도서 11:5)

내 팔자에 없을 것 같던 공부가 시작되었다. 그리고 기대하지 않던 변화가 일어나기 시작했다. 한번 의자에 앉으면 대여섯 시간 동안 꼼짝 않고 책을 읽었다. 식사하라는 소리도 듣지 못했다. 밥 먹는 것보다 책 읽는 것이 더 좋았다. 학생시절에 이렇게 열정적으로 공부했더라면 지금쯤 사회적으로 큰 성공을 하였을 것이다. 조지 버나드쇼(Bernard Shaw, George)가 자신의 묘비명에 이런 글을 남겼다.

'우물쭈물하다가 내 이럴 줄 알았다.'

나의 상황은 나아지지 않았다. 그래도 공부와 독서는 계속되었다. 일천한 지식이지만 이나마 아는 소리 할 수 있는 것도 그때 읽은 책들 덕분이다.

비자를 받지 못하면 불법 체류자 신분이라서 옴짝달싹 못하게 되는데 내 경우가 그렇게 흘러가고 있었다. 상황이 얼마나 나쁘게 진행되어 가는지 하나를 계획하면 둘이 망가졌다. 둘을 계획하면 넷이 무너졌따. 넷을 계획하면 모든 일이 쑥대밭이 되어버렸다. 비가 곱게 내려야 밭을 갈건 파종을 하건 하는데 쉬지 않고 장대비가 쏟아 붓고 있어서 아무 일도 할 수 없는 그런 상황이 계속되었다. 숫제 사람마저 떠내려 갈 지경이었다.

이런 악화되는 상황이 나를 술에 의지하도록 부추겼다. 교회 생활을 하면서도 세속적 욕망과 육신의 쾌락, 안목의 정욕, 부질없는 자랑과 탐욕으로 흐르고 있었다. 이것도 핑계라는 걸 알지만 나를 선하게 위장하기에는 좋은 방법이었다.

사람들은 내 처지를 안타깝게 동정하였다. 그러나 악화되는 상황은 애초부터 주도면밀하지 못한 나에게 있는 것이지 미국의 법이나 영주권을 못 받아내는 변호사를 탓할 일은 아니었다. 나를 유혹하는 저잣거리는 어디를 가도 존재한다.

1980년 초 주재원으로 발령 받아 사우디아라비아에서 약 3년간 근무한 적이 있는 친구가 들려준 말이다. 외국인이 워낙 많이 입국해서인지 현지인과 외국에서 온 사람들 간에 자동차 사고가 종종 일어났다고 한다. 그때마다 그들이 하는 말이 당신들이 이곳에 오지 않았다면 일어나지 않았을 사고니 당신들 책임이라고 한단다.

물론 사고의 수습은 법과 보험으로 처리되어 아무런 문제없었지만 늘 그런 식의 사고(思考)가 현지인과 외국인들 간의 갈등을 야기하더라는 것이다. 이 역시 따지고 보면 자신의 운전 잘못을 외국인에게 전가하기 급급한 것이라 하였다. 나의 일이 잘 안 되는 것 역시 미국 쪽에 문제가 있기 때문이라고 핑계하느라 급급하였다. 물론 이기적이고 면피 편의주의적인 발상이다. 논리적으로나 법적으로는 전혀 맞지 않는 주장이다.

서울 사무실의 운영도 유명무실해졌다. 누적되는 적자로 더 이상 회사를 유지할 수 없었다. 미국에서의 형편 역시 나은 것이 없었다. 때마침 상표 문제로 야기된 유대인과의 소송도 심신을 지치게 하였다. 그런 힘들고 역겹고 대책 없는 악화된 상황으로부터의 탈출구는 오직 술이었다. 이때는 가게고 뭐고 다 포기한 채로 살았다. 친구와 함께 도피차 L·A로 무작정 떠났으며, 거기서 술독에 빠졌다. 아내에게서 전화가 왔다.

"큰일 났어요. 여기 상황이 최악이에요. 가게가 물에 완전히 잠겨버려서 부득불 가게 문을 닫아야 할 지경이네요. 어쩌면 좋지요?"

나는 대책을 제시하지 못하였다.

재산이 한 순간에 사라져버렸다. 급히 마이애미로 돌아와 보니 가게가 깨끗이 정리된 상태였다. 2층에 있는 감자 가공공장 물탱크가 터져 그 엄청난 물이 아래층을 물바다로 만들었다. 화재사건이 채 매듭지어지지 않아 보험에 가입하지 않은 상태여서 보상받을 길도 없었다.

그럴 때 마이애미에서 살다가 캐나다로 건너간 다니엘이 밴쿠버에 와서 살면 어떻겠느냐고 제의해 왔다. 비자 받을 길도 막히고, 재기할 수 있는 경제력도 없는 절망적 상황이었다. 일단 귀국해서 캐나다 비자를 받고 움직이기로 하였다. 가족들을 데리고 귀국하였지만 국적만 한국일 뿐 이민생활과 다르지 않았다.

일단 캐나다 입국비자를 받아 가족들과 함께 캐나다로 향했다. 그러나 나는 가족을 캐나다에 남겨둔 채 다시 귀국해 완전 이민을 위한 정리 작업을 계속하였다.

그런 와중에도 믿음을 놓지 않은 것이 얼마나 감사한가. 솔직히 고백하면 믿음을 놓지 않았다기보다는 저절로 숨을 쉬듯 주일이면 습관적으로 교회에 가서 예배하고 기도하는 생활을 이어갔다. 홍수가 다 쓸어간 폐허에서 여린 새순이 돋듯 절망 가운데 기도하는 중에 커다란 음성을 들었다.

'이제 내 일을 해라 내 일을 해라 내 일을 해라'

하나님께 되물었다.

"제가요?"

몸과 마음이 모두 지쳐 있었다. 어떤 의욕도 없었다. 스스로 자신에게 실망하고 포기한 상태여서 감당할 자신이 없었다. 훌륭한 인재 기독교인이 얼마나 많은데 그런데 왜 실패 인생뿐인 이 쓸모없는 나에게 하나님의 일을 하라는 것일까. 마음에 수용되지 않았다.

그러나 그 말씀은 쉬지 않고 들려왔다. 손광호, 네가 선택하는

게 아니라 내가 너를 선택하였다고 마음에 느껴졌다. 이어서 이
제 연단이 끝났다는 말처럼 이해되는 것이었다. 이상하게 마음에
평안이 왔다.

형제들아! 너희를 부르심을 보라. 육체를 따라 지혜 있는 자가 많지
아니하며, 능한 자가 많지 아니하며 문벌 좋은 자가 많지 아니하도다.
그러나 하나님께서 세상의 미련한 것들을 택하사 지혜 있는 자들을 부
끄럽게 하려 하시고, 세상의 약한 것들을 택하사 강한 것들을 부끄럽게
하려 하시며, 하나님께서 세상의 천한 것들과 멸시받는 것들과 없는 것
들을 택하사 있는 것들을 폐하려 하시나니, 이는 아무 육체라도 하나님
앞에서 자랑하지 못하게 하려 하심이라. (고전 1:26-29)

"네가 잘나서 택한 게 아니다. 못났기 때문에 너를 택하였다."
하나님의 음성이 들려왔다. 모든 것을 내려놓았다. 초심으로
돌아가기로 결심하였다. 그 첫 단계는 다시 단주하는 것이다. 내
가 고국에서 이 음성을 들을 때가 새벽 5시였다. 마침 그 시간에
밴쿠버에서 아내가 전화가 와서 내가 들은 하나님의 음성을 전하
였더니 아내도 같은 말씀을 받았다며 감격해했다. 밴쿠버 시간은
하루 전 13시쯤이었다. 하나님의 시공을 초월한 특별한 역사였
다. 의심의 여지가 있을 수 없었다. 얼마 후 아내가 있는 밴쿠버
로 갔다.

하나님과의 이런 영적 교류는 하나님이 주시는 비길 데 없는

특별한 은혜다. 믿음을 통하여 이루어지는 은혜다. 우리가 믿음 안에 머물러 있을 때만 가능한 은혜다. 이 은혜의 본질은 생명과 생명의 재결합이며, 나와 사물의 화해인 동시에 하나님과의 확실한 소통이다. 내 안에 누적된 죄책감을 말끔하게 소멸시키는 체험이기도 하다. 전폭적인 하나님 신뢰와, 선택받은 자의 새로운 소명과 용기가 충전된다.

이런 은혜의 특징은 절체절명의 절망 가운데 임하는 것이 기독교 복음의 역설이다. 썩은 막대기만도 못해 내던져지고 버림받을 수밖에 없는 그런 인간을 하나님께서 선택하시어 유능하고 유익한 지팡이로 쓰시고자 선택하신 것이니 감격하고 감사할 뿐이다.

…너는 두려워 말라, 내가 너를 구속하였고 내가 너를 지명하여 불렀나니 너는 내 것이라. 네가 물 가운데로 지날 때에 내가 함께 할 것이라. 강을 건널 때에 물이 너를 침몰치 못할 것이며, 네가 불 가운데로 행할 때에 타지도 아니할 것이요, 불꽃이 너를 사르지도 못한다고 말씀하고 계신다. (이사야 43:1~2)

살아오는 동안 물 가운데에서나 불 가운데서 삶의 현장 곳곳에서 기적을 연출하신 하나님의 손길을 나는 보고 느낀다. 사막에 아스합(Ashap)이라는 풀이 있다. 그 씨앗은 이글대며 타는 태양으로 뜨거워진 모래 속에 파묻혀 10년 또는 20년 동안 비만 내리기를 기다리고 기다린다. 비가 오면 드디어 모래 밑에서 발아해 싹을 틔우고 꽃을 피우고 열매를 맺는다. 거기까지가 아스합의 생명이다.

열매가 익어 씨를 떨어뜨리면 자기 몸을 모래 위에 누인다. 발아에서 성장하고 꽃을 피우고 열매를 맺고 다시 씨를 뿌리는 그 과정이 작열하는 불덩어리 태양 아래에서 10년이고 20년이고 죽음을 방불케 하는 인고의 길고 긴 시간 지속된다.

매미도 이와 다르지 많다. 단 열흘간의 우화등선(羽化登仙)의 삶을 위해 7년이라는 긴 세월을 땅속에서 보낸다. 우화등선이란 칭송은 존경의 뜻이 숨어 있기 때문이다.

나는 천변을 걸으며 초여름부터 가을까지 노란 꽃을 탐스럽게 피우는 금계국(金鷄菊)이라는 야생화 무리를 보았다. 그 꽃은 까맣게 씨가 여물면 제 발목을 꺾어 일제히 쓰러진다. 씨앗을 땅속에 고이 묻기 위한 거룩한 희생적 동작이다. 그래야만 다음 해에 금계국은 같은 장소에 무리를 지어 피어난다. 이 역시 하나님의 섭리라고밖에는 달리 설명이 되지 않는다.

2003년 11월 3일, 캐나다로 가서 며칠이 지난 어느 날 다니엘에게서 급히 보자는 전화가 왔다. 그는 내가 마이애미에 정착할 당시 나를 도왔던 친구로 얼마 전 건강검진을 받았는데 폐암 4기라는 것이다. 5년 동안 그림자처럼 같이 생활한 친구였다. 한국 이름이 나와 같아서 유독 가깝게 지내던 친구였다.

우리는 다음날 학교동창이면서 캐나다 백인교회에 시무하던

김 원장 목사 댁에서 저녁식사 약속을 하였다. 이 약속은 혈액
암으로 투병 중이던 김 목사가 세상 떠나기 전 같이 저녁이나 하
자고 잡아놓은 자리였다.

그 날 저녁식사는 세 쌍의 부부, 다니엘 부부와 김목사 부부와
우리 부부였다. 우리 모두가 울음바다가 되었다. 세상에 이국에
서 만난 몇 안 되는 친구, 그것도 저녁 약속에 두 사람의 죽음이
가깝게 예정되어 있다는 것, 그 사실을 누구나 알고 있다는 것은
기막힌 일이었다.

어느 것에도 마음이 흔들리지 말라. 무엇에도 걱정하지 말라. 모든
것은 지나가는 것. 하나님은 변치 않으시나니 인내함으로 모든 것을
행할 것이라. 하나님을 지닌 자 부족함이 없나니 하나님만으로 만족하
도다. -아빌라 테레사(Teresa to Avila 1515-1582)의 기도문-

저녁식사가 끝난 후 김 목사는 조용히 다니엘과 나를 불렀다.
그는 자기는 이제 살 수 있는 날이 별로 없다면서 의사의 말로는
12월 중순 경에는 하나님 나라로 가게 될 것이라고 했다는 것이
다. 이제 모든 것을 정리하고 떠날 준비를 하는 중이라면서 다니
엘을 위로하였다.

"폐암치료약이 좋은 것이 많아. 그러니 희망을 품고 마음 강하
게 먹고 치료에 전념해."

나에게는 의외의 부탁을 하였다.

"너는 내 장례식에 전도서를 본문으로 고별 설교를 해 줘. 부탁이다."

천하에 범사가 기한이 있고 모든 목적이 이룰 때가 있나니 날 때가 있고 죽을 때가 있으며 심을 때가 있고 심은 것을 뽑을 때가 있으며 죽일 때가 있고 치료시킬 때가 있으며 헐 때가 있고 세울 때가 있으며 울 때가 있고 웃을 때가 있으며 슬퍼할 때가 있고 춤출 때가 있으며 돌을 던져 버릴 때가 있고 돌을 거둘 때가 있으며 안을 때가 있으며 안는 일을 멀리 할 때가 있으며 찾을 때가 있고 잃을 때가 있으며 지킬 때가 있고 버릴 때가 있으며 찢을 때가 있고 꿰맬 때가 있으며 잠잠할 때가 있고 말할 때가 있으며 사랑할 때가 있고 미워할 때가 있으며 전쟁할 때가 있고 평화할 때가 있느니라. (전도서3:1-8)

나는 멍하니 김 목사의 말을 듣고 있었지만 마음속에서는 슬픔이 복받쳐 올라왔다. 저 선한 친구를, 하나님의 종을, 왜 이렇게 빨리 불러가시느냐고, 주님의 일을 시작하였는데 이게 뭐냐고 하나님께 따져 물었다.

그 2주 후 다니엘은 제너럴 병원(General Hospital)의 응급실로 실려가 수술을 받았다. 수술 후 항암치료와 방사선 치료가 시작되었지만 별다른 진전이 없었다. 한 달 후 2차 수술을 받고 곧이어 3차 수술까지 받았지만 2003년을 하루 남기고 영원히 우리 곁을 떠났다. 자정이 다된 시각에 병원에 도착하였을 때는 이미 숨을 거둔 뒤였다. 병실에 들어갈 용기가 나지 않았다. 숨이 멎은 친구의 얼굴을 차마 보고 싶지 않았다. 병실에서 울음소리가 들려왔다.

나는 넋이 나간 채 병실 밖에 서 있었다. 그의 부인이 나에게 다가와 나직이 말했다.

"애 아빠 죽기 전에 광호씨 사랑한다고 꼭 전해달라고 했어요."

나쁜 자식, 왜 죽기 전에 내게 말해주지 않았니. 네 입으로 말하는 걸 들었으면 얼마나 좋았을까.

서로 용서하지 못한 부분들이 있어서 온전히 사랑하지 못한 후회가 밀물처럼 밀려왔다. 그와는 금전관계로 다소 서먹한 사이였었다. 아마도 다니엘은 자신의 잘못 때문에 내 면전에서 그 말을 할 용기가 없었던 듯했다. 그때 병원 직원들의 목소리를 들었다. 그들은 친구의 육신을 'This Body'라고 부르며 영안실로 옮긴다고 하였다. 호흡이 멎으니 이름도 없어졌다. 이 몸뚱이! 결국엔 언젠가 어디론가 치워버려야 하는 쓸모없는 육신이다.

누구나 이 세상에 태어난 사람은 자신의 의지와는 무관하게 모두 이 세상을 떠나야만 한다는 사실을 실감하자 삶이 참으로 허망했다. 그곳이 지옥이건 천국이건 가야만 한다. 우리가 가지고 있는 그 권력과 물질과 명예 그보다 더한 어떤 것으로도 마지막 부름을 멈추게 하거나 지연시킬 수 없다.

세상을 살아가는 동안 모든 삶이 불평등한 듯 보이지만 마지막 가는 길은 모두가 평등하다. 죽은 자의 손을 펴보라, 무엇이 남아 있는가. 차이가 있다면 이 세상을 살아가면서 죽음을 인식하

고 자신이 언젠가는 가야만 하는 존재임을 알고 살아가거나 아니
면 모르는 채 죽느냐 하는 것이다. 가기는 가되 어디로 가는지
모르고 갈 뿐이다.

자신이 언젠가는 가야만 하는 존재임을 알고 있는 자와 그것을
모르는 자의 삶이 같을 수는 없다. 스스로 떠나야 할 존재임을
아는 자만이 이 세상을 사는 동안 올바른 삶을 살 수 있고, 이
세상과 평안한 작별을 할 수 있을 것이다. 이 세상과 비길 데 없
는 환희의 나라로 갈 수 있다. 그것이 예수 그리스도 안에서의
영원한 행복이다.

우리의 년 수가 칠십이요, 강건하면 팔십이라도 그 연수의 자랑은 수
고와 슬픔뿐이요, 신속히 가니 우리가 날아 가나이다. (시편 90:10)

영원한 떠남을 확실히 알고 어디로 가는지 분명히 아는 사람만
이 세상을 초월할 수 있다. 큰 것과 작은 것, 가치 있는 것과 가
치 없는 것, 영원한 것과 유한한 것을 제대로 분별할 수 있어야
한다. 자신의 능력에 의존하지 않고 모든 것을 하나님에게 맡기
는 겸손한 믿음으로 사는 사람만이 하나님 나라의 영생을 소유한
다.

친구는 나에게 큰 가르침을 남겨주고 떠났다. 다니엘이 죽은
후 얼마 동안은 일이 손에 잡히지 않았다. 그와의 5년이라는 시
간은 길지 않았으나 긴 여운을 나에게 남겼다.

　그 무렵 많은 죽음을 접하게 되었다. 잠시 서울로 돌아와 일을 보고 있던 중 친구로부터 중풍으로 병원치료를 받고 있던 그의 형님이 2004년 부활주일 하루 전날 돌아가셨다는 전화를 받았다. 모두들 이렇게 떠나는구나. 친구 형님의 죽음이 나에게 특별한 의미가 있는 것은 아니다. 다만 연속적으로 죽음을 가까이했던 때여서 사람이 어디서 와서 왜 살며 어디로 가는지를 묵상할 수 있는 시기였다.

　서산에 지는 해는 내일이면 다시 뜨고, 죽은 듯한 나무도 봄이 오면 다시 잎이 피건만 인생은 한번 가버리면 다시 돌아올 수 없다. 장례식을 치르고 벽제 화장장을 떠날 때 내 마음 속에 세찬 비가 내렸다.

　서울의 일들을 정리하고 다시 밴쿠버로 돌아간 다음날 백혈병으로 투병 중이던 김 원장 목사를 만나러 짐 패티슨(Jim Pattison) 병원을 찾았다. 김 목사의 병세가 확연히 깊어진 것을 느꼈다. 항상 웃음을 잃지 않고 자세를 흐트러뜨리지 않는 단정한 그 친구를 볼 때면 화가 치밀어 올랐었다.

　어느 날은 김 목사 부인이 보라색 도자기 병을 들고 김 목사와 대화를 나누고 있었다. 도자기 색깔이 너무 예뻐서 샀는데 당신 죽으면 화장해서 유골을 담아 거실 책상에 놓겠다는 것이다. 김 목사 부인은 담담하게 말하였으나 이미 포기와 이별을 기정사실화한 마음이었다. 김 목사는 다 쓸데없는 짓이니 내가 죽으면 담임하던 교회 앞 강물에 뿌려달라고 하였는데, 그러면서 부부는 웃고 있었다.

나는 놀라움을 금치 못하였다. 어떻게 저렇게 태연하고 평화롭게 죽음에 대해 이야기할 수 있단 말인가? 만약 내 아내가 저런 말을 나에게 하였다면 내가 어떤 반응을 보였을까. 나는 그 자리가 너무 거북하기도 했지만 감당할 자신이 없어서 자리를 뜨고 말았다.

그 이틀 후 저녁 7시에 김 목사의 온 가족이 모여 마지막 작별인사를 위해 파티를 열었다. 마침 얼마 남지 않은 고등학교 3학년 딸의 졸업식 축하연을 앞당겨 고별 파티(?)를 겸하였다. 가족들은 슬픈 표정을 짓지 않고 남편을, 아버지를, 다정다감하게 포옹하면서 차분하게 작별인사를 하는 것이었다.

나는 처음 경험하는 희한하고도 진기한 파티에 마음이 납덩어리처럼 무거웠다. 며칠 후 김 목사는 하나님의 나라로 부름 받았다. 그의 장례식에는 그의 사랑을 기억하는 천여 명의 캐나다교인들이 모여 그를 추모하였다. 김 목사를 보내며 천상병 시인의 시 귀천(歸天)을 떠올렸다.

나 하늘로 돌아가리라.
새벽빛 와 닿으면 스러지는
이슬 더불어 손에 손을 잡고,

나 하늘로 돌아가리라.
노을빛 함께 단 둘이서
기슭에서 놀다가 구름 손짓하며는,

나 하늘로 돌아가리라.
아름다운 이 세상 소풍 끝내는 날,
가서, 아름다웠더라고 말하리라… (중략)

불과 육 개월 사이에 내 소중한 세 사람의 친구가 세상을 떠났다. 허전하고 우울한 마음이 좀처럼 회복되지 않았다. 전도자가 말한 '헛되고 헛되며 헛되고 헛되니 모든 것이 헛되도다(전도서 1:2)'라는 말씀이 마음속에서 떠나지 않고 맴돌았다. 인생이 이처럼 허망함을 절실히 느끼며 깨닫는 계기였다.

우연찮게도 내가 목사 안수를 받고 제일 먼저 한 일이 장례예배 인도였다. 지금도 장례예배는 가장 소중히 생각하고 우선순위에 두고 있다. 인간은 하나님이 정하신 때에 이 땅에 왔으며 때가 되면 하나님께로 불려가야 한다. 그나마 믿음을 가진 자의 죽음이란 부활의 소망으로 안식하는 깊은 잠이기 때문에 다시 만나는 재회의 기다림이 있어 차원이 다른 감사가 있다.

밤에 잠들고 아침에 깨듯, 자는 것은 곧 깬다는 것을 전제로 한다, 죽음도 그렇다. 죽음은 우리가 불멸불사의 옷을 입기 위해 안식처로 가는 것이다. 모든 생명에게 죽음은 필연이다. 한번 죽는 것은 사람에게 정해진 일이다. 그러므로 죽음은 슬퍼할 일이 아니다. 영원한 안식에 드는 것이므로 축하할 일이다. 김 목사는 그 길을 충분히 예비해 두었었다.

내가 그 두 사이에 끼였으니 떠나서 그리스도와 함께 있을 욕망을 가진 이것이 더욱 좋으나…. (빌립보서1:23)

여기서 '떠나서'는 '죽어서'를 뜻한다. 바울은 죽어서 그리스도와 함께 있는 것이 더 좋다고 말하고 있다. 우리 삶을 온전하게 그리스도께 맡길 때 살고 죽는 것을 초월하여 그분이 주시는 참 평안 속에 거할 수 있다. 삶이란 때에 따라서 거추장스럽고 고통스럽다. 바울은 그런 세상의 삶을 내려놓고 하나님 곁에서 영생을 말씀하며 동시에 죽음의 참 의미를 되새겨 보게 한다.

교통사고로 팔을 잃은 아름다운 그 소녀 천사

　고국을 떠나 있는 동안 내 주변의 친구들이 많은 어려움을 겪고 있었다. 인천에서 사업을 하던 친구 김경삼이가 대출을 받는데 보증을 선 일이 있었다. 후배가 제1보증인이 되고 내가 제2보증인이 되었다. 친구는 결국 어려운 상황을 이겨내지 못한 채 부도를 냈다. 서울에 있던 내 집도 가압류가 되었다.

　당시 나는 캐나다에 머물던 중이었다. 연립주택 주민들이 재건축을 계획할 때여서 나를 찾으려 수소문하던 중이었다.

　귀국 후 입주자 모임에 참석하였다. 건축업자는 재건축을 하면 플러스알파가 커서 그 이익금만으로 채무를 정리할 수 있으니 동의해 달라고 설득하며 부탁하였다. 더불어 말일까지 밀린 재산세와 토지세를 납부해야 건축허가를 받을 수 있으니 속히 정리해야 된다고 신신당부하였다.

　밀린 국세를 세무서에 가서 납부하고 영수증을 담당 직원에게 제출하였다. 국세체납으로 인한 가압류 해지를 하는데 3~4일 정도 걸린다는 것이다. 건축업자에게 체납세를 납부했다고 전하고 삼 일 후 등기부등본 확인을 요청했다. 건축업자는 삼 일 후 다급한 목소리로 가압류가 해지되기는커녕 압류가 한 건 더 추가 되었다고 했다. 세무담당자를 만나 확인해 보니 '해지'란에 찍을 도장을 본인 실수로 '등재'란에 찍어 이런 일이 벌어졌다며 최대한 빨리 해지 시켜주겠다고 사과하였다.

전화위복이었다. 너무나 어처구니없는 일이 벌어져 운이 이렇게도 없다고 투덜거리며 건축업자에게 이 사실을 통보하였다. 건축업자는 이제 삼 일 후면 말일인데 그때까지 해지가 되지 않으면 건축허가를 받을 수 없게 되며, 그 기간이 지나면 건축법이 바뀌어 재건축을 할 수 없다는 것이다.

나 한 사람의 문제로 재건축 자체가 물거품이 되는 상황이었다. 서둘러 그 다음날 채권은행 자산관리팀에 최종합의를 하려고 갔는데 담당자가 가압류가 한 건 더 추가된 등기부등본을 보여주는 것이었다. 해결방법을 물었더니 채권 담당사는 총 채무액의 삼분의 일을 변제하면 채권자 명단에서 제외시킨다고 하였다. 말하자면 채무를 당사자와 보증인 2인이 고루 나누어 변제한다는 전제 아래 한몫인 삼분의 일을 나에게 맡긴 꼴이었다.

은행의 채무변제는 무한책임이어서 변제 외에는 달리 방법이 없었다. IMF 사태 이후에 워낙 상황이 예측불허로 돌아가자 은행도 어쩔 수 없이 내놓은 임시방책이었다. 채권은행도 압류가 계속적으로 늘어나는 상황에서 어떻게든지 한 푼이라도 더 받아낼 방법으로 채권금액의 삼분의 일만 지급하면 압류를 해제하기로 한 것이다.

세무서 직원의 실수가 없었더라면 당연히 국세로 인한 가압류는 해지되었을 것이고, 이를 확인한 은행은 삼분의 일이 아니라 채무의 완전변제까지 무한책임을 물을 것이어서 그 채권금액을 다 물어내든지 기약 없는 신용불량자로 살아가야만 했다. 세무서의 실수로 재차 가압류가 진행되는 바람에 은행은 삼분의 일이라도 받아낼 요량이었으니 나에게는 전화위복인 셈이다.

결국 채권금액의 삼분의 일만 변제하는 행운을 누렸다. 누군가의 간섭으로 이 위기를 극복해 나갈 수 있었다. 물론 그 일도 하나님의 은혜가 아닐 수 없다. 그 등기부등본을 보았을 때는 온 몸에 소름이 돋았다. 친구 다니엘이 언젠가 나에게 이런 이야기를 한 적이 있다. 너한테 간섭하시는 하나님의 손길을 볼 때면 자신의 온 몸에 소름이 돋는다나. 다니엘이 내 곁에서 그 사실을 목격하고 있었다.

내가 워낙 강팍하고 무지하여 하나님은 언제나 이런 방법으로 나를 이끌어주곤 하셨다. 결국 이 일은 무사히 마무리되었다. 그러나 부도를 내고 사업을 접었던 친구는 지병으로 세상을 떠나고, 제1보증인이었던 후배도 그 후 자살로 생을 마감하였다.

바람의 길이 어떠함과 아이 밴 자의 태에서 뼈가 어떻게 자라는 것을 네가 알지 못함같이 만사를 성취하시는 하나님의 일을 네가 알지 못하느니라. (전도서 11:5)

　　미국과 캐나다에서의 삶은 나에게서 많은 것을 앗아갔지만 목
사안수를 받는 영광으로 채워주었다.

　　귀국했을 무렵 나는 잇몸이 다 주저앉아 여섯 대의 치아를 발
치하게 되었다. 윗니 4대, 아랫니 2대를 뽑았다. 음식을 앞니로
갈아먹듯 하는 처지가 되었지만 별다른 방법도 없어 그대로 방치
하고 있던 중 후배 이영조에게서 저녁식사를 같이 하자는 연락이
왔다. 같이 식사하던 도중 이 후배는 내일 잘 아는 치과에 같이
가자고 하였다.

　　다음날 치과에 가서 비용을 물으니 임플란트 4개, 브릿지 6개
도합 10개의 치아를 다시 하는데 이천만원 정도의 비용이 든다
고 하였다. 후배는 치료비는 내가 낼 테니 잘 치료해 달라는 부
탁과 함께, 그 많은 치료비를 선납해주었다. 내 치아마저 신세를
져야 했다. 세상을 살아오는 동안 나의 능력으로 살아온 기억이
없다. 능력 없음을 한탄하기도 하였지만 그 능력 없음 덕분에 지
금의 내가 존재하는 것이다.

　　치과에 치료를 받으러 다니던 중 내가 목사가 되었다는 소식을
들은 한 후배의 소개로 CBS TV 방송의 '새롭게 하소서'라는 간
증 프로에 출연하게 되었다. 끔찍한 알코올 중독 이야기가 방송
되자 전국에서 정신없이 문의전화가 쏟아져 왔다. 알코올 중독자
와 그 가족의 높은 관심이었다.

우리가 선을 행하되 낙심하지 말지니 포기하지 아니하면 때가 이르매 거두리라. (갈라디아서 6:9)

하나님께서 세상을 주관하신다. 주여! 주님의 뜻대로 주님의 뜻하신 바를 주님의 뜻하시는 때에 이루어주옵소서. 어제도 오늘도 내일도 내가 할 수 있는 기도는 이것이다. 덕분에 간증을 겸한 강연을 통해 여러 사람을 만났고 경제적 어려움에도 도움이 되었다.

2007년 2월 8일 저녁 고등학교 동창 신우회 모임에서 '하나님의 은혜'라는 말씀으로 예배를 인도하였다.

예배가 끝난 후 후배 석상기 교수와 대화 도중 내일 오후 뉴질랜드로 가족여행을 떠난다는 말을 들었다. 큰딸아이가 대입 입시 때문에 스트레스를 받아 위로차 떠나는 여행이었다.

다음날 공항에서 전화를 해 비행기 안에서 읽을 만한 책을 두 권만 추천해 달라는 것이다. 비행기 안에서 읽는다……? 잠시 생각 끝에 엘리자베스 퀴블러 로스(Elisabeth Kübler-Ross)의 「인생수업」과 니코스 카잔차키스(Nikos Kazantzakis)의 「그리스인 조르바」를 추천해주고 즐거운 여행이 되길 바란다고 덧붙였다.

다음날 새벽 6시경, 석 교수 가족이 사고를 당한 꿈을 꾸고 놀라 깨어났다. 다시 자려고 하였지만 잠이 오지 않아 기도를 하고 있다가 아내에게 꿈 이야기를 했더니 괜한 걱정이라며 대수롭지 않게 여겼다. 시간이 조금 흘렀을 때 석교수의 다급한 목소리가 전화로 들려왔다.

"목사님! 사고 났어요. 집사람하고 아들은 괜찮은 것 같은데 딸아이가 팔이 없어진 것 같아요. 어떻게 하죠? 어떻게 해요?"

머리가 하얘지는 걸 느꼈다. 정신을 가다듬고 나서 침착할 것을 당부하고 즉시 오클랜드에 있는 후배에게 연락을 취하여 도와줄 것을 부탁하였다. 그래도 마음이 편치 못해 무릎 꿇고 기도하였다.

"주님! 저희의 죄를 사하여 주시옵소서."

우리의 인생길은 전혀 예측 불가다. 날벼락 같은 고난이 덮쳐 온다. 왜 하필 나에게 이런 일이 일어나느냐고 울부짖고 항의하고 원망하고 탄식한다. 왜 우리 가족에게 이런 끔찍한 일이 일어나느냐고, 내가 무얼 얼마나 잘못 했기에 이렇게 되느냐고, 사람은 모르는 일이라 신에게 물어본다.

–묻는다는 게 실은 따지며 덤벼드는 항의성이다–

신은 침묵하실 뿐이다. 사노라면 아무것도 보이지 않는 상황 즉, '화이트 아웃(White Out)'상태를 맞이할 때가 있다. 화이트 아웃은 눈 표면에 가스가 덮여 원근감이 없어지는 '시야 상실 상태'를 의미하는 등산용어다. 이런 상태에서 무엇이 우리를 위로해줄 것인가?

나는 아우슈비츠 수용소 가스실 앞에서 줄을 서서 기다리며 피가 나도록 손톱으로 벽을 긁어 쓴 유대인의 거룩한 고백을 기억한다.

나는 믿는다. 태양이 있음을.
설령 태양이 비치지 않는다 해도
나는 믿는다. 사랑이 있음을……
내가 사랑을 느끼지 못한다 해도
나는 믿는다. 하나님이 있음을……
그가 침묵하실 때에라도

이런 고난의 상황을 허락하신 하나님은 우리의 한계를 알고 계
신다. 멍들고, 짓눌리고, 녹아지는 과정은 우리를 망치기 위한
것이 아니라 새롭게 만들기 위한 단련이다. 주님이 우리에게서
떠나지 않고 더 오래 머무를수록 우리의 가치는 더 높아지고, 두
려움은 믿음으로, 절망은 희망으로, 좌절은 즐거움으로 바뀌질
수 있다.

며칠 후 인천공항을 출발하여 뉴질랜드 오클랜드에 도착하였
다. 두 시간 거리에 있는 해밀턴으로 향했다. 딸아이는 자신에게
일어난 참담한 상황을 받아들이고 있다는 석 교수의 말을 들었지
만 곁에서 그를 보는 내 마음은 몹시 무거웠다.

해밀턴(Hamilton)에 있는 와이카토 병원(Waikato Hospital)에
서 환자 가족을 위하여 제공하는 숙소(Hildaross)에 짐을 풀고 석
교수의 딸이 있는 병실을 찾았다. 맑은 미소를 띠고 나를 맞이하
는 열아홉 살 소녀의 눈을 나는 아직도 잊을 수 없다. 그 아이의
눈빛은 나에게 부끄러움과 함께 희망을 주었다. 위로를 주기 위
해 갔지만 거꾸로 위로받은 나였다.

저 맑은 눈빛과 영혼! 팔 하나를 잃고도 저렇게 밝을 수 있는
담대한 용기와 해맑은 웃음은 어디에서 오는 것일까. 어른인 나
도 불과 물에 재산을 잃고 마치 다 산 것처럼 실망 끝에 절망하
던 때가 있지 않았던가.

도착 다음날 오후 와이카토병원 기도실에서 Camble Live 방

송을 위한 리포터와의 인터뷰가 있었다. Waikato Times 기자들과 병원 홍보실장과 카메라 기사와 여러 스태프가 동원되어 약 한 시간 가까이 진행되었다.

나는 조금 떨어진 위치에 앉아 십자가 단상을 보며 기도하고 있었다. 십자가 뒤에는 스테인드글라스로 장식된 예수님의 모습이 보이고 그 밑에는 The Lord is my shepherd(여호와는 나의 목자시니)라는 성구가 있었다.

인터뷰가 진행되는 중에 휠체어에 앉아 온 몸이 찢기고 한쪽 팔을 잃은 채 담담한 미소를 띠며 이야기하고 있는 천사를 보았다. 그 아이의 미소는 아무도 흉내 낼 수 없는 천사의 미소 그것이었다. 미소 속에 담겨 있는 아픔을 내 마음에 옮겨 담으면서 한없는 눈물을 흘렸다.

그 소녀는 내가 이 지상에서 처음 만난 천사였다. 내가 어른인 게 참담하게 느껴졌고, 목사라는 신분이 부끄러웠다. 확실히 느껴지는 게 있었다.

'그래. 우리가 살아야 하는 이유가 여기 있다. 한 알의 모래알에서 세계를 보며, 한 송이 들꽃에서 천국을 볼 수 있는 아름다운 눈을 가진 천사가 있기 때문이다.'

생각건대 현재의 고난은 장차 우리에게 나타날 영광과 족히 비교할 수 없도다. (롬 8:18)

인터뷰 후에 와카토 대학에서 장학금과 장학증서가 전달되었
다. 모든 인생살이는 새옹지마(塞翁之馬)다. 낡은 버스와 버스기
사의 부주의로 어처구니없는 사고가 일어나 많은 사람들이 아픔
을 겪었다. 지혈이 되지 않아 생명이 꺼져가던 무렵, 오클랜드와
해밀턴에 있는 교민들의 합심기도와 헌혈 행렬로 생명을 구하였
다. 소녀는 그곳의 딸이 되었다. 하나님의 생명으로 다시 태어난
후배의 딸은 이미 천사였다. 천사의 미소를 지닌 채 살아갈 것이
다.

우리네 삶은 회전목마와 같다고 한다. 올라가기도 하고 내려가
기고하고, 계속 돌다가 시간이 되면 멈추게 된다. 자연법칙에 따
라 발생하는 폭풍도 한 자리에 머물지 않듯이 인생의 모진 비람
도 인내하고 기다리면 지나가기 마련이다.

내가 앞으로 가도 그가 아니 계시고, 뒤로 가도 보이지 아니하며 그
가 왼쪽에서 일하시나 내가 만날 수 없고 그가 오른쪽으로 돌이키시나
뵈올 수 없구나. 그러나 나의 가는 길을 오직 그가 아시나니 그가 나를
단련하신 후에는 내가 정금같이 나오리라고 말이다. (욥기 23:8-10)

하나님의 기적은 우리들 삶속에서 일상적으로 일어나고 있다.
우리가 영적으로 둔감하여 그분의 낮지만 단호한 음성을 듣지 못
한다. 그분의 손길도 느끼지 못한다. 그러나 하나님은 적재적소

에 임하시어 우리를 인도하시고 보호하시는 은혜를 주신다.

사랑하는 자여! 네 영혼이 잘됨같이, 네가 범사에 잘되고 강건하기를 내가 간구하노라. (요한삼서 1:2)

저 끔찍한 인간이 목사가 되었다니

언제부터인가 아내가 목과 팔에 통증을 느끼며 괴로워하는 모습을 보고 유명하다는 정형외과를 찾아가 MRI 촬영을 하였다. 결과는 경추 3개를 들어내야 한다는 청천벽력과 같은 진단이었다.

목뼈 셋을 티타늄으로 교체하면 된다고 의사는 사무적으로 말했다. 태연하게 말하는 의사에게 신뢰가 가지 않았다. 종합병원으로 옮겨 다시 정밀 진단을 받았다. 결론은 같았다. 의사는 일 년간 약물치료를 시도해 보고 차도가 없으면 그때 수술을 의논해 보자고 하였다.

의사의 말대로 치료에 들어가 일 년 후 최종검진을 하였다. 결과는 더 악화되어 수술을 지체할 수 없는 형편이라는 것이다. 빨리 수술할 수 있도록 날짜를 잡아서 알려 달라고 의사가 서둘렀다. 병원을 나서서 하늘을 쳐다보았다. 나는 수술을 탐탁하지 않게 생각하는 입장이라 다른 방법을 찾아보려 하였지만 별 뾰족한 방도가 없어 조금 더 기다려 보자는 말만 던져놓은 상태였다. 마음에 어떤 결정도 안정감도 없었다.

얼마 후 양정총동창회 신우회 모임에 참석하였다. 예배가 끝난

후 문화상품권을 선물로 받고 근처에 있는 교보문고에서 여성잡
지 한 권을 사들고 들어갔다. 아내는 이런 잡지를 잘 보지 않는
편이라 거실 탁자 위에 놓아두었는데 어느 날 아내가 나를 불렀
다. 그 잡지의 뒷면에 한의원 광고가 있다.

"이 한의원에 한 번 가보면 어떨까?"

아내는 통증으로 절박한 상태였다. 다음날부터 그 한의원에 갔
다. 이어서 한방치료를 두어 달 받았더니 상태가 많이 호전되어
더 이상 병원에 오지 않아도 되었다. 수술 없이 치료된 게 감사
하다.

어떻게 이런 일이 일어나는지 의학적으로는 잘 알지 못한다.
그러나 하나님은 끊임없이 우리에게 역사하고 계시다는 사실을
나는 누차 확인하였다. 다만 그런 은혜의 역사를 경험하는 데는
기둥이 약하면 집이 흔들리듯 하나님에 대한 의지가 약하면 경험
하기 어렵다.

연약한 내 힘으로만 세상을 살아가면 우리 인생이 초라해진다.
붕괴되기도 한다. 그분에 대한 절대적 신뢰는 우리를 강건케 한
다. 모세는 홍해 앞에서 두려움에 떠는 이스라엘 백성들을 향하
여 외쳤다.

여호와께서 너희를 위하여 싸우시리니 너희는 가만히 있을지니라. (출
애굽기 14:14)

또한 유다 왕국이 앗수르 왕 산헤립의 침략으로 절체절명의 위기에 처하였을 때도 말씀하셨다.

이르시기를 너희는 가만히 있어 내가 하나님 됨을 알지어다.

(시 46:10)

이처럼 믿음이란 파스칼이 말하였듯 '우리의 이성(理性)을 십자가에 못 박는 행위이다. 우리의 자아가 살아 움직일 때는 하나님은 역사하지 않는다.' 주님의 십자가에서 멀어지면 자칫 교만해지기 쉽다. 그러므로 나를 주님 십자가에 못 박아 주님과 일체가 될 때 내 마음대로 움직이지 않고 굳건한 믿음으로 주님만 믿고 의지하게 되니 하나님이 역사하신다. 기독교인들이 설교 말씀으로 이를 모르지 않지만 아는 것에 머물면 무슨 가치가 있을까.

어느 날 저녁 TV를 보던 중 무당이 되기 위해 '신 내림'을 받는 과정이 한 시간 동안 방영되었다. 30대 중반의 주부가 온갖 병치레에 시달려 자신의 병을 고치기 위해 무속인의 집을 들락거리다가 결국은 신들렸다는 것을 알게 되었다고 한다.

이 젊은 여인은 남편과 의논한 끝에 무당이 되기로 작정하고 신 어머니가 될 무당을 찾아가 신 내림받기를 청한다. 신 어머니는 신 내림을 받기 위해 온 여인이 과연 신을 받을 준비가 되어 있는지 확인하기 위해 몇 가지 시험을 한다.

물이 가득한 항아리 위에 올라가는 것, 삼지창을 세우는 것 등

등을 거친 후 갖가지 귀신들을 대면시킨다. 대신 할머니귀신 동자귀신 선녀귀신 등 열두 가지 귀신을 확인하고 마지막으로 작두에 올라 신 내림을 받았음을 증명한다. 그런데 특이한 것은 작두에 오르기 전 신어머니(大巫)가 겉옷과 모자를 벗어 신 내림 받는 딸에게 입혀주며 하는 말이 이제부터는 장군신이 너와 함께하니 모든 두려움을 버리고 작두를 타라는 것이다.

이 말을 들은 신 내림 받는 딸은 용기를 얻어 작두 위에 올라서게 되고 성공적으로 완전한 접신상태에 들어가 무당으로서의 첫 발걸음을 띄게 된다. 이 또한 믿음이다. 제 어미 무당의 말을 의심 없이 믿었기 때문에 가능한 일이다. 어찌 그 뿐인가. 어두운 밤길을 갈 때도 "엄마"라고 한 마디만 외쳐도 두려움을 떨쳐내서 용기를 얻게 되는 경우가 있지 않던가.

그 방송을 보면서 하나님 앞에 수없이 회개하였다. 내가 살아온 인생여정에 역사하신 하나님의 손길을 편집하여 방송한다면 몇 달치 분량이 될 것이다. 그런데도 아직 세상 염려, 걱정, 근심을 떨쳐내지 못하고 이기적 욕망에 갈급하여 예수 그리스도를 마치 허상인 듯 간과하기 일쑤니 이 어찌 통탄할 노릇이 아닌가 자책한다. 우리 눈에 하찮게 비치는 무속인도 저리 믿거늘 의심과 교만으로 가득 찬 나는 누구인가? 그러나 결코 하나님께서는 나 같은 함량 미달자도 버리지 않으신다.

유대인의 탈무드에 '하나님은 부서진 것들을 사용하신다'라는 구절이 있다. 원형 그대로의 밀은 빵으로 빚을 수 없다. 밀을 완전히 부수어서 고운 가루가 되어야 비로소 빵을 만들 수 있다.

이런 옛글이 있다.

寶劍鋒從 磨礪出 (보검봉종 마려출)

보검의 예리함은 갈고 또 갈아서 얻어진 것이요,

梅花香 自苦寒來 (매화향 자고한래)

매화의 향기는 혹독한 추위 속에서 풍겨 나온다.

너희가 내 안에 거하고 내 말이 너희 안에 거하면 무엇이든지 원하는 대로 구하라. 그리하면 이루리라. (요 15:7)

작년 초 미국 비자 문제로 LA를 방문한 적이 있다. 미국에 정착한 지 삼십 년이 다 되는 친구가 자기 아들 만나러 가는데 같이 가자고 하였다. LA에 도착해 맥도날드에서 그의 아들과 만나 대화를 나누던 중 나는 그의 아들 표정에서 심상치 않은 기운을 느꼈다.

돌아오는 차 안에서 아들이 마약을 하는 것 아니냐고 물었다. 그는 자신의 아들은 5~6년 전 마약복용으로 감호소에서 치료를 받고 지금은 신학공부를 하고 있다면서 지금은 절대로 마약에 손대지 않는다고 하였다. 아무튼 상태가 좋지 않아 보이니 전문의와 상담을 해 보는 것이 좋겠다고 말해주었다.

내가 귀국한 지 일주일쯤 되었을 무렵 그 친구로부터 전화가 왔다. 아들이 힐튼호텔 옥상에 올라가 투신자살을 하였다는 것이다. 나는 할 말이 없어 입을 다물고 있다가 끊었다. 유명 연예인들의 이어지는 자살소식은 말할 것도 없고 정치인, 기업가, 교수, 학생, 주부 할 것 없이 스스로 목숨을 끊고 있다. 대체 무엇이 그들을 죽음에 이르게 하는가? 그들은 스스로 모든 것을 할 수 있다는 자기과대망상 상태에서 극단의 선택을 한다.

'하늘은 스스로 돕는 자를 돕는다'는 말을 모르는 사람이 없다. 벤자민 프랭클린(Benjamin Franklin)의 말이다. 그러함에도 스스로 돕지 않는다. 스스로 돕는 그것이 기본이다. 자신의 연약함을 인정하고 하나님께 의지할 때 우리는 그분을 통해 도움을 받을 수 있다. 자기를 돕기는커녕 자기를 스스로 유기하니 누가 그를 도울 수 있을까?

사업을 하다가 망하여 대리운전을 하는 친구가 있다. 이 친구는 "지금 나는 새롭게 세상을 배우고 있는 중"이라고 한다. 대리운전비 일만 오천 원 중에서 회사에 삼천 원 주고 손님 있는 곳까지 택시비 삼천 원을 제하고 나면 구천 원 정도가 남는데 이것은 일반적 상황이란다. 특수한 상황도 있다. 언젠가는 새벽 2시경 강화도 외딴 아파트에 손님을 모셔다 드리고 논길을 따라 걸어 나오는데 영하 18도의 혹독한 추위였다고 한다. 2시간을 걸어 강화시내에 도착해보니 새벽 4시가 되었고, 언 몸을 녹이려고 근처 PC방에 들어가 컵라면을 하나 먹고 새벽 5시에 출발하여 집에 도착하니 차비 빼고 사천 원이 남았단다. 그러나 이 친구는 하나님께 감사를 잊지 않았다고 하였다.

그는 예전에 365일 술에 취해 살았는데, 이제는 술값도 없고, 술 취한 사람들이 고객이다 보니 옛날의 자신을 보는 것 같아 아예 술에 대한 흥미를 잃어버렸다고 한다. 비록 수입은 적지만 이 고난을 통하여 하나님과 가까이 하게 되어 감사하고 또한 가족관계도 회복되어 너무 좋다고 했다.

우리가 참고 견뎌야 하는 고통스러운 삶에는 나름대로 까닭이 있다. 가혹할 수준의 아픔과 눈물에는 까닭이 있다. 부유하고 권력과 명예가 있고 건강과 단란한 가정이 있고, 그렇게 다 갖춰져 있어도 불행한 까닭이 있다. 마음은 공허하고 감사는 없다. 더 채우려는 욕망만 있다.

그러므로 결코 행복할 수 없다. 바라는 모든 것을 이루면 행복할 것이라는 막연한 생각은 헛된 것이다. 그러함에도 물리적으로 채우려고 취하려고 이루려고 아등바등 하지만 그런 것 다 이루어도 허망하다. 탐욕은 끝이 없어서다. 욕심이 죄를 낳는다는 하나님 말씀을 들어야 한다.

그렇지 않고는 인간은 절대로 행복하지 못하다. 더더, 더……, 많이 많이 많이……에 끝은 없다. 탐욕이다. 미련함이다. 자기기만이다. 그 친구는 고난 속에서 그걸 알아냈다. 그리하여 감사가 있다. 어떤 형편이냐가 중요한 게 아니라 감사가 있어야 행복이다.

　살아가면서 얻는 심신의 상처와 외로움과 괴로움으로 지새우는 밤이 부지기수다. 하지만 이럴 때 하나님을 신뢰하면 우리에게 이롭고 좋은 결과를 가져오게 된다. 하나님은 우리의 앉고 일어섬을 비롯해 모든 것을 아신다. 우리의 생각도 밝히 아신다. 우리의 모든 행위를 익히 아신다. 내가 무슨 말을 하는지 다 아신다. 대강 아시는 게 아니라 밝히 아신다. 우리의 모든 행위를 익히 아신다는 이 명백한 사실을 기억해야만 된다(시편139편).

　그러므로 우리를 치유할 방법도 아시고, 행복해질 방법도 아시고, 우리의 길을 예비하신다. 이토록 좋으신, 그리고 능력과 권세를 지니신 하나님께 사정해 보시라. 기도해 보라는 강력한 권유다.

　구하라 그리하면 너희에게 주실 것이요 찾으라 그리하면 찾아낼 것이요 문을 두드리라 그리하면 너희에게 열릴 것이니(마 7:7)

　과연 우리는 그렇게 노력하고 있기는 한가?

　주님, 나를 용감한 자로 만드소서.

　비 갠 후 햇빛에 반짝이는 나뭇잎사귀들이 더욱 아름답게 보이듯이, 나도 이 고통 후에 더욱 강인한 사람이 되게 하소서.

　바람에 시달리는 풀잎이 생기를 찾아 다시 일어나듯이, 슬픔에서 일어날 때 나도 당신의 지혜를 아는 고요한 눈으로 깨어나게 하소서.

주여, 나를 용감하게 하소서.

인생의 눈이 멀어 당신이 보이지 않더라도 당신을 놓치지 않게 도와주시며, 어두운 밤을 헤매는 인생이어도 밤을 통해서만이 밝음이 온다는 것을 알게 해주소서. -어머니 팔순 기념기도-

어머니의 팔순을 맞이하여 부모님과 친인척과 가까운 지인들이 마포 가든호텔에서 축하의 자리를 마련하였다. 40여 년 만에 만나는 분, 30여 년 넘게 소식을 모르고 지내던 분, 20여 년 또는 10여년 만에 뵙는 분도 있다.

이분들은 최근 나의 소식을 전혀 모르고 있다가 내가 목사 신분이라는 사실을 알게 되자 신기한 듯 다시 주목하는 것이었다. 오래 전부터 나를 아는 분들 중에 목사님도 몇 분 계셨는데 현재 광화문에서 목회하는 이원희 목사님은 지금도 나를 보면 무서워서 심장이 뛴다고 하였다.

허심탄회하게 말하지만 나에 대한 기억이 얼마나 끔찍한가를 극명하게 드러내면서 목사가 되었다는 사실이 하나님의 기적이 아니고는 불가능하였음을 상기시킨 것이다. 40년이 지났는데도 그 추악한 기억이 그분들의 기억 속에 생생하게 남아 있다니 내가 얼마나 끔찍한 존재였는지에 대한 확실한 객관적 증언이다.

요나가 하나님의 말씀에 불순종함으로써 단지 요나 곁에 있다는 이유만으로 많은 주위 사람들이 극심한 고난을 겪고 큰 피해를 입었다. 죄인 곁에 있으면 화를 입고 의인 곁에 있으면 복을 얻는다는 말이 실감 나게 하는 대목이다. 나는 철없던 시절의 과오라고 웃으며 이야기하고 넘겨버리지만, 까닭 없이 많은 고통을 받아들여야만 했던 가족과 주위 분들에게는 끔찍한 일로 각인되어 있어서 현재의 나를 그대로 인정하기가 쉽지 않다는 걸 깨닫는다.

1970년대 초 아버지의 사업이 부도나서 문화촌 월세 방에서 살던 시절 어린 동생들은 다락방에서 잤었다. 늦은 밤 술 취해 칼을 들고 들어와 난동을 부리는 내가 무서워 부모님도 다락방으

로 올라가신 일이 있었다. 나는 칼을 들고 다락방으로 쫓아 올라
가 술값을 내놓으라고 윽박질렀다. 그때 어머니가 자포자기 상태
로 조용히 말씀하셨다.

"그래, 오늘 우리 식구 네 칼에 다 죽자."

그 얼마 후 견디다 못한 어린동생들과 아버지는 할아버지가 사
시는 소사 농장으로 나를 피해 떠났다. 그야말로 완전히 미친 상
태로 매일 술에 취해 있으니 대화가 될 리 없었다. 그러던 어느
날 어머니가 진지하게 말씀하셨다.

"언제까지 이렇게 살 수 있겠니. 너 정신 차리고 올바르게 살
아야 된다. 올바르게 살자. 지금이라도 아버지께 용서를 빌고 동
생들을 소사에 가서 데려와라. 엄마의 소원이다."

나는 그 말에 동의하고 할아버지 댁으로 가서 용서를 빌고 늦
은 밤 리어카에 동생들을 태우고 별을 보며 집으로 돌아왔다.

어머니 축하연에 참석한 많은 사람들은 이 전설 같은 이야기를
기억하고 있었고, 이와 유사한 고통을 나로부터 수도 없이 겪었
던 사람들이기에 그들은 아직도 나의 변화에 반신반의하는 분위
기였다.

경고! 이렇게도 하지만 아닐 수도 있다

2015년, 건강 검진 결과 암으로 의심되는 선종이 발견되어 조직검사를 하였다. 담당 의사와 상담하려고 진료실 문을 열고 들어서는 나를 보는 젊은 여의사는 웃는 얼굴로 컴퓨터 화면을 들여다보며 말하는 것이었다.

"아! 선생님, 암이에요."

그 순간 나는 황당하였다. 영화에서 보면 의사가 심각한 얼굴로 '암입니다'라고 조심스럽게 또는 엄숙하게 결과를 알린다. 그래야 정서상 맞다. 그런데 여의사는 마치 학생들을 데리고 소풍 나온 선생님이 '이게 라일락과 비슷해 보이지만 수수꽃다리란다.'라고 말하는 것 같았다. 웃음 띤 얼굴로 '암이에요' 하는 건 당사자인 나로서는 화가 안 날 수 없었다.

평소에 죽음에 대해 심각하게 생각해본 적도 없지만 몇 번이나 자살을 시도했던 나는 저 의사가 왜 저러나 하였다. 암이라면 곧 죽음과 연결된다는 게 상식이다. 나도 그랬다. 그런데 암 환자가 된 나에게 축하라도 하는 듯 웃으면서 암이라고 하다니 화가 나지 않을 수 없었다.

"초기 발견이라 다행입니다."

불행 중 다행이라는 축하의 메시지를 준 모양새다. 그러나 일
단 암 진단을 받자 죽음에 대한 생각이 들지 않을 수 없었다. 그
동안 죽음에 관해서라면 별 생각 없이 살아온 나였다. 몇 번의
자살 시도는 있었다. 그것은 죽음에 대한 깊은 통찰 없이 삶의
포기라는 단순 결정이었다.

당면한 상황과 순간적 자포자기와 분노와 불만과 허무 등으로
발작적으로 시도되었던 것일 뿐, 사실 나는 죽음에 대하여 사색
한 적이 없다. 그런데 암은 죽음으로 직결된 병이라는 판단을 갖
고 있던 나로서는 분노라기보다 당황했던 것 같다. 내가 암으로
죽는다? 암으로 죽어? 왜 벌써. 왜 나야?

의사가 말을 이었다.

"암이지만 지극히 다행입니다. 수술하면 100세까지도 사실 거
예요."

어떻게 말해도 입이 썼다.

"선생님, 수술하시겠어요?"

왜일까. 나는 단호하게 수술은 안 하겠다고 대답하였다.

그러나 마음은 평소와 달랐다. 아내가 하루 전 L·A로 떠나고
혼자가 된 상태에서 이런 일을 당하니 당혹스러웠다. 아내가 곁
에 있다는 것이 얼마나 큰 힘인가를 새삼스럽게 깨달았다.

이튿날 아침, 마음이 무거웠지만 고세진 박사의 KBS 교향악
단 사장 취임을 축하하는 자리에 참석하기 위해 시청으로 갔다.

이 생각 저 생각으로 밤잠을 제대로 못 자서 피곤하였다. 몇 명의 목사들과 같은 테이블에 앉아 식사를 하던 중 막내딸로부터 전화가 왔다.

"아빠, 나 지금 바로 병원에 입원해야 된대."

딸의 목소리가 다급하였다. 놀라움으로 두려움이 엄습해 왔다. 나는 이유를 묻지도 않고 병원으로 달려갔다. 나도 마음이 편치 못한 터에 사랑하는 딸이 급히 입원해야 한다니!

딸은 '횡문근융해증'이라는 듣도 보도 못한 병이었다. 외상이나 운동 수술 등의 이유로 근육으로의 에너지 공급이 원활치가 않아 괴사가 일어나고, 그로 인해 생긴 독성이 세포 내 구성 성분인 순환계로 유입되는 희귀병인데, 종래에는 신장의 필터 장치를 막아 신장기능이 떨어지면서 급성으로 변해 세뇨관 괴사나 신부전증을 일으키게 되는 위험천만한 병이라는 것이다.

생소한 병명이라서 놀라기도 하였지만 그보다는 정상인의 간 수치의 40배가 넘는 2,000이라는 데는 훨씬 마음이 아팠다. 즉시 입원을 하고 치료에 들어갔다. 그 당혹스러운 심정은 필설로 다하기 어렵다. 자식이라는 게 애물단지라고 어른들이 말씀하셨지만 비로소 그 의미를 실감하였다.

문득 어머니가 떠올랐다. 나도 그의 자식이다. 그러니 내가 그토록 험난한 삶을 살아오며 얼마나 어머니를 놀라게 하고 아프게 하여 잠 못 이루시며 기도하셨을까. 자식이 어려움에 처했을 때의 부모는 차라리 자식을 대신하여 내가 아픈 게 나았을 것이다.

내 병은 병도 아니었다. 아이가 무사히 치료를 받아 건강해질 수만 있다면 어떤 짓이고 할 수 있었다.

세상 살아가면서 예상하지 못한 일들을 만난다지만 이런 경우는 없어야 된다는 생각을 하였다. 하나님의 연단이 아직도 계속되고 있는 것일까? 물론 나의 잘못으로 시련의 질곡을 걸어왔으니 누구를 원망할 처지는 아니지만 나 하나 고통으로 멈추지 않고 나의 딸에게까지 이런 일이 닥쳐야 하는가.

어찌해야 좋을까. 상식적으로 생각하면 입원하여 치료 받으면 된다지만 그러나 나로서는 간단하게 생각되지 않았다. 왜 이런 시련이 왔는지 무슨 연유가 있을 것이라는 생각이 들었다. 이 어려움을 어떻게든 극복해야만 하였다. 병원에만 맡기기에는 내 마음이 편치 못하고 조급하였다.

'네가 물 가운데로 지날 때에 내가 너와 함께 할 것이라 강을 건널 때 물이 너를 침몰하지 못할 것이며 네가 불 가운데로 지날 때에 타지도 아니할 것이요 불꽃이 너를 사르지도 못하리니. 대저 나는 여호와 네 하나님이요 이스라엘의 거룩한 이요 네 구원자임이라···' (이사야 43: 2-3)

하나님의 사랑과 은혜로 딸아이는 무사히 치료를 마치고 정상적인 활동이 가능해졌다. 나 역시 수술을 받고 정상적으로 살고 있다.

그렇다. 그 숱한 고난 가운데에서도 나를 지켜주신 하나님, 그 하나님이 나와 함께 하신다는 확신이 나의 위로였다. 기도 끝에 깨달은 것이다. 그 말씀을 붙들고 마음을 정리해 나갔다. 나는 더더욱 겸손해야 했다. 금주 하며 지내는 동안 막말로 '살만해지니까' 하나님의 말씀을 소귀에 경 읽기 하듯 거만 떨면서 지낸 것이 틀림없었다.

그렇지 않고서야 나에게 이중적으로 시련을 주실 하나님이 아니시다. 어쩌면 이렇게 시련을 통해 연단하심이 나의 전 생애에 걸쳐 지속될지도 모른다는 생각이 드는 것이었다. 그러므로 나는 늘 깨어 있어야 한다. 그래야만 하나님의 뜻을 알아 섬기게 될 것이다.

언제부터인지 나에게 그런 시련이 있었던가 하는 정도로 과거를 잊고 지내온 것이 틀림없었다. 반듯하게 정장을 하고 돈 몇

푼 준다니 성도들 앞에 서서 간증하는 그런 나를 사람들은 은혜 받았다며 대단하다고 칭찬한다. 그 간증은 나에 대한 자랑이 아니라 하나님께서 이 몹쓸 인간을 개조하시려 연단하신 내용이다. 그런데 나는 그게 내 자랑거리라도 된 듯 간증이라는 그럴듯한 제목 아래 떠들어대었다. 이런 불손함으로는 아무 일도 할 수 없다는 사실이 뼈저리게 느껴졌다. 이 우매함이여!

딸을 통해서 이 모든 위기의 고난이 시작되었음을 깨달은 순간

나는 또다시 무너져 내리는 자신을 발견하였다. 다행스러운 것은 이 무너짐은 자포자기가 아니라 하나님에게 온전히 나를 맡기는 대단히 의미 있는 자아의 포기요, 희망의 발견이었다.

이런 시련도 있었다. 이미 밝

힌 바 있지만 마포 상수동에서 〈썬코리아엔터프라이즈〉라는 이름으로 무역회사를 시작한 때였다. 한 친구가 비아냥거리듯 무슨 항공모함 만드는 회사냐고 물었다. 그것은 내 귀에 너 같은 술주정뱅이에게 이런 회사가 가당키냐 하냐는 투로 들렸다.

물론 그런 의도가 아니었지만 알량한 내 자존심이 그렇게 들었을 뿐이다. 주로 중국에서 여성 핸드백을 제조해서 백화점에 납품하는 회사였고, 그럭저럭 꾸려지고 있었다. 그러던 중 어느 주말 새벽에 건물주의 다급한 전화를 받았다. 지금 사무실 건물에 불이 났으니 속히 오라는 것이다. 뭐? 불이라고? 남의 일인 줄만 알았던 화재가 나에게 닥친다는 건 상상조차 해본 적이 없다.

현장에 도착하였을 때는 5층 건물의 전면이 다 파괴된 듯 불길이 지나간 상태였다. 3,4,5층은 유흥주점이고 2층은 나의 회사 사무실인데 어느 유흥주점의 LPG 대형 가스통이 폭발하면서 일어난 화재였다. 그 밑에 주차되어 있던 수많은 차들도 다 못쓰게 되고 말았다.

건물은 자욱한 연기로 휩싸여 있었다. 사무실로 올라가 창고부터 열어 보았다. 연기가 가득 차 앞을 분간키 어려웠지만 상품들은 그대로 있었다. 사무실로 가보았다. 그때 내 눈에 띈 것은 복사기 위에 올려놓은 종이 한 장이었다. 그 종이 위에 사각 인주곽이 놓여 있었다. 빨간 인주가 있던 부분만 하얗고 나머지 부분은 연기로 까맣게 그슬려져 있었다. 창고의 상품과 사무실 집기에는 물 한 방울 튀지 않았고, 재 한 줌도 보이지 않았다.

전 층이 화재로 소실되어 엄청난 양의 물과 불길이 뒤엉킨 가운데서도 나의 사무실은 깨끗하게 보전되어 있었다. 한 마디로 불가사의다.

파출소장과 소방관들이 우리 사무실을 둘러보고 기적이라고 말할 정도였다. 그때 머릿속을 스치는 생각이 있었다. 하나님의 기적이다! 나의 삶에 일어났던 모든 일들이 기적이었다. 물과 불이 너를 침몰치 못할 것이라고 약속하신 그 말씀이 내 삶의 현장에서 그대로 이루어진 것이다. 단 한 번도 하나님은 약속대로 하지 않으신 적이 없다는 걸 절절히 깨달았다. 섬뜩하였다. 이번 일은 하나님의 경고라고 느껴졌기 때문이다.

'보았느냐? 이렇게도 하지만 아닐 수도 있다.'

화재가 난 마포 사무실을 정리하고 동대문으로 이전하면서 회사 이름을 바꾸자고 했더니 여직원이 멋진 아이디어를 냈다.

"사장님, 모든 사람이 기적이라고 하잖아요. 그게 사실이고요. 그러니까 '미라클(Miracle)'이라고 하면 어떻겠어요?"

좋은 제안이다. 사람들이 눈으로 본 기적, 불가능한 일이 가능한 일로 뒤바뀌어 일어난 기적, 그건 확실히 기적이다. 즉시 세무서에 가서 '미라클 트레이딩컴퍼니'라고 적어냈다.

우리가 사방으로 욱여쌈을 당하여도 싸이지 아니하며 답답한 일을 당하여도 낙심하지 아니하며 박해를 받아도 버린 바 되지 아니하며 거꾸러뜨림을 당하여도 망하지 아니하고 우리가 항상 예수의 죽음을 몸에 짊어짐은 예수의 생명이 또한 우리 몸에 나타나게 하려 함이라. (고린도후서4:8-10)

‖ 에필로그 ‖

여전히 못났고 여전히 부끄럽다

'인간의 가치는 그가 획득한 진리에 의해서 측정되는 것이 아니라 그 진리를 얻기 위해 겪은 고통으로 측정된다'는 독일 철학자 레싱(Gotthold Ephraim Lessing)의 말에 나는 전적으로 공감하며 동의한다. 여기서 진리는 '진실한 삶'이라고 나는 읽었다.

진리를 획득하기 위해 우리가 살아오면서 겪어야 했던 그 허다한 고통의 순간들은 우리가 살아온 삶이었고, 살아가고 있고, 살아갈 것이다.

결과만으로 어떤 사람의 인생을 바라다보는 것은 흥미 중심의 무의미일 뿐이다. 우리의 시선은 과정이다. 굴곡진 삶의 아픔과 그가 흘린 눈물과 극복의 의지에 시선이 가야 한다. 그것이 그 인생의 진수(珍羞)다.

결과만을, 겉모습만을 근거로 누군가를 평가하는 것은 옳지도 않거니와 예의가 아니다. 우리가 사는 과정이 죽은 후의 비문(碑文)이나 준비하는 과정은 아니기 때문이다.

우리에게 우리 날 계수함을 가르치사 지혜의 마음을 얻게 하소서. (시

편 90:12)

　살아오면서 만났던 사람들이 하나둘 떠나갔다. 그 떠남 속에서 지혜를 얻는다. 나는 어떤 지혜를 얻었으며 어떤 지혜를 남겨주고 떠나게 될까. 우리의 남은 날을 헤아려 보는 지혜가 필요하다. 천상병 시인이 귀천에서 '이 세상 소풍 끝내는 날 참으로 나의 삶은 아름다웠더라'고 말할 수 있는 그런 끝맺음이면 좋겠다.

　나는 다른 사람의 인생을 바라만보지 않고 타인의 시선이 나를 주목할 수 있도록 의미와 가치를 제공해야 된다는 마음을 품고 하나님께 기도한다.

　걱정스러운 것은 레싱의 말이 백 번 옳지만 그 과정을 살아가야 할 길 위에 이정표처럼 설정해 놓고 살아온 내가 아니다. 지식인들이 마치 이 세상이 전부인 것처럼 행세하는 시대도 없었던 것 같다. 그 지식의 가방을 내려놓으면 그의 존재가치는 그야말로 한 줌 재만도 못하지 않을까.

　얼마나 알고 무얼 믿기에 그리 으스대는지 알 수 없지만 정작 자신은 그 헛된 지식의 한계가 현재적 소용 가치일 뿐임을 알지 못하니 안타까울 따름이다. 영원한 가치를 추구하는 그것이 진정한 지식이며 지혜인 것을.

　나는 이렇게 살았다. 현존하는 가치를 추구하지도 못하고 완전히 비난 받으며 주변에 고통과 피해를 입히며 살았으니 그야말로 쓰레기에 불과하였다. 그러나 영원하신 하나님, 그 하나님의 사랑과 은혜를 경험하면서 이 세상의 가치의 한계와 영원한 세계의 무한의 가치를 확인할 수 있어 지극히 감사하며, 나는 황홀하다.

나의 이야기를 맺으며. 이제야 내가 제자리로 돌아온 기분이다. 제자리, 즉 원위치하였다는 그것은 세상의 선남선녀들과 조금도 다르지 않은 삶을 산다는 의미에 다름 아니다.

내가 탕자로 세상을 주유하는 동안 거꾸로 처박혔을 때나 모로 처박혔을 때나 내 손을 잡아 이끌어 주신 어머니와 아내에게 지극히 감사한다.

하나님에 대한 그들의 믿음이 나를 그들과 동행하도록 인도하였다. 알지도 못하면서 고난과 고통 속에서 어린 시절을 보낸 아이들에게는 뭐라고 할 말이 별로 없다. 그들이 나중에 삶이 무엇인지 깨닫게 되면 그때 사과하고 용서받고 싶다. 그리고 가슴에 꼭 품어주고 싶다.

그 어린것들이 감당했어야 할 짐이 너무 크고 무거웠으리라.

삶이 남긴 상처들, 나에게는 주님의 은혜로 변화된 흔적(Stigma)들이지만, 그들에게는 아직도 고통스럽고 충격적인 경험으로 남아있을지 모른다.

남은 세월 동안 내가 할 일이란 그들이 간직하고 있을 그 모든 아픔을 기쁨으로 변화시킬 수 있도록 주님께 간구하는 것이다. 그런다고 그들의 마음에 남은 상처가 치유되고 내 죄가 속죄된다

고 생각하지 않지만 인간으로서 더 이상 무엇을 해야 하는지를
나도 잘 모르겠다.

그래서 못났고 여전히 부끄럽다.